高等院校教师教育系列教材

班 级 管 理

主　编　裴丹丹　于　芳
副主编　张淑敏　常　青　郭丽君

西安电子科技大学出版社

内 容 简 介

本书以我国基础教育课程改革为契机,依据《教师教育课程标准》中关于小学教育的要求编写。本书共分十章,包括班级管理概述、班级管理的目标和内容、班级管理中的学生和班主任、班级组织的建设、班级日常管理、班级活动管理、班级文化管理、班级突发事件管理、班级管理与校外合作和班级管理评价。

本书理论性与实用性并重,在简要介绍教育理论的基础上,重点讲解小学班主任的工作实务,希望对读者有所启发。

本书可作为师范院校小学教育专业课程教材,也可用作小学教师资格证考试辅导用书,还可作为广大教育工作者的自学用书。

图书在版编目(CIP)数据

班级管理 / 裴丹丹,于芳主编. —西安:西安电子科技大学出版社,2020.4(2025.7 重印)
ISBN 978‐7‐5606‐5635‐9

Ⅰ. ①班… Ⅱ. ①裴… ②于… Ⅲ. ①班级—学校管理—高等职业教育—教材
Ⅳ. ①G424.21

中国版本图书馆 CIP 数据核字(2020)第 042013 号

策　　划　李　伟
责任编辑　阎　彬
出版发行　西安电子科技大学出版社(西安市太白南路 2 号)
电　　话　(029)88202421　88201467　　　　邮　　编　710071
网　　址　www.xduph.com　　　　　　电子邮箱　xdupfxb001@163.com
经　　销　新华书店
印刷单位　陕西天意印务有限责任公司
版　　次　2020 年 4 月第 1 版　2025 年 7 月第 7 次印刷
开　　本　787 毫米×1092 毫米　1/16　印 张　11.75
字　　数　246 千字
定　　价　49.00 元
ISBN 978‐7‐5606‐5635‐9
XDUP 5937001‐7
如有印装问题可调换

前　言

随着基础教育教学改革的不断深入，学校教育发生了很大的变化，教育的新要求、新政策、新经验、新成果不断地涌现，师范院校小学教育专业人才培养方案也进行了调整。相应地，教材建设作为课程教学改革的核心内容之一也必须进行优化调整。本书是以我国基础教育课程改革为契机，依据《教师教育课程标准》中关于小学教育专业教育课程设置的要求，在研究师范院校小学教育专业班级管理课程教材的特点和充分汲取借鉴现有班级管理经验的基础上，组织强大的师资团队编写的，适合作为师范院校小学教育专业班级管理课程的教材。

本书在编写时充分考虑了教材体系的新颖性及结构的合理性，安排的内容充分体现了当前师范院校小学教育专业班级管理课程教学的实际情况，力求做到理论联系实践，将科学性、实用性、可读性进行有机的结合，以达到着重培养学生今后从事教育行业所必备的班级管理能力的目的。书中，在每章的开头部分引入学习目标，中间导入实践案例，章节结束设置学习思考，充分做到教材的内容科学合理，案例典型实用，体例设置灵活、新颖，与时俱进。

本书由裴丹丹、于芳担任主编，张淑敏、常青、郭丽君担任副主编。本书在编写过程中参考借鉴了许多国内外专家学者的优秀教材、著作、论文等，在此一并向作者表示感谢。由于编者水平有限，书中难免存在不足之处，期望广大读者批评指正！

编　者

2020 年 1 月

目　录

第一章　班级管理概述

学习目标

1. 了解班级管理的内涵与功能。
2. 了解班级管理的原则。
3. 掌握班级管理的方法。

案例导入

学生自主管理

　　魏老师在组织学生缴纳基本学习费用时，把收费任务交给了一个学生。接到任务的学生拿着纸和笔，准备按座位顺序依次开始收费。这时，魏老师叫住了他，说："用手表收。"学生不解地问："老师，用手表怎么收啊？"魏老师笑着说："别急，先站在一边，思考思考。"过了一会儿，学生说："老师，您真高明，我知道了，您是想让我组织一个'收费比赛'。"在魏老师的点拨下，负责收费的学生组织了一次小组收费比赛，以卫生小组为单位，委托每个小组的组长下去收费，收费快、过程不出差错的小组获得比赛的胜利。这样一来，最快的小组只用了 10 分钟就把钱收齐了。小组长用写有姓名和钱数的白纸把钱包好，交给了负责收费的学生。当负责收费的学生正要把纸包交给魏老师时，魏老师又启发他说："再想想，收费过程结束了吗？"在魏老师再一次点拨下，负责收费的学生监督、陪同各个小组的组长，一起把钱送到了会计室。经会计清点，各小组交上来的钱数准确无误，收费完毕，比赛也分出了"胜负"。一项看似简单甚至容易引发学生反感的收费工作，就这样在愉快的气氛中顺利完成了。

　　☞**案例分析：**这个案例，充分体现了魏老师的"学生能做的事就让学生做"的教育理念。通过组织收费比赛，调动了学生参与班集体工作的积极性，培养了学生关注细节、不断寻找解决问题的办法的能力，激发了学生的创新精神，提高了学生的实践能力。这不正是在一定程度上实现了新课程改革的培养目标吗？

　　看了这个案例，每一位教师都应反思：我们"敢"让学生做事吗？其实，有很多事情不是学生做不好，也不是学生不愿意做，而是教师不敢让他们做。当前，伴随着各种教育法规、行政命令和学校责任追究细则等的不断出台，加之人们维权意识的不断增强，有的学校和教师出于怕承担责任的心理，不敢给学生做自己力所能及的事的机会。有些正常的学生活动，学校和教师也不敢组织学生参加，这是部分学校和教师的无奈选择。魏老师大胆、创新的做法正是我们目前的教育所缺乏的。向学生收必要的费用，这件事"费力不讨好"，我们传统的做法是教师亲自收。在收费的过程中，教师自己都怕算错钱、丢钱或收到假币，怕承担由此产生的后果，更何况是学生呢！魏老师却把这件事放手让学生去做，同时在收费的过程中不失时机地对学生进行点拨和指导。反思我们的教育，怕"出事"而不让学生去做事的现象有多少？限制学生做事不是好办法，明智的做法是让学生做力所能及的事，做能锻炼自身能力的事，教师做好协调和指导工作就可以了。所以说，现在恰恰是呼唤和实践"让学生亲自动手，让学生亲自观察，让学生亲自表达，让学生亲自总结"的时候了。

让学生做事，并不意味着教师可以"撒手不管"，学生想怎么做就怎么做。让学生做事，教师应承担起一种责任，一种为学生的道德发展和心灵成长提供帮助的责任。在学生做事之前，教师必须对学生要做的事进行预设，对可能遇到的困难进行预判。教师应想出几套可行性方案，可以在心中事先"演练"学生做事的全过程和预想可能出现的问题。教师胸有成竹之后，再对学生进行点拨，让学生先想后做，尝试新的思维方法和做事方法。教师应认真倾听学生做事的计划和步骤，然后帮助他们优化做事的过程。在让学生做事的过程中，教师要把工作的重点放在指导学生做事上，通过适时、恰当的指导，增强他们把事做好的信心，让他们敢于面对做事过程中的挫折。反思我们的教育，在指导学生做事的过程中，很多教师对学生的批评多，指导少；让学生灰心的时候多，增强信心的时候少。这种现状必须要改变。

第一节　班级管理的内涵

班级是一种组织，因而需要管理，班级管理活动既是实现班级教育目标的必要手段，也是实现教育目标的有效途径。要实现科学、有效的班级管理，就必须对班级管理的内涵、地位和作用及产生与发展进行全面的了解和把握。

一、班级管理的含义

正确理解班级管理的内涵是做好班级管理的前提，是实现教育目标、使学生全面发展的基础。

班级管理是以班级为载体的教育管理。在我国教育理论界讨论与研究班级管理问题时有两种提法："班主任工作"和"班级管理"（也称为"班级经营"）。

20 世纪中叶，我国深受苏联教育思想、教育理论的影响，在介绍苏联教育理论的同时也将苏联的班主任理论介绍到我国。改革开放以后，随着西方教育理论的不断引进，"班级管理"和"班级经营"的概念逐渐在我国教育理论界出现。总的来说，这两种不同的学术语言所要研究的问题是基本一致的，只是研究的视角和侧重点不同而已。

(一) 班级管理的定义

班级管理具有管理的一般含义，其定义多种多样，以下列举几个具有代表性的表述。

(1) 班级管理是学校领导、有关职能部门和班主任对班级的管理。

(2) 班级管理是指教师根据一定的准则，有效地处理班级内的人、事、物，从而提高学生的学习效果，实现教育目标。

(3) 班级管理是指班级教师通过组织、计划、实施、调整等环节，充分利用人、财、时间、空间和信息等资源，达到预定目的。

(4) 班级管理是指班级管理者(主要是班主任)带领班级学生按照教育管理规律的要求，为了更好地实现教育教学目标而进行的一系列活动。

(5) 班级管理是班主任和教师通过对班级教育条件的理顺，采用适当的方法，建构良好的班集体，从而有效地推进有计划的教育行为的过程。

综上所述，我们认为班级管理是班级管理者按照教育管理规律的要求，采用一定的方法，组织班级教育活动，实现教育目标的过程。其要点有四：第一，班级管理是一个过程，这一过程是围绕着教育活动而开展的；第二，班级管理活动是在班级管理者(主要是班主任)的组织引导下，由班级管理者和学生共同参与的双向活动；第三，班级管理的目的在于班级教育活动的顺利开展和教育目标的最终实现；第四，班级管理要遵循一定的原则，采取一系列的措施和方法。

(二) 班级管理的理解

班级管理是学校管理的有机组成部分，具有层次性，一般包括班级外部管理(又称班级宏观管理)与班级内部管理(又称班级微观管理)。班级外部管理是指学校领导和有关职能部门对班级的管理，包括班级编制、委任班主任及开展各种以班级为单位的活动等，它起着决策、组织、指挥和控制的作用。班级内部管理是指班主任和任课教师在学校领导下对班级的直接管理，是班主任按照学校计划和教育目标的要求，充分利用和调动学生班级内外的力量，进行班级教育任务的组织、指导、协调、控制等各项活动。

班级外部管理与班级内部管理是班级管理的两个不同的组织层面，两者相互交叉，相辅相成。班级外部管理为班级内部管理创造条件，班级内部管理服从于班级外部管理。班级管理是学校管理诸方面工作的组成部分，虽然学校领导并不直接对具体的班级实施管理，但在学校领导所实施的学校管理中，其中有一个方面就是班级管理。从班级组织层面来看，班级管理是班级管理者或班主任对具体的班级事务的直接管理。班主任并非孤立地实施班级管理，而是在学校组织内实施班级管理，班主任的管理工作与学校领导实施的管理相关，班主任既是作为学校领导的助手管理着班级，又是一个班级的直接领导者或管理者，班级组织的运行状况同班主任的管理工作状况直接相关。

二、班级管理的功能

班级是学校最基本的组织，也是一个由教师、学生和环境等因素组成的复杂的系统。要把班级的每一个要素及其关系恰当、有效地处理好，班级管理就显得至关重要。产生和维持班级教育教学情境，使教育教学活动依据培养计划有序地进行，培养学生积极学习和形成良好的行为举止等，都需要有效的班级管理。因此，班级管理在整个教育过程中具有极其重要的地位，对提高教育教学质量具有重要作用。

班级时时刻刻都在发挥着极其重要的功能，但其功能可能是正面的，也可能是负面的，班级管理的目的就是充分发挥班级的正面功能，弱化以至消除其负面功能。班级管理的功能主要体现在社会化功能和个性化功能两个方面。

(一) 班级管理的社会化功能

社会化是个体学习所在社会的生活方式，将社会所期待的价值观、行为规范内化，获得社会生活必需的知识、技能，以适应社会需要的过程。班级管理的社会化功能主要表现为以下几个方面：

(1) 传递社会价值观，明确社会生活目标。

班级管理就是按照社会需要和教育目标，在教学和其他社会实践中，向学生进行世界观、人生观、价值观教育，引导学生正确处理各种人际关系，在社会核心价值观的指导下，树立正确的生活理想、职业理想和社会理想，追求更高的人生目标。

(2) 传授科学文化知识，掌握社会生活的基本技能。

班级教学目的的规范性、课程结构的系统性以及教学过程的可控性，是学生学习社会经验，获取科学文化知识、技能的独特条件。教育者通过班级管理将人类社会长期积累的科学文化知识传递给学生，使他们获得社会生产生活的经验和技能，为以后进行各种社会活动奠定基础。

(3) 传输社会生活规范，训练社会行为方式。

班集体的人际交往和社会关系必然形成相应的社会规范，如班级制度，班级传统，班级风气，教师的举止、言谈、衣着、仪表等，都对学生具有一种同化力和约束力，使生活在其中的学生受到潜移默化的熏陶，影响着学生的社会态度和社会行为方式的形成。

(4) 提供角色学习条件，培养社会角色意识。

班级为学生提供了多视角的角色学习空间。为了实现班集体目标，完成班级各项任务，班集体规定了各个成员的角色、地位、职责和权限，为每个学生提出了明确的角色期望。班级教学过程中的师生交往和生生交往，以及集体生活的多种多样的教育情境，为学生积累交往经验、学习变换角色、提高担当角色的能力提供了锻炼和体验的机会与条件。

(二) 班级管理的个性化功能

个性化是一个尊重差异性的求异过程，它反映的不是对社会的适应，而是在继承基础上的发展、变革和创造。班级管理的个性化功能主要表现为以下几个方面：

(1) 促进自我意识的发展，形成积极的个性品质。

要想形成独特的个性，必须有一定发展水平的自我意识作基础。在班级中，学生通过与伙伴的比较，得到自我与他人的评价，通过了解别人的意见和态度，来加深或纠正自己的认识，逐渐从"群体"中分出"自己"，发展自我，形成独特的个性。实践证明，健康的集体舆论与良好的班风，有利于学生形成健全的自我概念和积极的个性品质，而班风不正、集体舆论恶化的班级，则会降低"自我"发展水平和养成消极的个性品质。

(2) 发展学生的个体差异，形成学生的独特个性。

个体的独特性表现在人的个性心理上，诸如兴趣、爱好、理想、信念、能力、性格气质等。在班级管理过程中，可以根据学生的不同心理发展特征，选择丰富多彩、灵活多样的学习活动和其他实践活动，给性格各异的学生提供更多的选择机会，从而强化学生的个性差异；通过因材施教，帮助学生充分开发其内在潜能，形成自己的优势和特长，更好地促进学生的发展。

(3) 矫正学生的不良倾向，促进学生良好发展。

学生置身于班级中时，其人格及能力上存在的缺陷就会显现出来，如社会技能的欠缺、情绪不稳定、自我控制能力差、极端个人主义、过度的不安、粗暴、说谎以及其他人格缺陷，特别是在班级组织有团体要求时，学生违反这种要求的倾向将会显现无遗。班级管理的目的就是要求班主任或教师开展有针对性的教育，引导和矫正学生的这些不良倾向，培养学生良好的个人品格和习惯，促进学生身心健康发展。

三、班级管理的产生与发展

班级授课制是社会教育发展到一定历史阶段的产物，班级管理是随着班级授课制的产生而产生的，并随着师生结合方式的改变而发展。

(一) 班级管理的产生

中世纪学校的教学组织工作十分松散，坐在同一间教室里的学生，学习内容和进度却不同，教师只对学生进行个别教学指导，不对全班授课，教学秩序乱，效率很低。为了改变这种状态，捷克教育家夸美纽斯(1592—1670)对16世纪新旧各教派所兴办的学校中实行班级授课的初步经验进行了总结，全面系统地论述了班级授课制度，在此基础上，他提出了班级管理工作的概念。

夸美纽斯为了提高教学的效能，更好地与学年制班级相配套，选定了一套比较完整而严密的考试制度、纪律和规章制度。夸美纽斯所论述的考试制度，并不完全是现代意义上的考试制度，只是一种非书面的检查学习的方法，它缺乏考试的规范化性质。但是，它把对学生学习任务的检查作为学校工作中的一项内容，时刻关心学生的成长，从每天、每节课抓起，对于教学质量和教学效果的提高无疑是意义重大的。夸美纽斯非常重视纪律在班级管理中的作用。他认为班级没有纪律就无法正常有序地工作，班级内无论谁都不得有任何破坏规章制度的行为。一旦发生了过失就要根据过失的轻重程度给予惩罚。在惩罚时，要做到既严格又温和，以利于错误行为的纠正。

由班级管理的产生过程可以看到，传统教育的班级管理就其方式而言，主要倾向于专制式的管理，但随着教育的发展，特别是现代教育产生以后，班级管理的理念、理论方式与方法也在不断地发展和变化。

(二) 班级管理的发展趋势

传统教育认为学生只是被动地接受教育，在这种理念下，班级管理方式是专制式的。随着现代教育的发展，班级管理逐渐走向科学，呈现出以下发展趋势。

1. 教师角色由"领导者"向"引导者"过渡

教师是班集体的教育者、组织者和指导者。当我们重视并突出班级的组织特性，遵循组织管理的一般原理时，教师的角色就很容易被窄化为"领导者"，但是领导不能代替教育，教师角色由"领导者"向"引导者"转变已是一种趋势。

在班级管理过程中，教师已成为管理活动的组织者、引领者，学生成为管理活动的真正参与者。制定班级目标是班级管理的前提条件，而学生的自主精神是班级管理的灵魂。每个学生都是班级管理的主人，既是被管理者，又是管理者。因此，班主任首先要从思想上更新管理观念，确认每个学生在班级中的主体地位、权利和义务，尊重学生的人格、个性，加强自主意识和民主意识的教育，引导学生参与班级管理目标的制定。

2. 教师影响力由权力性影响向非权力性影响过渡

教师对学生的影响可分为权力性影响和非权力性影响。权力性影响是指由于社会赋予教师的权威观念和教师的资历而对学生产生的强制性影响；非权力性影响则是指由于教师的知识、能力及个人品格、情感对学生产生的自然性影响。

实践证明，如果教师具有渊博的知识、较强的能力、高尚的品格、丰富的情感，那么在班级中就极易形成民主、平等的人际关系，班级气氛良好，学生学习质量高，道德观念也会有很好的发展。随着社会的发展，在班级管理过程中，教师的非权力性影响将会越来越重要。

3. 教师的管理方式由"专制型"向"民主型"过渡

在班级管理中存在三种类型的管理方式：专制型、放任型和民主型。专制型管理属于支配性指导，以僵化的对策为基础，只给予统一强制的指导，或一味地斥责和威胁；放任型管理属于不干预性指导，容忍班级生活的种种冲突，无意组织班级活动，回避学生的主动精神；民主型管理属于综合性指导，能根据学生的个性差异引导学生的自发行为，促进班级同学的思想在合作中进行交流。从历史上看，传统教育过程中的班级管理多倾向于采取专制式的管理，这种专制式管理方式不仅影响了师生之间的正常关系，也使学生的身心发展受到了阻碍。因此，专制型、放任型的管理已不能适应社会发展对教育的要求，必将向民主化管理过渡。追求一种民主化的管理方式将成为班级管理的目标。

民主型管理不仅需要教师转变管理观念，还要相应地提高自己的管理能力和水平，以适应这种管理方式。实行民主型管理有助于加强学生自我管理能力的培养，有利于减轻班主任的工作负担，有助于充分调动全部班级同学参与民主管理工作的积极性。

4. 学生的自我管理意识增强，能力逐渐提高

学生自我管理是指学生在班级中自己管理自己。学生自我管理不仅可以提高学生自我教育的能力，而且可以培养他们独立的个性，为培养合格人才打下坚实的基础。由于学生自觉性、独立性不高，自我意识、自我管理能力还没有发展到一定的程度，因此，学生的自我管理能力需要在学校组织的有目的的训练和实践活动中提高。

从班级组织的功能来看，班级为学生自己管理自己提供了一个基本的活动舞台。在班级中，有一定的层次和分工，学生干部和其他成员有机地结合成一个整体，班干部在班级自我管理的实践中，增强了民主作风，学生在班级管理中强化了民主意识。他们是班级的主体，不是消极地执行任务，而是参与组织决策、分工、沟通，学习怎样服从集体的领导和遵守群体规范，学会怎样控制自己的行为，学会对人与事的正确评价和总结等社会行为。学生在完成任务和参与组织活动过程中体验了自己所处的地位，认识了领导者和被领导者的权利和义务。总之，班级实行自我管理，能够促进学生多方面才能的发展，增强学生自我管理的积极性和自觉性。

第二节 班级管理的原则

班级管理的原则属于观念上的上层建筑的范畴，是由我国社会主义教育制度决定的，并直接反映、服务于班级管理。班级管理原则，正是班级管理者(主要指班主任，也包括班级任课教师)组织全班学生参与学习、劳动、文体、社交等多项教育与管理活动，有效实现班级管理目标的指导思想和行动准则。这是对班主任及任课教师组织班级活动、处理班级事务的基本要求。班级管理原则既不能视为管理活动本身，也不属于管理内容，它只是管理的目标任务与实现目标任务的重要媒介。在班级管理的理论体系中，它虽处于目标与实现目标的管理手段、措施之间的中介位置，但却是十分关键的。因为目标的实现与否，固然依赖一定的方法与手段，但选择和运用何种方法乃至在什么时机、什么场合运用，则取决于班级管理者的指导思想，取决于其对班级管理原则的理解和运用程度。

任何管理都是由管理者和管理对象(又称管理资源)交互作用而实现预期目标的行为。尽管许多管理学著作对管理的概念表述不一，但管理活动总离不开管理者、管理对象和管理目标这三个密不可分的要素。尤其是现代管理活动，由于科学技术的突飞猛进和管理实践的复杂化，几乎都强调管理科学化问题，即强调以科学理论为指导和运用科学手段。班级管理作为特定范围内的一种组织活动，必然受管理的一般规律制约，其内在特征亦应与一般管理的本质相一致。因此，有效的班级管理，既要有明确的班级管理目标，又要有实现目标的科学手段。然而，如何确定目标，如何选择和运用多种多样的科学方法与手段去实现目标，这取决于管理者的智能水平和指导思想。只有在准确的班级管理原则的指导下，班级的管理工作才会规范有序，正确合理的班级目标才会顺利实现。

一、方向性原则

方向性原则就是指班级管理工作必须坚持正确的方向，用正确的思想引导学生，这是班级工作受社会政治、经济制约的客观规律的反映，也是由我国社会主义教育的性质、目的、任务及其特点所决定的。

(一) 坚持方向性原则的意义

只有坚持方向性原则，班级工作才能确立正确的目标，班级的各任课教师和学生才能有向心力、凝聚力。如果管理方向发生偏差，它所造成的消极影响一般很难纠正。

学校教育以育人为目的，育人质量是学校管理活动的最终成果。衡量学校和班级管理工作是否坚持社会主义方向的尺度，从根本上说，就在于培养出来的学生是否合乎党和国家规定的教育方针的要求，是否符合社会主义社会的需要。学校培养的学生不仅要适应当前社会的需要，而且要为未来社会的发展做准备。

从学生的自身发展需要来看，坚持方向性原则也具有重要意义。现阶段的社会要求学生自身要有全面和谐的发展，就必然要求我们实施全面发展的教育。在全面发展的教育中，德育、智育、体育既是相对独立，又是辩证统一的。德育是要解决"方向"的问题，就是使学生具有坚定、正确的政治方向和共产主义道德品质；智育是要求学生为学习和掌握社会主义现代化建设所需要的专业知识打好基础，掌握生产劳动本领；体育是智育、德育的物质基础，德、智皆寓于体。

(二) 坚持方向性原则的要求

班级工作要坚持思想领先。所谓思想领先，是指在班级管理工作一开始就重视思想工作和思想政治教育，而且要贯穿于工作的全过程中，即要使人明确"为什么"和"为谁去做"，以"怎样"的态度和方法坚持去做，争取实现"什么样"的结果(目标)。

在班级管理工作中要做到思想领先。首先，要用邓小平理论和"三个代表"重要思想去指导班级工作，去观察和分析各种现象，解决各种思想问题和实际问题。其次，班级管理者要用正确的思想去教育学生，要善于把正确的教育思想体现在班级的各项工作中。

【案例】

让单亲子女扬起自信的风帆

小李是一个调皮的男孩，逃过几次作业，上课爱做小动作，不太遵守纪律，还爱掉眼泪，是个令人头痛的孩子。这个男孩除了调皮的小孩所具有的一切特征外，还懦弱，动不动就哭。在他的单亲家庭里，还有两位是带点怯弱的亲人。他的外婆没说上两句话，就声泪俱下，他的母亲不出三句话，就眼里含泪。

我碰到的单亲家庭的问题已不止一起了，看着他当主任医师的母亲流下眼泪时，我心里涌起几丝同情，决心帮助这个孩子。

我着手的第一步，是和他的高级知识分子的母亲深入地谈了两三次话。站在孩子的立场，我建议母亲要给孩子创设好两种环境。一是学习的环境，有了良好的家庭学习氛围，孩子就会有心思学。不要再一味地沉浸在离婚的悲哀里，离婚是不得已为之，要将它的影响抑制到最小。无论大人还是小孩，都要学会坚强。二是良好的心理环境。其实，每个人都是独立的，都需要自强不息，作为母亲更要用积极向上的人格力量去影响他，使他有榜样、有动力，每个人都要经历无数风雨，才能学会面对生活、面对挫折、面对现实。这是我与小李母亲的对话内容。

其次，与小李本人谈话。第一次谈话以鼓励为主，就他的单亲问题和他探讨，鼓励他战胜消极心理，勇敢地迎接明天的挑战。第二次谈话避开单亲问题，就他该如何学习，从方法上、态度上进行讨论，剖析他在学习中遇到的问题，鼓励他该有自己的看法和想法。

再次，抓住优点，全班表扬。在运动会上，小李虽未获奖却在赛场上奋力拼搏，在赛前刻苦训练，在沙坑里跌打滚爬，着实让人感动。我就在班里表扬他的精神，称赞他是一名男子汉，帮助他建立自信心。明显地，我感觉孩子的表情不太一样了，有了点神采，有了点兴奋。接下来我就根据他个头高的特点，给他安排了电教委员的岗位，并以一个中队委员的标准要求他，给他鼓劲。自此他上进了，学习进步了，也能够守纪律了。

最后，再谈话，及时给小李总结经验，指出其优点和尚待进一步努力的方面，当着全班同学的面表扬他。功夫不负有心人，现在小李在家里能自觉地和表哥一起学习，在学校里不仅不会逃作业，还能够遵守纪律，不影响周围同学，而且还连获两次学校应用题竞赛二等奖。看着小李能够健康成长，我真的很开心。

☞**案例分析**：班级管理是一种有目的的活动，因此班级管理工作必须具有方向性。正如案例中所说的，近年来，随着社会上离婚率的增高，班级里单亲子女渐渐增多。父母离异无疑会给孩子的心灵留下创伤甚至影响他们心理的健康成长和学业的进步。学生小李正是处于这样令人担忧的境遇，在他身上也出现了许多问题，如逃避作业、不太遵守纪律、懦弱、爱掉眼泪等。面对这样一个学生，怎么办？案例中的班主任首先对这个学生的家庭情况进行了较为深入的了解，并根据了解的情况运用了有针对性的管理策略：一是针对实际，向家长提出要给孩子良好的环境；二是正确引导学生本人，和学生谈话，鼓励他勇敢地面对现实；三是教师本人要更多地关心学生，抓住他的优点，着力表扬，激发学生自信。

这三方面的举措显然带有很强的目的性和方向性，策略一主要是为小李营造一个健康的家庭环境；策略二主要是为了使小李本人逐渐学会面对现实；策略三主要是为了帮助小李树立信心。这三方面举措的一个总方向是使小李从家庭离异后哀伤氛围的影响中摆脱出来，重新树立生活的信心。而实践证明，班主任的这些策略都收到了预期的效果，小李不仅能在家里自觉地进行学习，在学校里也能遵守纪律，而且还连获两次学校应用题比赛二等奖，这正是班主任的班级管理符合了方向性原则所带来的成果。

二、全面管理原则

学生管理与一般管理活动相比有其独特性，它要实现全体学生德、智、体、美、劳全面发展的教育目标，因此，学生管理必须面向全体，这是学生管理的主要特征，从整体着眼也是所有班级管理者应该充分认识和坚持的全面管理原则。

管理过程中要始终坚持使学生全面发展，并且要把所有的学生作为管理对象，一视同仁，兼顾全局。这里的全面发展，不仅不排斥个性发展，而且是以每个人的自由发展为条件的，这就是我们所说的全面管理原则。

(一) 坚持全面管理原则的意义

加强学生的思想品德教育，培养他们在德、智、体、美、劳等方面的全面发展，是学校教育中一项极为重要的责任。坚持全面管理原则，就是要把思想教育融入课堂教学中，贯穿于整个教学过程，开展各种有意义的教育活动，鼓励学生积极参加，在活动中培养学生的个性和特长，端正学生的思想作风，组织多种形式的主题班会，对学生进行思想教育，促进学生全面、和谐发展，培养符合社会发展的德才兼备的高素质人才。

(二) 坚持全面管理原则的要求

坚持全面管理原则应遵循如下要求。

1. 注重全面发展

这里所说的全面发展，是从我国的国情出发，从青少年的健康成长出发，依据马克思主义关于人的全面发展学说而提出的。它是一条办学的基本规律，班级管理者也应该以此为指导思想进行班级管理工作。

德、智、体、美、劳全面发展是社会主义建设人才必须具备的素质，一个人是不是合格的建设人才，要看他是不是德、智、体全面发展。有德无才，仅仅是思想品德好，缺乏文化科学和专业知识，没有为人民服务的本领，不是合格的建设人才；有才无德，即使学习优秀、文化科学和专业知识扎实，但思想品德不好，只想为自己谋利益，不愿为人民服务，更不是合格的建设人才；有德有才，但由于忽视锻炼，体质虚弱，不能坚持工作，空有报国之志的建设之才，也不是理想的建设人才。所以说，有德无才，有才无德，有德有才而体质很差，都是畸形、片面发展的结果，这几种类型的人，都不能承担社会主义建设的重任。因此，班级管理者必须树立使学生全面发展的观点。

德、智、体全面发展是衡量学校教育质量的根本标准。一所学校办得好坏，要从德、智、体诸方面全面衡量，要看这所学校培养的学生是不是德、智、体全面发展，不能只看升学率的高低，而是要看已升学的毕业生的表现，还要看没有升学的学生在德、智、体诸方面是否经得起考验。学校的教育质量要靠教学来实现，因此，班级管理者应该在实施班级管理的全过程中注重学生的全面发展。

2．鼓励个性特长

从受教育者的个性发展来看，品德、智力、体质、审美和劳动能力等素质在受教育者个体身上的特殊组合是各不相同的，由此构成了他们的个性特点，表现出各自不同的全面发展的个性。个人的全面发展和个性发展是辩证统一的，因此，我们讲的全面发展绝不是要求每个受教育者各方面平均发展成为同一模式的人，而是要求每个受教育者包含着个性的多样性和丰富性。教育要使受教育者根据自身的特点发展有益的个性。

3．加强中差生的转化

班级管理工作除了促进学生全面发展外，还应注意管理必须面向全体学生。如何对待中差生就是其中一个关键问题。

对于中差生的管理，首先应转变班级管理者的思想。应该使全体管理者尤其是各任课教师明白：优秀学生只能代表教育教学质量的一部分，并不代表全部。只有包括中差生在内的全体学生都得到了和谐发展、全面发展，才能表明教育教学质量的全面提高。同时管理者本身要转变自己的教育观念，充分认识到差生身上存在的优点和他们独有的特长。教育管理者要采取恰当的方式方法引导差生认识到他们的优点和特长，让他们对未来充满信心。

(1) 中差生的转化工作前提在于组织师生做深入细致的调查研究，找到"差生"形成的原因，然后对症下药，设计出行之有效的转化措施。

(2) 对差生重在进行榜样教育，引导受教育者学习英雄模范事迹，以促进受教育者见贤思齐，向好的方面转化。对差生贵在进行自我教育。针对差生的性格特点，以情动人，以理服人，挖掘闪光点，增强自觉性，提高积极性，促进其内因发生变化。

三、自主参与原则

自主参与原则是指班级成员参与管理，发挥其主体作用。现在的学生自主意识较强，他们是班级的被管理者，也是管理者，一旦他们真正参与管理，班级管理效率将成倍提高，班级的发展将获得强大的原动力。

(一) 坚持自主参与原则的意义

自主参与原则对于培养学生的主人翁精神、创造性、独立性以及建立民主的师生关系都有着十分重要的意义。一个班级，如果只有管理者有积极性，只靠管理者单枪匹马的管理，没有学生的积极性，班级就难以前进，管理者也就不可能有很高的工作效率。当然，我们所说的"自主参与"与不负责任的"放羊式"的管理完全是两码事。我们在讲自主参与的同时，强调社会主义法制，强调纪律和秩序，强调民主与集中的统一。

(二) 坚持自主参与原则的要求

贯彻自主参与原则时要注意做到以下几点：

(1) 管理者要增强民主意识，切实保障学生主人翁的地位和权利。学生既是教育的客体又是教育的主体，因此，管理者应把学生视为班级的主人，应该让全体学生进入到自己工作的决策过程当中来，无论是制订计划、贯彻执行，还是检查监督、总结评比，都要让学生参与，使他们了解班级工作的上下环节，明确自己应该承担的各种义务。只有这样，学生才会具有主人翁意识，才会把管理者建议完成的工作当作自己的使命，从而成为班级的主人。

(2) 必须及时采纳学生的正确意见，接受学生的监督，不搞"一言堂"，切忌家长作风。对自己提出的合理意见和建议是不是被管理者所采纳，是影响学生主动性和参与意识的重要因素。当自己合理的意见和建议得到了管理者的肯定并得以实施时，学生就会产生满足感，主动性和参与意识就会得到进一步强化。

(3) 发展和完善各种学生组织，逐步扩大班委会等组织的权限。班级的各种组织机构的干部成员，都应该通过学生民主选举产生，并授予他们进行管理的权力，不能随便进行干预。当他们遇到困难时，要帮助解决，但不要代替。要让他们大胆地开展工作，锻炼和提高其独立工作的能力，使之成为班主任的得力助手和班集体的核心力量。

(4) 努力创造一种民主气氛，为学生行使民主权利提供机会，创造条件。比如，设立"合理建议登记簿""合理化建议奖"等，鼓励学生的参与意识。

【案例】

让孩子自己教育自己

傍晚，我迈着轻快的步伐，准备放学，快到教室门口时，忽然听到里边传来"呜呜"的哭声，跨进门，孩子们开始愣了一下，接着就七嘴八舌地嚷开了："葛建国打史海燕……"我不由心头冒火，真想把他们狠狠教训一顿，但是又想，如果不弄清事情的缘由，不分青红皂白地批评，那结果只能是压而不服，不晓之以理，孩子分不清是非，就达不到教育的目的。我沉思了一会儿，让愤怒的情绪平静下来，尽可能地用平和的语气叫他们两人把事情经过叙述一遍。原来是这么一回事：刚才史海燕匆匆忙忙跑进教室，把同桌葛建国的文具盒碰掉了，葛叫史拾，史不肯，葛一气之下便打了史。

这是孩子中间经常发生的事，我想应该抓住这件事，让孩子们学会自己教育自己，使他们懂得同学之间要友爱相处的道理。当时，我便召开了一次临时班会，向大家提出："这件事谁错了？错在哪里？"要孩子们发表意见。孩子们你一言我一语地评论起来。这个说："葛建国打人就是不对。"那个不服气，大声反驳："都怪史海燕，她把人家铅笔盒碰掉了，还不肯拾起来。"还有的说："《小学生守则》要求小学生不打人，不骂人，葛建国打人就是不对。"马上又有个孩子接上去说："史海燕说话不和气，做错了事还不改正，这件事主要怪她。"还有个孩子说："他们两人都不对。"

我仔细地听着他们的发言，为了把讨论引向深入，我又提了个问题："如果是你碰到了这样的事，你该怎么办？"孩子们讨论问题的兴趣更浓了，人人争着发言。有的说："如果我是史海燕，那我应该马上把文具盒拾起来，放回原处，并说对不起。"有的说："如果我是葛建国，明知道史海燕是无意碰到地上的，我应该说没关系，自己把文具盒拾起来。以后文具盒向桌子里边放放，决不会动手打人。"孩子们的讨论严肃而又热烈，这是他们自己组织的一堂生动的文明礼貌课，史海燕和葛建国十分专心地听着，他俩诚恳地承认了自己的错误。史海燕羞愧地低下了头，腼腆地说："葛建国，对不起，我错了。"葛建国连连摆手道："是我不对，我打了你，请原谅，下次我保证不打人了。"

☞**案例分析**：联合国教科文组织的教育报告《学会生存——教育世界的今天和明天》中指出："未来的学校必须把教育的对象变成自己教育自己的主体。受教育的人，必须成为教育他自己的人，别人的教育必须成为这个人自己的教育。"可见，培养学生的自主教育意识与能力已成为一个极为重要的问题。

此案例中的班主任显然是具有培养学生自主教育意识的人，当她遇到"葛建国打史海燕"的情况时，虽然一开始时也想"把他们狠狠教训一顿"，但是经过深思熟虑之后，转而想利用这一机会，让学生自己学会教育自己，使他们懂得同学之间要友爱相处的道理。于是她召开了一次临时班会，通过集体讨论和情境再现，对学生的观点进行引导，使学生在这个过程中逐渐明白其中的道理，开始用自己的观点看待"葛建国打史海燕"这一问题，并相互之间进行有条有理的分析和教育。也正是该班主任的果断措施，使学生学会了自己教育自己、自己管理自己，发挥了他们自我管理的能力，最终使得班级管理成为集体中每一位学生的事。

当然，在班级管理过程中要落实主体性原则也并不是口头上讲讲和观念中想想的事情，还需要班主任在班级管理实践中切实地加以落实。例如：通过各种途径在班级的每一个学生心目中树立"我就是这个班级的主人，所以我有责任也有义务参与管理班级，并应该把班级管理好"的思想；同时也要借助于各种活动来调动学生参与班级管理的积极性，并不只是调动一小部分学生的积极性，而是调动整个班级的学生都乐于参与到班级的管理中来；最为核心的是，班主任还应该给予学生充分而有保证的班级管理自治权，要主动将大部分管理权力下放到班级组织甚至个人，通过班级组织和学生自身来行使组织权力并进行管理。

四、教管结合原则

教管结合原则是指把班级的教育工作和对班级的管理工作辩证地统一起来。具体地说，就是班级管理者对学生既要坚持正面引导、耐心教育，又要凭借必要的规章制度要求学生约束其行为，实行严格的教育管理。只有这样，才能获得教育的实际效果。

(一) 坚持教管结合原则的意义

教管结合原则是实现培养目标的要求。我们的学校教育是要培养自觉的社会主义建设者，重在社会思想道德内化，培养学生坚定的信念、自觉地指导自己的言行、自觉地遵守社会行为规范，必须加强正面的教育、引导，充分调动学生的自我教育积极性，不允许采取压服的方法、奴化训练的方法对待学生。但是在教育过程中又必须加强对学生的管理，用一定的规范、要求来约束调节学生的思想行为，从这个意义上说管理也是教育。教管结合反映了班级工作的特点。班级工作和学校工作都是贯彻落实教育目标的，班级和学校管理不同于一般管理，在于这种管理是以育人为目标的，因此管理应是达到育人的手段，要把管理过程变为教育过程。在管理中有教、有导，包括全面地教、全面地导和正面地教、正面地导。教育的同时又必须加强管理，通过管理才能保证教育的正常进行，促使学生向教育目标的方向发展，调节、控制自己的行为。

(二) 坚持教管结合原则的要求

坚持教管结合原则要从两个方面进行。首先，管理者要用科学的道理和正面的事例对学生进行启发诱导，调动其接受教育的内部动力，使他们在思想、品德、学业、生活等方面沿着正确的方向发展。其次，管理者要引导学生制定必要的规章制度，如勤学习、守纪律、讲卫生、爱护公物、按时作息等，并要认真执行，经常检查，及时总结，进行评比。制定各项规章制度，是实现班级目标的一种科学的管理，也是实现班级管理达到预期效果的保证。

管理者制定班级规章制度时，应当注意下面几点：

第一，充分发扬民主，让学生参与制定工作，使班级的教育与管理活动成为师生双方共同参与的活动，使教育与自我教育、管理与自我管理相结合。只有学生积极参与，充分发挥其自教、自管的主体作用，才可能使班级的教育管理工作上一个新的台阶。

第二，所制定的规章制度要明确具体、宽严恰当、便于记忆、利于执行，具有可行性和可操作性。

第三，所制定的规章制度要多从积极方面鼓励，避免从消极方面防范，不应当简单地与"禁令""处罚"画等号。

第四，规章制度一经制定，就要坚决执行，不能随意放松要求。

五、全员激励原则

激励含有激发动机，形成动力的意思。激励能使人产生自觉行为，形成一种推动力、自动力。所谓全员激励，是指激励全班每个学生，充分发挥他们的智力、体力等各个方面的潜能，实现个体目标和班级总目标。

(一) 坚持全员激励原则的意义

坚持全员激励原则有利于教师站在一个平等的角度去看待每一个学生，充分调动每个学生的积极性，使为班级的共同目标而努力成为全班同学共同的心愿，进而使学生的心理的向善性能得到充分的发展和最大限度的提高。

(二) 坚持全员激励原则的要求

坚持全员激励原则要从三个方面进行。首先，要求班级管理者公正无私、一视同仁，用同样的情感和尺度对待每个学生。教师应怀有同等的工作责任感，机会均等地给每个学生创造成功条件，把他们培养成党和国家所需要的人。对优秀的学生，不能"一俊遮百丑"；对暂时后进的学生，不能一棍子打死，要善于发现他们身上的闪光点。其次，要善于用适当的班级目标激励所有成员。班级目标是班级成员共同的期望、追求，它具有导向和激励的作用。要引导全班学生积极主动地制定班级远、中、近期努力目标以及小组、个人目标。同时，还必须采取各种有效措施，使目标具体化并变为行动的过程。最后，要经常运用各种激励的教育方法，如"强化激励"，它是指以表扬激励为主的正强化和以批评、处罚为辅的负强化。正强化激励是利用人的积极向上心理、荣誉感使人奋发努力，潜在能力得到最大的发挥，工作效率达到最高水平；负强化激励则是对不符合客观要求的心理或行为起抑制作用，但往往只能保持一种较低的工作效率。强化激励应以正强化为主，负强化为辅。

六、平行管理原则

在班级中，除了师生之间的垂直关系外，还有同学之间的平行关系。平行管理原则是指管理者既通过对集体的管理去间接地影响个人，又通过对个人的直接管理去影响集体，从而把对集体和个人的管理结合起来，以便收到更好的管理效果。

(一) 坚持平行管理原则的意义

依照马克思主义的科学理论，个人是指处于一定的社会关系之中并具有不同的社会地位、才能和作用的个体的自然人；而集体则是指以某种共同目的或任务联系、结合的人群的集合体。个人与集体的关系是对立统一的辩证关系。其表现为：个人依赖于集体，因为任何个人都不可能脱离群体而独自生存；集体是由个人组合而成，因为任何集体都是若干个人的汇合。个人不能脱离社会、脱离集体而单个存在，而集体亦不能没有个人而成为空壳。因此，个人与集体是相互依存、相互作用的，在这种对立统一的关系中，集体对个人的影响和作用具有根本性的意义。在教育教学中，如果教师能很好地把握平行管理原则，深层解读集体与个人的关系，班级的整体教育实力将会有显著的提高。

(二) 坚持平行管理原则的要求

坚持平行管理原则应遵循如下要求：

(1) 要组织、建立好的班集体。实践证明，一个积极向上的集体，可以激励和推动集体中的每个成员不断进取；反之，一个不好的集体则会使学生松散疲沓，甚至相互影响沾染各种恶习。因此，要发挥学生集体的教育功能，就要耐心组织、精心培养一个具有明确的政治目的和共同的奋斗目标，有健全的组织机构，有一个团结一致的、由关心集体的积极分子组成的领导核心，有正确的集体舆论和优良的班风，有严格的规章制度和严明的纪律，朝气蓬勃、团结友爱的坚强的班集体。

(2) 要善于发挥班集体的教育作用。班集体一旦形成，它就会成为一种巨大的教育力量。要充分发挥班集体的作用，通过集体影响和教育个别学生。这就是说，管理班集体应当充分利用班集体的目标、班集体的各项要求、班集体的舆论等，使之成为教育因素，激励学生积极向上。

(3) 要加强个别教育。个别教育和集体教育是相辅相成的，强调集体教育并不是否定对学生的个别教育，更不是仅仅指对后进生的教育，对尖子生也应施以个别教育。

第三节　班级管理的方法

班级是学校教学活动的基本单位，也是学校行政管理的最基层组织，班级管理水平的高低，对学生健康全面的发展，对完成教育和教学的各项任务起着举足轻重的作用。班主任作为学生全面发展的第一责任人，其管理方法的优劣，对班级的进步与否至关重要。目前，传统的班级管理方法已不利于现代学生的全面发展，班主任只有不断创新，改变管理方法，实现学生的自我管理，才能既有利于良好班风的形成，又有利于学生的自身发展。

一、制度管理方法

(一) 制度管理方法的含义

所谓制度管理方法，是指班级管理者通过制定规章制度，并运用规章制度管理班级的方式。班级管理者要达到设定的班级管理目标，并最终实现学校的教育目标，就必须对学生的某些行为进行约束，以规范学生的社会行为；同时，提出一些制度性措施，以提高学生的综合素质。这就必须建立健全科学的行之有效的规章制度，并贯彻这些规章制度，保证班级工作有秩序、有成效地进行。班级管理者所运用的规章制度可分为三个层次：一是国家教育行政部门制定的各种制度，如中小学生守则、中小学生道德规范、学生成绩考查和升留级制度、学生考勤制度、奖惩制度等；二是依据上述制度制定的校内规则，如课堂规则、请假规则、阅览室规则、图书馆规则、实验室规则、生活作息制度、卫生扫除和卫生检查制度、公物管理和借用制度等；三是班级组织自己制定的各种管理制度。

(二) 班级实行制度管理方法的作用

班级实行制度管理方法具有如下作用：

(1) 制度管理对于完成教育教学任务有重大作用，它能够保证班级工作有成效地进行，使学生的行为规范化，提高班级工作的效率。

(2) 深入贯彻执行各项规章制度对于培养学生的正确思想、观点，进行自觉纪律教育，培养良好行为习惯，形成良好道德风尚，树立良好班风，都有积极的作用。

(3) 不断制定并实施具有某个班级特色的措施性制度，十分有利于学生素质的持续提高。

(4) 实行班级制度管理的关键，是制定良好的规章制度，而要制定良好的规章制度，就必须做好以下几点：

① 制定的规章制度要合理。也就是说，班级制定的规章制度要符合教育方针和学校培养目标的要求。班级规章制度还要从班级实际需要和学生年龄特征、实际水平出发，要能使学生的学习、劳动、休息、文化体育活动和社会政治活动等都得到妥善安排，既有严格要求，又要切实可行。

② 制定的各种规章制度内容要明确具体，文字要简明、扼要、准确，使学生便于掌握和记忆，利于贯彻执行；规章制度不能冗长烦琐、含糊不清，否则，学生无法执行；各种制度之间不能相互矛盾，否则不能规范学生的行为，也就会失去教育意义。

③ 制定的规章制度要经过班级管理者和学生的充分讨论，这样既可以保证规章制度的合理性，使规章制度切实可行，又可以通过讨论，把规章制度的确立过程变成教育过程，使学生明白规章制度的目的、内容和要求，提高学生执行制度的自觉性。

④ 制定的规章制度要有相对的稳定性，不能朝令夕改，不然会使学生感到无所适从，造成班级秩序混乱。

(三) 运用制度管理方法的要求

运用制度管理方法应遵循如下要求：

(1) 要注意让每个学生都了解规章制度的内容和意义。通过各种宣传形式大造舆论，提高学生执行规章制度的自觉性。要通过各种形式向学生说明制定制度、规则的目的和意义，要结合实际讲解制度和规则的内容，使学生知道怎样做、为什么要这样做、不应当怎样做和为什么不能做的道理。

（2）严格要求，认真检查监督。各种规章制度公布实行以后，就要严格检查监督，使学生严格按要求执行，坚决和违反制度、规则的现象做斗争，保证规章制度的贯彻执行。

（3）执行规章制度要反复训练，形成习惯，把执行规章制度和规则变成学生的自觉行动。这就要长期坚持不懈地教育和训练，使之变成学生的习惯，形成动力定型。

值得注意的是，班级管理者运用制度管理方法，提出新的措施性制度，根本问题在于执行和落实。没有落实，再好的规章制度也是形同虚设，没有任何积极意义，相反还会削弱班级管理者的威信和损害管理者的形象。

二、民主管理方法

(一) 民主管理方法的含义

民主管理方法是相对于绝对服从、绝对权威的管理而言的，即管理者在"民主、公平、公开"的原则下，科学地将管理思想进行传播，协调各组织各种行为达到管理目的的一种管理方法。具体来说，它是班级管理者广泛发动被管理者积极参与班级管理活动，以完成各项任务的管理方式。民主集中制是社会主义国家的组织原则，班级作为社会主义学校的基层组织，也应该提倡和发扬民主管理方式。

(二) 民主管理方法的作用

民主管理方法具有以下作用：

（1）民主管理班级可以提高学生的主人翁意识，增强学生的社会责任感。班级管理者在班级学习和生活过程中，发扬民主，让学生参与管理，使学生处于主人的地位，从而产生主人翁的意识和社会责任感，有利于形成自我管理能力。

（2）民主管理可以使学生从小受到民主的熏陶，有利于养成民主的作风。班级管理者常用民主集中制的办法处理班级的事务，可以使学生耳濡目染、潜移默化地受到教育，有利于学生接受民主思想和民主作风，有利于学生将来参与社会的民主生活。

（3）班级管理者运用民主管理的方法，能够体现师生平等，有利于师生之间思想与情感的沟通，营造班级和谐的气氛，为教育教学提供环境条件，还可以间接地提高教育教学质量。

(三) 运用民主管理方法的要求

运用民主管理方法应遵循如下要求：

（1）运用民主管理的方法管理班级，班级管理者首先要具备民主管理的理念。民主管理的理念是民主管理行为的先导，没有民主管理的理念，就不会有民主管理的行为。民主管理的理念是现代管理理念，它是班级管理由传统方式向现代管理方式转变的标志之一，只有实现了管理理念的突破，班级管理才会有质的飞跃。

（2）用平等的人际关系代替有等级的人际关系。确立平等的师生关系是实行民主管理的前提，只有把学生看成与管理者平等的人，民主管理才有可能落实。班级管理者只有尊重学生、理解学生、信任学生，才能更好地发扬民主。

(3) 充分发扬民主，努力把班级的民主管理渗透到各个方面。用民主管理的方法，就要实行真正的民主，而不能走过场，搞虚假的民主。这就要求班级管理者把民主管理体现在各个方面，遇事和学生商量、研究，把民主坚持到底。应该学习什么、怎样才能学好、对犯错误的同学应该怎样处理等，都应该用民主的方法真诚地和大家商量，坦诚地交流思想、交换意见。

三、学生自主管理方法

(一) 学生自主管理方法的含义

学生自主管理方法是班级管理者让班级成员依据教育目标的要求以及自己和组织自身的特点，独立自主地管理班级活动的管理方式。这种方法的特点是强调学生是班级管理的主体，扩大他们自主活动的领域，让他们独立自主地对班级的事务进行组织决策、制定规则、组织实施、相互协调、自我监督和评价。

(二) 学生自主管理方法的作用

学生自主管理的方法虽然是在班级管理者的指导之下，但不是完全依照教师指令在教师直接或间接控制下被动地执行性的管理，而是在明确自身目标的条件下，在教师的要求下，根据自己的需要、动机、能力、爱好等特点而进行的自觉自主的创造性的管理活动。这种管理方法反映了主体教育的思想，体现了对学生主体地位的肯定。

(三) 运用学生自主管理方法的要求

学生自主管理的主体是学生，班主任和任课教师是管理的参谋者、指导者，学生自治和直接参与班级教育教学管理的探索不仅是加快学校民主管理进程，从而提高班级管理效率的重要手段，更是一种提升学生主体意识，培养合格公民的教育策略。学生自主管理的前提是班主任、任课教师要转变传统观念，大胆放手，切实让学生成为班级的主人。真正实现学生自主管理需要做到以下几点：

(1) 让学生自定目标。学校应将新学年第一个月定为目标教育月，各班根据学校、年级的整体目标分头制定明确的班级奋斗目标，每个学生又根据班级目标制定个人具体目标，自我加压、自我激励。

(2) 让学生自定班规。各班以学校规章制度为依据，根据自己班级的实际情况，在每位同学直接、民主的参与下制定集体生活的规则，让学生用自己制定的制度来约束自己，不断培养自我调控、自我管理的能力，以达到自主管理的目的。

(3) 试行"班委竞选制""班干部轮值制"。通过自荐和他人举荐相结合的方式产生班干部候选人，候选人发表竞选演说后，再由全班同学投票产生班委会，班委会通过班干部轮值制度对班级实施管理。班委竞选制、班干部轮值制的实行，为更多的学生提供了发展主体意识、提高服务能力的舞台，使学生在实践中"学会合作，学会负责，学会做人"。

(4) 班级事务实行"包干负责制"。每个班级的事务管理应坚持"人人有事干，事事有人干"的原则，做到人人参与班级卫生工作，服务工作岗位明确，责任到位。

(5) 实行"学生品德行为规范考核制"。在班主任指导下，由班委具体实施对全班每个同学的品德行为规范考核工作，班干部根据分工对每个同学的学习、纪律、卫生、文体活动等方面表现进行周考、月考、学期考评、学年考评，班干部接受同学和班主任的考评。

(6) 建立"班级教导会"制度。班干部通过定期召开(两周一次)由本班所有任课教师和学生代表参加的班级教导会，分析学情、教情和班情，及时反馈任课教师和学生之间的意见、建议，形成民主、团结的班集体。

【案例】

微 小 与 宏 大

他年轻时在杂货店工作，由于生性怯弱，不善言谈，顾客的咨询都使他紧张得要命。杂货店老板常常叹气："弗兰克，你是我见过的最没用的售货员！"老板不得不刻意地锻炼他。有一次，老板决定把他单独留在店里卖货："弗兰克，你看见这些盘子了吗？还有这些刀子和刷子！今天你要独自把它们卖出去！"

他被这个难题吓傻了，不得已，为了避免同顾客单独打交道的困窘，他想出了一个"笨"办法。他给每样商品贴上一张小纸片，上面注明老板要求的最低售价，小商品干脆就堆在桌子上。结果，情况出乎意料，商品非常走俏，这种意外的成功鼓舞了他。1879 年，他借了 300 美元，在宾夕法尼亚州开了一家商品零售店，卖的全是 5 美分的货物。后来，他的5 美分连锁店一家接着一家开张，遍布美国、英国、加拿大等国家。

1913 年，他在纽约建了一栋高 238 米的大厦，当时的美国总统威尔逊亲自参加了剪彩仪式，这是当时世界第一高楼——伍尔沃斯大厦。1996 年，他创立的连锁店数量成为世界之最，达到 8000 多家。这个曾一文不值而又创造奇迹的人叫弗兰克·W 伍尔沃斯。他是现代商业的"鼻祖"，他的经营理念就是：明码标价、玻璃销售、连锁经营。奇迹的启示是复杂能够简单，而微小可以宏大。

☞**案例分析**：弗兰克由依赖到独立，由胆小到成功，这不能不说是一个奇迹，这是一个自主管理的过程。由此，想到了我们的教育，想到了我们的班级管理，教师为何不学弗兰克的老板，放开手让自己的学生自主管理班级呢？那么，学生又应该如何进行班级自主管理呢？

班级自主管理是指以班级为教育教学管理的基本单位，通过班主任的有效组织，放大班级管理的功能，实现学生的"自主"管理，以充分发挥班级学生的主体参与性而形成的相对稳定的班级管理工作模式。班级自主管理的核心是管理的自主性和主体性。

班级自主管理是根据学生的生理、心理和社会发展的要求，摒弃束缚学生创新思想的框框，给学生一个自主管理的支点，还学生一片自由的天地，让学生实现从"被管理"到"管理者"的角色转变，让他们自己直接参与到班级管理中来，成为班级的主人。

四、目标管理方法

(一) 目标管理方法的含义

目标管理方法是以目标为中心进行管理活动的一种现代化管理方法。目标管理应用于班级管理，就是把班级管理的目的和任务转化为目标，并使班级组织的目标与班级内的各项活动、班级内学生个人的目标融为一体，从而使班级与班级成员形成一致的目标方向，形成明确具体、切实可行的目标体系。目标管理方法强调以目标指导行动，以成果和贡献作为管理活动的重点，特别是强调目标实现的整体意识，具有定量性、整体性、实效性和激励性的特点。所以，班级目标管理是通过目标设定来激励和调动班级组织成员积极性的方法，它特别重视班级管理活动的结果，重视用班级目标促进师生的行为，并以活动的结果来衡量目标的实现程度。

(二) 目标管理方法在班级管理工作中的作用

在班级管理工作中实行目标管理方法，具有许多优越性。

(1) 目标管理把班级工作的任务转化为目标，使班级组织的成员都能够知道自己的追求，以此要求自身，并指导和规范自己的行动，这样有利于班级组织的成员转变个人在班级管理过程中的角色意识，由被动转为主动，成为班级管理的主人。

(2) 目标管理使师生具有共同参与班级管理的意识，人人都成为有目标意识的管理者。这就使班级管理工作从班级管理者的个人行为变成由全体任课教师及全体学生的联合行动，管理效益当然就会提高，效果会更好。

(3) 班级目标管理强调以目标指导为行动，这样，目标的实现过程就很明显，并且容易判断和评价，班级管理工作更容易有序地正常运作，也更容易进行调节和调整。因此，实行目标管理，有利于班级管理者在班级管理过程中保持主动。

(三) 班级目标管理的阶段与内容

班级目标管理的过程一般分为三个环节，即目标的确定阶段、目标的执行阶段和目标的考评阶段。这三个阶段是相互贯穿的有序活动，之间有着不可分割的联系。

1. 目标的确定

班级管理目标的确定阶段始于草案的提出之后，目标草案要经过全体班级成员的充分讨论，甚至还要通过多种手段，发动班级成员进行辩论和论证，这个过程往往是一个调动学生积极性的过程。讨论和辩论得越充分，班级成员的主人翁意识越明确，参与和实现目标的愿望越强烈，对偏离或违背目标的行为就抵制得越坚决。目标的确定不仅要求班级管理者在班级组织内集思广益，也要征求其他老师和学校各部门的意见，更要主动争取学校领导的指导和支持。除此之外，班级管理者还要参考其他班级的目标管理经验。

2. 目标的执行

依据目标的内容和要求，从各个方面逐步实现目标的过程，就是目标的执行。在这个过程中，班级管理者所起的作用极为重要，这是对班级管理者基本素质和整体水平的考验。这个实现过程不是一蹴而就的，它需要班级管理者积极地组织、协调和督促。

(1) 组织工作。班级管理者执行目标的组织工作，就是使学生明确整体目标内容和分解目标内容，知道为什么会有这些内容，明白自己该做什么，让学生彻底进入角色，通过动员和督促，充分发挥他们的积极性、主动性和创造性。

(2) 调整、调节和指导工作。在执行目标的过程中，班级管理者会发现班级管理目标的定位可能偏高或偏低，或者有不合理的成分，甚至有内容上的错误，这时候班级管理者就要及时地去调整和调节班级管理目标，使目标内容更为合理、更为切实可行；并且学生在执行目标时，必然会遇到困难，班级管理者就要做好指导工作，通过活动、舆论或其他手段引导班级组织成员更好地去执行目标，使班级目标管理能够顺利地进行。

(3) 协调工作。执行目标不仅仅是班级管理者的事情，也不仅仅是班级成员的事情，它需要各方面的教育力量齐心合力。这些教育力量涉及学校各个部门、社会与家庭、班级同学和老师，当这些力量发生冲突时，必然会出现内耗，协调的责任就落在班级管理者身上。

(4) 教育工作。班级目标管理的核心问题是调动班级成员的积极性和责任感，这其中最主要的就是做好教育工作，班级目标管理的过程也是班级管理者做好教育学生工作的过程。这种教育就是不断地强化学生的目标意识和目标责任，使学生总是处于一种积极的状态自觉性之中；同时应该教育、帮助和鼓励暂时落后的学生，使他们能尽快地迎头赶上；对于有些学生的行为偏离及思想上、心理上的某些障碍，班级管理者都要及时地给予帮助，及时转化，这样才能保证班级管理的顺利实施。

3. 目标的考评

班级管理的结果是以目标的实现程度来评价的。目标的考评能使班级工作成绩、个人的突出表现得到充分的肯定，因而能够增强班级组织的信心，对班级成员有鼓舞和激励的作用。同时，通过考评也能够找到差距和不足，以便吸取教训，使班级管理工作少走弯路。在目标的实施过程中进行考评，又能够对班级成员有明显的导向作用和示范作用。考评工作中肯定什么、赞扬什么、鼓励什么，都是一种暗示、一种提醒，这对班级的每一个成员都是非常必要的。班级管理者要使全体成员对班级管理目标的具体指标有较明确的认识，准确把握目标管理的指标，就要经常进行考评，以便明得失，知优劣，奖勤罚懒。

总之，班级目标管理的过程，是一个不断引导学生向班级目标迈进的过程。在班级管理活动中，如果管理者与被管理者都有目标意识，班级组织进步就快，学生成长就迅速。因此，在班级管理过程中，班级管理者要不断地用目标引导和激励学生，用目标的实现来肯定学生、鼓舞学生，并以此激发他们不断提出新要求，奔向新目标。

(四) 运用目标管理方法的要求

班级目标管理是班级管理活动中行之有效的管理方法，但是，只有遵循以下要求，才能更好地发挥其作用。

(1) 目标的一致性。目标的一致性是指目标管理中的目标要与学校目标和班级管理目标保持一致，要以学校目标和班级管理目标为依据。班级各种组织开展活动都要符合班级目标的要求，并且是为实现班级目标要求而活动的。班级管理者、任课教师与学生同心协力才能使班级工作形成合力，班级工作协同程度越高，管理工作就越有成效，所以班级管理者不能只抓具体矛盾，或是孤立地去处理班级内发生的问题以及个别学生的问题，而应该更多地以一个管理者的眼光，从宏观上考虑班级管理的问题。

(2) 目标的内容应有主次和实施的先后之分。班级目标管理要想全面提高学生的素质，就不能忽视任何一方面的工作，但是在繁杂的工作中，班级管理者必须明确班级管理的主要矛盾，抓住班级管理的普遍性问题，解决班级管理的迫切问题，尤其是影响和制约班级活动发展的问题。切忌把注意力放在个别学生身上，或者把主要精力用于做少数学生的工作，这样解决不了根本性的问题。实行班级目标管理，班级管理者务必要找到班级工作的主要问题，这样就等于解决了问题的一半。班级管理者要找到班级工作的主要问题，就应在实施班级管理工作中注意工作的先后顺序，不仅要考虑好先做什么、后做什么，还要注意内容的衔接、层次以及深化，这样才能使班级目标管理真正科学化、序列化，切忌随意性。

(3) 目标评价的可行性和准确性。目标的评价是班级管理过程的重要组成部分，它不仅要在管理过程的最后环节对目标成果作出判断，而且在执行目标的过程中也起着参照作用，如此说来，目标的评价就贯穿于整个目标管理过程。在班级目标管理中，目标及其评价调控着班级里的每一个成员，直接影响着班级目标管理行为的成功，它的作用和意义相当重要。因此，班级管理者要重视目标评价工作，并使目标评价体现出可行性和准确性。目标评价的可行性和准确性，是指目标评价具有可行的操作标准，而且有标准的合理量化和准确表述。有了这样的标准，评价者和被评价者心中就有了统一的参照，有一个公平的尺码。虽然目标评价要由人来操作，但目标评价的标准是准确的，既有对目标行为的定性认识，又有对达到目标的定量评价，这样就有可能实现评价的公平和公正。

当然，班级目标管理的评价，是班级管理者作出的。由于班级管理者的人数较少，在某个问题上作出的结论不一定准确和全面，所以，要在评价活动中广泛听取不同的意见，从而形成准确的评价意见。

【案例】

阳光灿烂班

接任班主任的第一周，本人常规检查发现本班每项都有红旗，沾沾自喜了一阵儿，可有好心人提醒我：光有红旗还不够，要想竞争文明班级还得看分数，也就是得看在年级的排名。不看不知道，一看吓一跳——年级排名第 16，总共 18 个班级。向孩子们一打听，说我们一般情况下不是倒数第一就是倒数第二。唉，看样子他们习惯于自己成为弱势群体了，怎么办？于是自己先研究熟悉学校常规检查的条目，同时又物色了一位极能干的卫生委员负责维持班级卫生；然后身体力行，人们常说"喊破嗓子，不如干出样子"，我每天带着值日生督促他们扫地、拖地、擦窗户等，让他们知道每一步要做到位，常常在似乎不经意间表扬他们、鼓励他们，说一些自己做学生时的事。功夫不负有心人，"威逼加利诱"，在接任班主任的第二周，常规排名年级第四。这意味着阳光灿烂的日子开始了！

有了第一次的成功，下面的工作就容易多了。我对他们的要求一步一步提高，不时地告诉学生们：第一，不想做将军的士兵不是好士兵；第二，一个人要是看不起自己，谁还会看得起你呢？第三，一屋不扫，何以扫天下？在继续努力下，我们的常规排名一直在年级处于上游。每次周一晨会上看见他们在宣布名次前的紧张劲儿和宣读后的大松一口气，就不由得感叹："谁说我们九班是问题班呢？完全能称为阳光灿烂班啊！"有一次竟然荣获年级第一，孩子们像过节一样，我还自己花钱请他们吃巧克力，算是对大家付出努力的奖励吧！本学期的期中考试我们班成绩也有很大的进步；在校春季运动会上取得了团体第四的好成绩，并且荣获道德风尚奖；学生自己设计的班徽和标语也获得了好评。现在我们班是出了名的"阳光灿烂班"。

☞**案例分析：**案例中的班级可谓是"阳光灿烂班"——班级灿烂，学生灿烂，班主任也灿烂，其灿烂自有其"历史原因"。接任班主任的第一周，"我"由原来的沾沾自喜到一筹莫展，可谓是阳光灿烂后的阴雨连绵。而"我"没有被困难吓住，反而利用了这一弱势群体，把差班变成了强班。这得益于"我"对目标管理的有效运用。第一步，从学校常规目标入手，先研究熟悉学校常规检查的条目，并从班级卫生入手，根据学校的相关目标一步一步地落实。物色一位能干的卫生委员，自己身体力行和严格监督，不经意地表扬和鼓励。在"我"的"威逼利诱"和同学们的努力之下，终于使班级的常规排名达到年级第四，意味着阳光灿烂日子的开始。第二步，制定更高的目标。目标中不仅包含常规目标，也包括非常规目标，要求同学们全面地提高。目标提高了，要求也自然提高了。在目标的指导下，在同学们的努力之下，期中考试也有很大的进步，在校春季运动会取得了团体第四的好成绩，并且荣获了道德风尚奖。真是"一分耕耘，一分收获"，一个被认为是"问题班"的班变成了"阳光灿烂班"。

此案例说明一个问题：班级管理需要有一定的目标，有了目标才会有努力的方向。同时也说明另外一个问题：常规管理是基础，即使常规管理目标都达到了，但其他目标却未必能实现，不管目标是不是远大，都需要由一个一个小目标组成，并从小目标入手才能到达班级管理的总目标。所以必须将班级管理的目标细化到可以操作，才能产生效果。

五、情感沟通方法

(一) 情感沟通方法的含义

情感沟通是一种理性和感性的混合交流，它是群体生命的要害。白居易说过"感人心者，莫先乎情"，要维持管理班级群体的动态平衡，沿着既定的目标迈进，就要通过健全及灵敏的沟通结构来实现。师生、生生之间平等的情感沟通，是班集体和谐发展的关键。

(二) 情感沟通方法的作用

班级情感沟通方法有利于教师很好地利用情感与学生沟通，努力接近学生，在各个方面尽其所能地帮助学生，从而彻底消除戒心，缩短师生双方的心理距离，形成和谐融洽的师生关系，让学生切身感受到班主任是他们的亲人、领头人，以便于师生之间搭建起相互信任的桥梁。在对学生运用反面事例进行教育时，以震撼心灵、激起共鸣、唤醒良知为指导，并使其行为发生巨变。

(三) 运用情感沟通方法的要求

谈心是一种有助于交流情感、互通情况，并能够有针对性地做好学生的思想工作、解开思想疙瘩、体现人性关怀的有效沟通方法。谈心时应注意讲究方法：一是交心，以诚相见，推心置腹，不能言不由衷；二是要态度和善，既要指出缺点，又要注意正面教育，切不可阴阳怪气、讽刺挖苦；三是要平等待人，设身处地，不能盛气凌人；四是要耐心疏导，由浅入深，逐步启发思想，解开心中的疙瘩。沟通结构应为混合多向型，这种结构既注重班主任(包括科任教师)与学生之间的纵向沟通，又重视同学之间的横向沟通。这种沟通使班级师生之间的思想行动一致，同学之间互相关心，互相安慰，互相照顾，联系密切，协作配合。

【案例】

让学生体面下台

一天，物理课上马老师正在讲课，忽然，离教室不远的菜市场的高音喇叭里播放起了小品《卖拐》，当小品播放到高潮时，有几位同学随着发出了笑声。这下可气坏了马老师，他立即查问："谁笑的？"但是没有人承认。马老师怒气冲冲地走出教室，找到了我，说了刚才的情况。我听后不慌不忙地走进教室，眼光朝全班学生扫视了两遍，才平静地说："刚才有的同学开小差，听起了小品，但这不能全怪这几位同学，我们的教室离菜市场的高音喇叭太近，就是我也不免听几句。这是我们学习的不利条件，我们怎样克服呢？"

说到这里，我停了一下，注视全班同学。这时，有一位同学举手答道："专心听讲，就能克服。"我肯定地说："对，专心致志，就可以两耳不闻窗外事，一心听老师讲课。那么刚才几位同学没有这样做，对不对呢？"只见几位同学低下了头。我又继续诱导："问题不是要批评这几位同学，而是看这几位同学有没有克服这种困难的勇气。"只见最后一张桌子上的两位同学举起了手，站起来惭愧地说："老师，刚才我们笑了。"接着又有一位同学站起来承认了。过后，这几位同学又主动到办公室向马老师承认了错误。

可见，老师如果能从客观上找到犯错误的原因，给犯错误的学生保留面子，让他们体面地"下台"，就会收到事半功倍的效果。

☞**案例分析**：在这个案例中，马老师面对学生的干扰而当场给予批评，却没有收到教育效果，反而生气地走出了教室。面对这件事情，"我"首先从客观上找到学生犯错误的原因，给学生保留了面子，并且使学生在心理和情感上更容易接受教师的教导；其次，"我"采取诱导的方法让学生认识到自己的错误，使其在情感上发生冲突，从而收到了事半功倍的效果。从这两位教师处理事件的方式来看，之所以出现截然不同的效果，是因为他们的课堂管理观不同，对课堂问题行为采取了不同的管理策略。

课堂问题行为是指在课堂中发生的、违反课堂规则、妨碍及干扰课堂活动正常进行或影响教学效率的行为。课堂问题行为具有普遍性，是教师经常遇到而又非常敏感的问题，处理不好，就会损害师生关系和破坏课堂气氛，影响教学效率。课堂问题行为的有效管理有助于学生的社会化，使学生了解在各种场合受赞同或默认的行为准则，也有助于学生人格的成熟，使学生在对持续的社会要求与期望作出反应的过程中，形成独立、自信、自我控制、坚持忍受挫折等成熟的人格品质。

学 习 思 考

1. 班级管理有哪些功能？
2. 班级管理的原则有哪些？
3. 班级管理的方法有哪些？结合具体案例进行分析。

第二章　班级管理的目标和内容

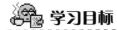

学习目标

1. 了解班级管理目标的内涵、特点与类型。
2. 了解班级管理目标所受的影响因素。
3. 熟悉班级管理目标制定的程序。
4. 掌握班级管理包含的内容。

案例导入

帮助学生小干部走出心理的"高原期"

　　与学生接触没有几天，我就发现了他们虽然只是四年级的孩子，但由于从一年级起就进行了新基础教育的实验，班级大多数学生的能力都很强，最引起我注意的当然是她——苗苗。在假期里，我第一次到她家家访，没有遇到家长，我只是询问了一下班级情况，说到班级文化建设可能要小干部提前思考思考，就告辞了。谁知，当我在开学前再次走进教室的时候，图文并茂的一期"新的生活，新的起点"已经赫然出现在眼前。就是这样一个敢于思考、敢于工作的女孩，也让我这个当了十几年班主任的老师，领教了她的几次"小干部张扬个性"的工作作风。其中，有这样一件事情。班级的大黑板上，已经布置得有模有样，让人赏心悦目。"我们用水彩颜料把教室两边的墙面也美化一下，突出班级小队建设的特色。"她没有和其他班干部商量，没有经过中队会的讨论，已经决定动手干了。反正也是一个不错的主意，我没有提出异议，更没有干预，心中甚至还有了几分窃喜——好样的！他们开工了，我静静地在教室一角整理着学习资料。

　　当几个队员在她的带领下干得正欢时，中队学习委员辰辰站在远处仔细端详了一番他们的杰作。"苗苗的这幅画与文文、敏敏的不配套，用色也不协调。""去去去，你懂什么，管好班级的学习就行了！"辰辰低头走开了，我朝苗苗深深地看了一眼，可她似乎毫无感觉。

　　"哎呀，苗苗，你把水都洒在地上了，颜料混合在一起，地板成大花脸了。先拖下吧！"卫生员歆歆插了上来。"你们烦不烦，看我们工作顺利，想抢老师表扬啊？我当了两年宣传委员，一向这样工作，至于地面嘛，等我们完成了自然有你的事。"歆歆咂了咂舌，摇摇头，也走了。

我放下手头的资料，走近了苗苗。"他们说的话有道理，你为什么不听呢？""做事要有中心人物，谁都可以插一脚，那怎么行？该张扬个性时，必须张扬。这就是我的个性——认真完成自己的事，无需旁人指点！""你这样不好，太固执，这也不光是个性张扬吧？"我还在想着她会说什么，我该如何应答时，她一个突如其来的举动吓了我一跳："不干了！"她一边说着，一边朝盆里扔下了手中的画笔，转身离开了教室。一大帮同学和我一样，愣愣的；不同的是，我看着苗苗的背影，他们却看着我。

事后问了一些同学，苗苗从一年级起就担任班级小干部，做事认真，能力极强，虽然有干部的轮换，但她始终因为脑子灵活，能出色完成任务，而深得原班主任的信任。看来，她的班干部工作已经进入了"高原期"，即工作没有多大进展，只在平面推移。她对班干部工作的新鲜感逐步退却，对他人的善意提醒缺乏认识、缺乏理解，她始终认为，自己是出色的。面对这位停留在"高原期"的小干部，如何尽快帮助她逾越障碍，寻求新的突破，是摆在我面前的紧迫任务。

现场的布置和清洁工作请其他几名学生继续完成，而且要求他们比原计划做得更加美观与精致。当天，我没有再就苗苗的所作所为这个话题发表任何意见，只是又和其他学生一起在教室的门后，开辟出了"你我好商量"的一块版面，告诉他们，有什么悄悄话，可以以书信方式和老师、同学交流。以后的几天中，我时常表扬那些写信给老师的同学，因为他们给了我许多班级的信息（包括苗苗原来的许多表现）。周一的班会课，小干部轮换选举时，苗苗的票数明显落后于其他五位同学，她依然没有失落感，因为她始终相信，老师少不了她。可当我宣布，那五名同学当选为班级中队干部时，她的眼里饱含敌意。"苗苗，你的能力很强，老师和同学们有目共睹。虽然没有当选为班干部，但是你一样会为班级服务的，对吗？因为我相信你是个有头脑、有创意的孩子！选票的问题，你自己思考一下，看看最近有什么不妥之处。给我个回条好吗？"这是我当天插在"你我好商量"版面上，写给苗苗的短信。三天后的晚托班，苗苗终于找我了："老师，我大概太自以为是了，总认为自己是干部，能力强，别人都无法超过我……"苗苗认识到自己的根本问题所在了。

☞**案例分析**：每一名学生都是独特的，也是最好的，每一名学生都是积极向上的，也是闪光的，尽管有的光芒耀眼，有的光芒柔和。作为教育者，我们就是调光师，需要用自己的智慧，把每一束光芒都尽可能调整到最适合的程度。值得欣慰的是，苗苗已经真正成为同学们心中的好干部，走出了小干部心理的"高原期"。

第一节　班级管理的目标

　　班级是学校进行教育、教学工作的基本单位，班级管理目标是班级管理工作的核心，是建设班集体的灵魂。班级管理效果的好坏受到目标的制约，如果目标清晰、具体、全面合理，就有利于班级管理工作的顺利开展，就能更好地发挥班级的功能。

班级管理目标既是班级管理的起点，又是班级管理的归宿；班级管理目标既具有激励作用，又是班级管理评价的重要标准。

一、班级管理目标的内涵和特点

（一）什么是班级管理目标

马克思曾指出：蜜蜂建造蜂房的本领尽管十分强，往往令人惊叹，但是蹩脚的建筑师都胜过蜜蜂的地方是，他在工程动工之前，头脑中就已有建筑物的周密蓝图了，劳动过程结束时的结果，在劳动过程开始时，就存在于劳动者的观念中了。他预先知道活动的目的，根据这个目的来决定活动的方式和方法，来改变自然物的形式，以实现自己的目的。他的意志还必须服从这个目的。拥有或设计目的(或目标)是人类社会活动的基本属性。那么什么是目标呢？目标是某一行动所要达到的最终目的，是要争取达到的某种预想结果的标准或状态。目标既有个人目标，也有集体目标。

根据目标的定义，可以把班级管理目标定义为，班级管理主体(一般情况下是指班主任教师和学生)通过一系列的管理活动，在一定时期内使班集体达到一种所期望的状态。换言之，就是班级师生通过实施一系列的管理职能，希望把班级办出一定的特色，沿着一定的轨道发展，最终达到一定的规格。

（二）班级管理目标的特点

班级管理目标具有指向性、社会性、层次性、可行性和集体性等特点。

(1) 指向性，是指作为人们所追求的一种未来结果的目标，总是指向一定方向。它为组织或个人指明了奋斗的方向，展现出预想的前景。不体现一定方向的目标是不存在的。班级管理目标体现了班级建设的基本理念，是班级管理者通过管理活动所希望达到的一种未来的结果和状态。班级管理目标可以为班级组织成员的行动指明前进的方向。

(2) 社会性，是指班级是一个社会组织，它是整个社会系统的一个组成部分。学校的发展要受到社会政治、经济、文化等因素的制约。班级作为社会组织，它的管理目标要与社会性质、社会发展的总目标统一方向。根据《义务教育法》的规定，我国学校的管理目标必须体现我国的社会主义性质，要贯彻党和国家的教育方针、政策、法律法规，班级管理目标也是如此。

(3) 层次性，是指班集体作为一个团队，其目标的实现需要多个层次目标的实现。班级管理目标是班级建设的方向和标准，是比较抽象、纲领性的目标。必须将目标分解为各个层次的子目标，才能实现总目标。

(4) 可行性，是指班级管理的目标是班级学习和发展的方向，只有付诸实践才能有效果。因此，班级管理目标的制定必须结合班级的实际情况，符合班级管理的规律，具有可行性。班级管理目标必须是经过努力可以实现的，必须有具体的内容可操作，而不是一个口号性的纲领。

(5) 集体性，是指班集体本身是由许多个体共同组成的，这就决定了班级管理的目标不仅要考虑班级自身的发展，同时更应该兼顾班集体中每个成员的发展和需要。

二、班级管理目标的类型

【案例】

灵活制定管理目标

新学期的脚步将我快速地带进学校的大门，开始了新的教学生活。不久，几位"战友"说我变懒了，学生在文章里也同时反映出类似的心声。

的确，本学期我的工作作风与上学期大不相同。上学期，我就像一个全职的保姆，把学生从早到晚都管得严严实实的，在我无微不至的"关怀"之下，我班取得了优异的成绩：学校各项评比第一；连续六次夺得学校流动红旗；学习成绩也始终处于全校同年级上游。但也导致了一个后果：由于我的全盘包办，以学生为中心轴旋转，把自己搞得疲惫不堪，同时学生对我的依赖性很大，而班干部在我的这种管理下无事可做，形同虚设。

历经整个假期的反思，我明白了一个道理：管理者必须要用有效的方法促使受管理者顺着有利方面前进，而不是一味包揽，特别是学校至关重要的班级管理尤为如此。

所以，我对本学期的管理方式、目标等方面都做了很大的调整，工作要点主要从如下几方面进行转变。

(1) 由班主任制定"法律"转变为在广泛征求学生意见的基础上，由班长执笔，其他班干部结合班级实际，配合制定了班级规章制度，使学生从内心知道什么是该做的，什么是不该做的。

(2) 将每天安排值日变为在教室醒目处张贴了卫生值日表，并确立首位同学为组长，明确其职责。其目的在于真正培养学生的自主管理能力。

(3) 不再"走村串户"，而是定时召开班干部会议，明确了每个班干部的职责，并及时了解班级情况，促使班级形成老师、学生齐抓共管的和谐格局。

(4) 推倒老师专权，建立班级德育管理体系。班级每周实行一次自我反省、自我批评，对照整改的管理模式，对表现不好的班干部、同学要严肃地批评、教育，并把他们的表现及时记入班级德育管理手册里，限期改正。这些活动使学生受到触动，调动了他们的主动性和积极性。

现在，我再也不用那么辛劳地整天围着学生转了，我的班级在短时期内快速转轨，随着文明和谐的前奏再次驶入高速发展的道路。所以我说："我变懒了，但我的学生变勤快了。"

☞**案例分析**：制定班级管理目标是班级管理的第一步，它直接决定了班级管理的方向。只有根据班级的具体情况制定正确的目标，才能使班级管理效率得到提高。案例中提到的"我变懒了，但我的学生变勤快了"指的是班主任灵活制定管理目标，让学生自主参与班级管理，积极发挥学生的主观能动性。当代社会对人才的需要，要求我们着重培养学生的独立自主与创新能力。

由于班级管理目标划分的标准不同，班级管理目标的类型也有所不同。以目标主次程度为标准，可将其分为主要目标和次要目标；以预期时间长短为标准，可将其分为长期目标与短期目标；以实际情况对目标的限制为标准，可将其分为必达目标和争取目标；以目标性质为标准，可将其分为任务目标和班级建设目标；以目标内容的抽象程度为标准，可将其分为一般管理目标、具体管理目标和领导工作的目标；以目标主体指向为标准，可将其分为组织系统目标和组织成员目标等。

主次要目标、长短期目标等类型较好理解，下面仅对以下两种目标类型加以简要阐述。所谓必达目标和争取目标，顾名思义，就是必须要达到的目标和争取达到的目标，它是指不同班级发展的目标往往具有共通性——发展成为班风良好、自主自治、和谐发展，各方面成绩优异的集体；但由于现实情况的限制，某些班集体只能根据自己班集体的具体情况制定该集体在某一阶段的必达目标。例如，某班级在春季学期中由于清洁卫生和自习纪律等问题未能获得过流动红旗的荣誉(流动红旗每周流动一次,每学期18周,红旗流动17次)，鉴于这样的情况，班主任在秋季学期开学之初制定了这样的目标：一学期中获得3～5次流动红旗。在这里，"一学期获得3次流动红旗"为必达目标，而"一学期获得5次(甚至以上)流动红旗"为争取目标。任务目标和班级建设目标具有很明显的指向性和时效性。例如，学校要举办秋季运动会，要求某班级负责运动会期间主席台的服务工作。这时，圆满完成运动会期间的主席台服务工作即成了该班级在运动会期间的任务目标。而班级建设目标则通常是指该班级为了改良班风、促进每个成员的发展而制定的目标。组织系统目标是指全体班级成员共同奋斗的目标，组织成员目标是指班级个体具体目标，班级管理目标要很好地协调二者的关系，使二者协调地发展，既要考虑到团体目标又要照顾个人目标，只有这样，才能发挥目标的激励作用，促进管理目标的实现。

三、班级管理目标的制定

(一) 班级管理目标制定的依据

由于班级是一个社会组织，班级管理目标的制定既要受到社会、政治、经济、文化等因素的制约，又要受到班级组织自身发展规律的制约。具体来说，班级管理目标的制定要考虑到以下几个因素。

1. 教育需要

学校的教育目标是一所学校根据培养目标的要求，将教育目的转化为具体的育人标准。而培养目标是根据教育方针的要求，将教育目的转化为各级学校的受教育者质量和规格要求，而教育方针又是教育目的的具体的、阶段性的反映。

因此，在我国任何一所学校、任何一个班级的教育目标，首先是社会主义教育的高度体现，班级管理目标的制定必须以此为基础，全面考虑社会主义的性质、特征和基本要求。

2. 班级管理活动的规律

学校是特殊的社会子系统，班级是这个特殊子系统的组成部分，因此，在某种程度上也可以将班级看作一个社会子系统。一方面，班级内部的组织系统的规律性同社会整体组织系统的规律性具有高度的协同性，这样才能保证两种组织的同构特征；另一方面，社会之所以能够不断地演变和进步，正是由于各个子系统同社会大系统之间存在一定的不协同性。作为社会的一个异常重要、活泼的子系统——学校也具有以上特征。对于班级来说，无论其与社会的协同部分，还是不协同部分，它们首先应该是一个有机的整体，班级之所以能够避免分裂或解体，正是因为这些部分能够相安共处。在此前提下，班级的管理活动也具有不依赖于人的意志而转移的客观规律，这种客观规律制约着管理活动的开展。因此一切管理活动都应该遵循管理规律的要求，管理目标的制定也是如此。无视班级管理规律的管理目标只能是无本之木，它的实施和运行由于缺乏强有力的保障，最终难免成为一纸空文。

3. 社会要求

班级是一个社会组织，班级管理目标要与社会发展的总体目标相统一。班级管理目标要体现我国的社会主义性质。班级制定管理目标，必须具体贯彻和体现党和国家的教育方针政策，才能起到为社会主义建设服务的作用，也才能保证班级管理目标的正确方向。

4. 班级的现实状态

目标虽指向未来，但要立足于现实基础之上。在制定管理目标时，必须分析班级现实的主客观条件，明确班级现存的优缺点，要对班级的人力、物力、财力、学生和教师等方面的情况进行分析，力求在现实的基础上制定一个符合实际的管理目标。

5. 学生的身心发展规律

中学生处于身心发展的重要阶段，蕴藏着极大的发展可能性和可塑性。在这一阶段，涉世未深的学生对外界表现出浓厚的兴趣和旺盛的求知欲，他们为了实现自我价值，往往需要通过个体的自身努力与外界客观现实的相互作用才得以实现，所以没有活动，没有个体与环境的相互作用，也就没有学生个体的发展。因而，在学生的发展过程中，既要了解学生发展的潜力，又必须把握学生发展的需要，以促使学生在发展中走向成熟。因此，在制定班级管理目标时，有必要把学生身心发展规律放在重要的位置上。

(二) 班级管理目标制定的程序

制定班级的管理目标是班级管理的起点。制定出明确、正确、具体的管理目标，是班级有效管理的先决条件。目标一经制定，一切计划、措施、行动就有了依据，因此制定班级管理目标，对于班级管理是个重要的环节。具体来说，制定班级管理目标的程序包括以下几个环节。

1. 全面收集资料，掌握内外信息

班级管理目标的制定必须以班级的客观现实为基础，才能制定出合理的目标。如何认识班级的现实状况呢？这就要靠收集资料。管理目标的制定必须对班级的外部环境有充分的认识，要收集国家的教育方针、政策，掌握国家对教育发展的要求，还要收集班级所处地区的社会状况，掌握社会、家庭、家长对班级发展的要求与学生的需求。另外，要分析班级内部的现实条件，如人力、物力、财力、师资等条件状况，了解班级成员的需要、对班级发展的期望等方面的信息。资料的收集，是制定管理目标的前提，这一步工作没做好，就很难制定出合理的、符合客观现实的管理目标，必然会影响到后面班级管理工作的开展。

2. 提出目标方案

收集信息资料之后要做的就是将信息资料进行归类分析，进而提出管理目标的方案。目标方案的制订要明确，首先，明确要达到的目标；其次，要说明达到目标的限制性条件，即存在着哪些有利条件、哪些不利条件，以及达到目标所需要的人力、物力、财力资源；再次，要说明实现目标方案的途径、策略和步骤，这是目标方案最为关键的内容；最后，要对影响目标实现的不确定因素进行预计。实现班级的教育目标可以有多种途径，这也就意味着可以通过多种管理方式来实现，所以在制定班级管理目标时，要尽可能多地提出多个目标方案。

3. 评估目标方案

确定备选的目标方案后就需要对提出的目标方案进行分析和评估了。要从班级内外部的实际情况出发，具体分析目标方案是否具有科学性，并对其科学性程度进行测定说明。目标方案具有科学性并不说明就一定具有可行性，还要对目标方案的可行性进行分析和评估。目标的制定既不能太低，太低了没有意义：也不能太高，太高了实现不了。切实可行的目标方案才是最重要的。

4. 比较分析，择优选定

在对目标方案进行分析和评估后，要根据班级的客观情况，从备选方案中选择最优化的目标方案。

班级管理目标的设定要以正确的班级管理思想为依据。班级管理思想是班主任对班级管理的本质和价值的认识，它决定班级管理的方向。正确的班级管理思想是"以学生

为本"的思想，以学生为本就是以学生的发展为本，制定班级管理目标就是要体现特定班级的学生的发展需求。同时，班级管理目标的设定还要以班级实际情况为依据，即以学生的身心发展为依据，以特定班级的学生的特定发展情况为依据(特定指家庭、社区、班级特定的环境)。

(三) 班级管理目标制定的原则

1. 把促进学生全面发展放在首位

班级管理目标是班级成员共同努力的方向，具有统一认识和行动的作用。正确制定班级管理目标能使学生沿着正确的方向前进。因此，制定班级管理目标时要注意从过去单一的智育目标向形成促进学生全面发展的目标转变。只有这样，才能有效地促进学生德、智、体、美、劳全面发展。

2. 班级管理目标难易适度

班级目标是前进的动力。实现目标的关键在于班级全体成员的奋发进取，这就要求提出的目标具有适宜性，让学生跳一跳就能够得到，让他们通过自身的不懈努力就能达到班级目标。只有适合学生的需求，兴趣和愿望，才有广泛的群众基础，才有实现的可能性，否则班级目标就难以被学生认同，就不能调动学生实现目标的主观能动性和积极性。同时，适宜的目标也会产生激励性，激发学生们的责任心、集体荣誉感，鼓励他们为达到预定目标而努力克服困难，使班级始终朝气蓬勃，不断前进。

3. 制定班级管理目标过程的全员参与性

班级目标最初阶段在一定程度上表现为外在目标，即虽然目标明确，但还未成为学生的内在要求。只有将这种目标转化为学生的内在要求和前进的动力时，才能对学生产生吸引力。可见共同的奋斗目标应经过全班的讨论，来自学生一致的愿望和需求。因此教师应发动全班学生参与讨论，尽可能多地引导全体学生自己提出并完善班级目标。

拓展阅读

如何突破目标激励的边际效应

开学伊始，老师给表现优秀的学生发放小红花，学生兴高采烈。可是一个月、两个月后，表现优秀的学生得到了二三十朵小红花，就会越来越觉得无所谓了。为什么呢？他对小红花产生了适应反应，他期待得到老师的后援强化物，得到更进一步的刺激鼓励。比如新学期一进教室，孩子新奇地发现雪白的墙壁上贴着一棵漂亮的苹果树和一大片绿草地，孩子问这是干什么的，老师告诉他："看见苹果树了吗？当你表现好的时候老师就让你开一朵苹果花，写上你的名字贴在树上，当你开了五朵苹果花时，就结一个大苹果。"孩子还想知道得了五个大苹果后会怎样，"那我们就一起去参观一个有趣的地方！"孩子得了五朵苹果花想五个大苹果，得了五个大苹果还想着那次有趣的参观，天天充满了干劲儿。期末来了，教师带领学生把参观图片整理、标注，在全校为本班开辟一个"童眼看世界"展览专栏，每次从专栏下走过，孩子总把胸脯挺得高高的，心中充满自豪感，并迫切地期待一个新学期的到来。

不断地给孩子设计他可以通过努力达到的小目标，不断地给孩子新颖的有效刺激，摸准了孩子的心理，采取的教育方法才能真正打动孩子，这才是心理教育的根基。班级管理中蕴藏着无数教育契机，以科学的思想武装我们的头脑，以科学的方法推进我们的工作，必将形成一种塑造具有"健康人格"的人的优美的科学系统。

☞讨论：根据目标的不同类型，试按照班级管理目标设定的程序，为你自己所在的班级制定三到四个班级管理目标。

第二节　班级管理的内容

班级管理是一个复杂的系统工作。为了实现一定的班级管理目标，需要班集体的每个成员齐心协力、全力以赴地为班级发展作出贡献。班级的发展通常可以从班级组织建设、日常活动、规章制度建设、班级教育力量、文化和突发事件等多个方面来实现。这也就决定了班级管理的主要内容包括多个方面。现选择班级的组织建设、班级的日常管理、班级的活动管理和班级教育力量的管理等几个班级管理中常见的内容作简单的介绍，后续的几章将展开详细的论述。

一、班级组织建设

班级组织建设的发展过程分为组织的初建阶段、组织的发展阶段和组织的高级阶段(班集体阶段)。例如在一个班级刚刚建立之时，需要建立一定的组织，这种组织通常包括班级的小组、人数和管理组织机构等。

班级的组织建设涉及班级组织机构的建立。班级组织机构分为班委会制度、值周班长制、建立各种类型的小组、班级学生会议制度。少先队组织机构分为中队和中队委员会(包括中队长、副中队长，中队组委、宣委、学委、文体委和劳委)。

班级组织建设包括建立班级组织规范体系，具体包括班级组织制度、行为规范、集体舆论与班风。班集体是班主任、班级任课教师和全班学生按照一定的教育目的和任务，按照一定的教育计划和要求，齐心一致，共同努力建设才逐步形成的。班集体的发展必须有一个坚强的领导核心，以形成自觉守纪，有公正舆论，团结友爱、勤奋好学，能以集体主义价值为方向，为班集体整体目标的实现而共同活动的集合体。班集体是班级群体发展到高级阶段的表现形式。

【案例】

良好的班级组织建设

开学一个月了，我这班主任也当了一个月了。在这一个月里，我体验了许多的工作也收获了许多经验，它为我今后的班级管理工作奠定了基础。在这里，我对这个月的工作做一个总结。

开学之初，由于刚接手新班，对班级状况、学生情况都不是十分了解，因此，我先确立好班委成员，重新选出班干部。在班会上，我让学生通过民主选举的方式选出自己心目中最信任的同学，新班委成员包括班长、团委书记、军体委员、卫生委员。这些人员分工明确，要求他们尽职尽责地干好班级工作，相互支持，通力合作，协助老师管理好班级。经过一个月的运行，他们工作努力，相互协调，把班级管理得井井有条。

其次，进一步完善班级各项规章制度。对于班级的常规方面，主要在纪律、卫生上加强了管理，要求学生严格按照《中学生日常行为规范》和《中学生一日常规》的要求做，发现违纪同学严厉处罚。卫生方面主要是明确分工，把班级的每块卫生区具体分到个人，卫生委员每天监督完成情况，我随时抽查，对于偷懒、不认真打扫卫生的同学惩罚他们加倍干活，这样使班级的卫生工作做得非常好，在学校组织的检查中取得较好的成绩。

由于全班同学的共同努力，在学校开展的一系列活动中我班均取得了优异的成绩。

☞案例分析：一个好的班级，单靠班主任一个人的管理是远远不够的，它需要良好的班级管理机制，而机制的各个部分都要相互协调，充分发挥应有的职能。同时，对学生的管理应避免盲目性、专制性，而应更多地注重民主化，做到因材施教。

二、班级日常管理

班级日常管理涉及的内容多、范围广，可以说学生在校的所有表现及与学生身份相关的校外行为表现都在管理的视野内。班级常规管理要以《学生守则》和《日常行为规范》为依据，结合班级学生的实际情况予以实施。通常，班级日常管理的内容包括思想管理、纪律管理、学习常规管理。

(1) 思想管理中的"思想"是人在实践中形成的观念，支配人的行为和感情。中学时期是学生形成人生观、价值观的关键时期，因此，对他们的基本思想进行引导、教育和规范是常规管理的内容。爱祖国是公民的基本思想道德要求，也是学生应有的思想道德品质。管理中要求学生树立民族自尊心、自豪感和为振兴中华而学习的理想，具体表现在行为上就是要尊敬国旗，会唱国歌，每周认真参加升旗仪式，在升旗仪式上，着装整洁，肃穆、全神贯注地唱国歌，行注目礼。爱科学是正确人生观、世界观的基本特征，也是中学生在成长中需要形成的基本品德。在班级生活中，要求学生积极地学习科学知识，追求科学，反对迷信，远离邪教。

(2) 纪律管理是班级常规管理工作中最重要的内容。纪律是集体中协调成员行为，使其步调一致，实现共同目标的行为规范系统。纪律能起到统一行动、统一意志的作用，它是集体有序生活、高效率工作学习、有战斗力的保障。正所谓"没有规矩，不成方圆""步调一致才能得胜利"。除此之外，纪律还是一个班级班风的具体而集中的反映。一个班级纪律严整，说明在老师的指导下，学生学习努力，团结友爱，积极上进；相反，如果一个班级的纪律松弛，那么学生的学习、锻炼，班级卫生可能都很懈怠。班主任通过纪律管理，除了为班级营造一个井然有序的学习、工作的人文环境外，重要的是要培养学生遵规守纪、文明自律的品德素养。实施班级纪律管理指向的内容很多，具体包括到校出勤的纪律，课堂学习与自习的纪律，课间两操及休息的纪律，晨会以及一周一次的升旗仪式纪律。班级纪律管理是动态的，任何班级纪律训练都不可能一蹴而就，也不可能一劳永逸。班主任既要在一段时间内集中抓纪律教育训练，使班级纪律走上正轨，又要注意日常对纪律的规范和维护，使班级保持有序的纪律状态，使学生养成自觉遵守纪律的习惯。

(3) 学习常规管理也属于班级日常管理的重要部分。学习的意义是十分重大的，它是学生来到学校承担的主要任务，是学生在校从事的最经常、最大量、最为重要的活动，它是学生成长为具有高素质的社会一员的主要训练途径。学生通过学习前人留下的知识和改造客观世界的经验，逐渐形成自己对世界的一般认识和把握。与此同时，个体经验也在学习中不断地积累和改造，结合所学的知识形成自己的富有个性的世界观、人生观、价值观。"学会学习"是学生的重大任务，而学校组织的学习是有目的、有计划、有系统进行的，学生在校以学习间接经验即书本知识为主，并且迄今仍以课堂学习的形式为主。这种高效的学习促进学生快速成长、全面发展。当然，这种学习也是艰苦的，它是一种社会责任。因此，学习需要承担责任，付出努力，甚至要牺牲一些个人短时间的快乐。无疑，把班级学生的学习活动管理好是班主任肩负的主要的、重大的任务，并且对学生学习的管理应是多层次、多维度的。针对学习的社会责任性而言，有对学习态度的引导；针对学习是个掌握的过程而言，有对学习过程的环节的管理；针对学习是一种高智力的活动而言，有对学习方法的指导。

学习常规管理包括学习态度的管理及教育和学习活动的常规管理。态度是个体在对某件事物产生认识和情感的基础上形成的倾向性特征，它是个体人格的重要特征之一。由于学习是学生的主要任务，因此，具有端正的学习态度就是作为学生这个角色的关键品质。学生有了端正的学习态度，不仅热爱学习，会勤奋地学习，努力获得好的学习成绩，而且能潜移默化形成其他的良好品德，如形成对工作认真负责、专注投入的良好社会性品质。对学生学习态度的管理，既要动之以情，晓之以理，示以榜样，让他们了解学习的意义和乐趣，由内向外地形成正确的态度；又要提出要求，进行学习纪律上必要的约束，如上课专心听讲，不搞小动作，按时高质量地完成作业，不敷衍塞责，如此由外向内地强化训练，形成正确的态度。学习活动常规管理包括课堂学习常规、课外学习常规、考试常规的管理。

三、班级活动管理

活动是个体生命和意志的能动性展现，班级活动则是班级活力的表现。中学生正处在人生的加速发展时期，除了面临生理上的第二生长高峰以外，其社会性也呈快速发展，因此，他们显得精力充沛、情感丰富、喜欢活动、乐于交往，可以说，活动是他们青春生命的需要，是他们生活的主旋律。但是，这个年龄阶段的人的知识储备不充足，对生活的理解还比较肤浅，社会阅历也不够丰富，他们考虑问题多从"自我"出发，比较片面简单偏激，往往不善于交往，有时还会做出莽撞行为，所以，对学生的活动进行引导、规范是很有必要的。

活动是教育的重要形式，活动也是个体积累经验、自我教育的好形式。人的活动实际是哲学意义上的实践，是一种在认识改造客观世界的同时，也认识改造主观世界的外部行为。在"人-活动-环境"系统中，活动是联结人和环境的中介，人的正确思想认识、知识技能，严格地说都来自活动。陶行知先生认为："生活即教育""社会即学校"，其实质是揭示了生活、社会、活动的教育价值。有些中学生在科学文化知识的学习中，可能一时处于后进行列，平时在人们的眼里是"灰姑娘"，但在其他活动中，如文娱、体育、制作、劳动等，他们却能大显身手，成为众人瞩目的"明星"。所以，活动是展现人的才能、思想的最好契机。1993年国家教委在课程改革中首次将活动纳入课程计划中，成了与学科课程同等重要的活动课程。2000年中共中央办公厅、国务院办公厅颁发的《关于适应新形势进一步加强和改进中小学德育工作的意见》中，把加强活动作为一项重要的德育改革，要求根据青少年学生身心发展规律，积极开展有益于青少年学生健康成长的校园文化活动、校外活动、社会实践活动等，强调要"结合各地、各校和班级的实际情况，大力开展和组织学生喜闻乐见并积极参与的各种有益活动"。在我国学校教育现代化的过程中，活动将越来越受到重视。因此，加强对学生活动的指导与管理，也是教育发展的需要。

班级活动管理要坚持两条原则。一是避害原则，即有益性原则。学生中，无论进行什么活动和交往，一定"要有益于青少年身心健康成长"，对那些危害学生身体和心理的活动与交往要坚决制止。二是多样性原则。学校组织的活动从内容到形式要丰富多彩，富于变化，以适应和满足青少年追求新鲜、多样、变化的心理要求。组织的活动既可以是一个主题多种形式，也可以是多个主题多种形式。要精心组织校园文化活动，如科技的、体育的、文艺的、文学的展示、表演、比赛活动；有爱国主义教育的、告别14岁走近共青团的、少年军校、学雷锋等的德育活动等。多姿多彩的校园生活，使学校富有吸引力，使学生热爱学校、向往学校。要认真组织好学生的校外活动，如夏令营活动、社区服务活动、生产实习活动、公益劳动、社会调查和勤工俭学活动等。在组织校外活动的过程中，要真正从锻炼、教育学生出发，抓落实，抓实效，不搞形式主义。

学 习 思 考

1. 班级管理目标制定应遵循哪些原则？
2. 班级管理目标制定需要考虑哪些因素？

第三章　班级管理中的学生和班主任

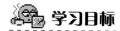 ## 学习目标

1. 了解班级管理中学生的地位和属性。
2. 熟悉班级管理中学生发展的特征。
3. 理解班级管理中班主任的重要作用。
4. 掌握班级管理中班主任的职责和权力。

案例导入

李老师的班级管理

李强老师的数学课教得非常出色，一些数学成绩并不好的学生，经他指点，不久数学成绩便能有很大的提高。他特别喜欢数学成绩优秀的学生，除了教两个班的数学外，他还担任三年级(1)班的班主任。但据说，他的班主任工作不敢恭维。有的学生埋怨说，李老师的全部心思都用在数学上，组织课外活动主要是解数学题，开班会还是讲数学题，不过主要讲练习中的错误。而且李老师偏爱数学成绩好的学生，班委会全部由数学尖子组成，至于其他同学，李老师就不太关注了。

☞**案例分析**：班级管理是一门科学，也是一门艺术。从上面的案例可以看出，李强老师作为一名数学教师是合格的，能够使班级同学的数学成绩大幅度地提高，但是他的班级管理工作全靠教学经验，出了不少力，费了不少心，却没有取得应有的效果。原因就是他没有认识到普通的教师与班主任在专业素质上是有差别的，在班级管理中的作用和职责不同；他没有认清班级管理中的主客体，对学生的本质属性及在班级管理中的角色认识非常模糊。为李老师的班级管理工作把脉，解决班级中存在的问题，就是要重新认识班级管理中的学生，发挥学生的主体作用；同时明确班主任的职责，不断加强班主任的专业素质发展。

第一节　班级管理中的学生

一、班级管理中学生的地位

对班级管理中学生地位的重新认识就是要从传统的班级管理理论中走出来，明确班级管理中主客体的辩证统一关系和学生所扮演的双重角色。

（一）班级管理中主客体的辩证统一

在班级管理工作中，何为主体？何为客体？教师和学生的地位如何？传统和现代的班级管理理论对此有着截然不同的看法。传统班级管理理论认为教师是班级管理的唯一主体，学生是班级管理的客体，学生要完全接受教师主体的管理。在实际操作中，一方面，班主任在工作中普遍带有主观性、随意性，或是强制性地发号施令，或是家长式地出言必训或是保姆式地看管，不给学生一点自主发挥的权利；另一方面，班主任起早贪黑，班级工作事无巨细都要亲力亲为，导致身心俱疲。这种管理方式即使班主任疲于奔命，事务缠身，但既不利于自身的提高，又忽视了学生的主体性，压抑了学生的自主、自理、自治能力的发挥，不利于现代人素质的培养。

现代教育理论认为，只有充分调动全部个体的主动性，整体的力量才能得到发挥，个体的素质才能得到提高。因此，要确认学生在班集体中的地位、权利和义务，让其真正享受到民主、平等、自由的权利，唤起学生的责任感、使命感、义务感，使学生的主体得到充分发挥，让班集体成为学生自我教育、尝试成功的精神乐园。我们认为，随着教师和学生在具体班级管理过程与环节中所充当角色和其主体性与积极性发挥程度的不同，班级管理的主客体也在发生着变化。也就是说，班级管理中主客体是辩证统一的，具有统一性和动态性。所谓统一性，是指管理与被管理过程是统一的，教师与学生既可以是主体，也可以是客体；所谓动态性，是指主客体关系总是来自某一过程或某一环节，过程与环节不同，这种主客体关系又将互相转化。所以在班级管理工作中，学生既是被管理的客体，同时又是进行班级管理工作的主体。在班级管理过程中，班主任与学生、管理者与被管理者不是彼此割裂，而是交织在一起的。班主任向学生直接行使管理的职能，班主任就是管理活动的主体，学生则是被管理的客体，然而在与此同时发生的管理活动中，学生又是管理活动的主体，他们往往自觉或不自觉地向班主任提出建议，发出反馈，从而影响班主任的管理工作。学生对教师的班级管理所表现出的倾向性、选择性，对来自管理中的信息的接受必须通过学生自身内部结构的过滤，正因为如此，并非班主任所要求的就是学生所想的，或一定是学生所做的。学生接受什么，不接受什么，接受到什么程度，主要依赖于学生，主要依赖于学生自身的兴趣、体验、认知能力、情感和个性特征等所作出的选择，而不是取决于教师的意志。所以班主任这时就成为班级工作管理的客体，学生则成为主体。由此可见班级管理过程中主客体的辩证统一性。

(二) 班级管理中学生的双重角色

在社会现实生活中，每个人总是隶属于一定的社会组织或群体，一个人居于某种地位，拥有某种身份，担任某种职务。于是人们把这种个体在社会组织中获得的地位、身份、职务等称为一个人的社会角色。班级是学校教育教学的基本单位，是由相互作用的几十名学生共同组成的社会有机体。貌似平静的班级如同运动中的蜂箱，有着多维度的错综复杂的角色网，每个学生都在这一网络的不同层面上扮演着一定的角色。班级中的学生角色主要由以下几个因素构成：性别、成绩、在班级组织中的职务以及在学生群体中的人际地位，然而，在班级管理中，学生的上述各种角色因素最终要以学生自身的双重角色表现出来，即对于班级管理的对象——学生来说，他们在班级工作管理中要进行角色转换。

一方面，他们是班级管理的客体，要履行作为学生角色的权利和义务，要遵守班集体约定俗成的行为规范；作为班级管理的客体，对管理者的管理应该通过积极的思想内化而表现为行为的主动性，主动接受、主动配合、主动适应，而不是消极应付、变相抵触。另一方面，他们同时又是班级管理的主体，要发挥作为管理者的主观能动性，为实现班级管理的目标而献计献策。作为管理的主体，其角色行为表现在态度上应该是发扬主人翁精神，关心班集体的发展，关注班集体的变化，不但要积极支持班主任和班干部的管理，而且要主动采取合情合理的方式，把个人的管理建议变成有效的管理行为。

(三) 发挥学生在班级管理中的主体作用

无论从管理理论还是从教育理论的发展来看，都强调以人为本的精神。苏霍姆林斯基说过，"只有能够激发学生进行自我教育的教育，才是真正的教育"。学生作为一个独立的个体，他们不仅是管理的对象，更是管理的主体，是有思想有感情的、活生生的个体。因此，对学生的管理不仅要符合教育规律、管理规律和学生身心发展的规律，更要体现管理中学生的主体性，强调学生的自主管理。在新课程标准下，在班级管理过程中，要培养学生的创新精神和实践能力，引导他们全方位地发展，就应该让他们完成从"监管的对象"到"管理的主体"的转变，让他们真正成为管理者，突出他们的主体性地位。教师可以在班级管理的下列环节中发挥学生的主体作用。

1. 引导学生制定目标，培养学生的自主精神

制定目标是班级管理的前提条件，而学生的自主精神是班级管理的灵魂。每个学生都是班级管理的主人，既是被管理者，又是管理者。因此，作为班主任，首先要从思想上更新管理观念，确认每个学生在班级中的主体地位、权利和义务，尊重学生的人格、个性，加强自主意识和民主意识的教育，以"我是班级管理的主人"为主线，引导学生参与班级管理目标的制定。

在制定班级管理目标时，要求每个学生以主人的身份出谋献策，组织他们学习讨论，共同制定出切合班级实际的总目标。管理目标的确立，一方面使学生既要看到前进的方向，又要明确目标实现是每个个体努力的总和；另一方面也要使学生看到目标虽高但可达到，要经过努力才能实现。管理目标制定的过程，是学生自我教育、自我激励的过程。在班级总目标制定之后，引导学生制定分解目标，具体到某个时期、某个方面、某个具体的人，这样学生通过参加目标的制定与实践，增强了主人翁的意识与责任感，使班级管理目标内化为学生的自觉行动，为班级管理奠定了基础。

2. 建立班级自我管理机构，培养学生的管理能力

班级常规管理是一项整体的育人工程。只有把全体学生的积极因素调动起来，才能形成合力，共同构筑学生自我管理机制。因此，班主任必须想方设法构建学生自我管理体制，为学生设置多种岗位，让每个学生都有机会上岗"施政"，有服务同学、锻炼自己、表现自己、提高自己的机会。

(1) 建立值周制度。每周推选一名学生担任"值周小老师"，班上的事由值周小老师全权负责，值周小老师还要负责记载班务杂志、检查班干部的工作情况。

(2) 改革班干部的选举方法。由学生自我推荐进行竞选演讲，再由同学无记名投票、民主选举、组建班委会。这样可给更多的学生提供锻炼的机会，有利于学生干部以后走上社会能摆正个人和集体的位置，正确处理个人与集体的关系。

(3) 建立若干管理小组。小组职责分明，分别督导学生的日常行为规范，维护班级纪律秩序。各管理小组建立后，各组的岗位责任要明确，并由组长负责。这种形式多样、人人参与、各司其职的自我管理机制，可使学生学会自己管理自己、自己教育自己，自主意识明显提高。同时也为每个学生提供参与管理的机会和条件，使他们在班级中找到满意的位置，担当成功的角色，促进整体素质的提高。

3. 开展丰富多彩的班级活动，提高学生的自治能力

班级活动是实现班级管理目标的桥梁，是促进班级集体建设的中介，是学生展示才华的乐园。因此，班主任应该根据班级管理目标，指导学生设计并开展丰富多彩的班级活动，如班会、晨会等。这些活动既有针对性，又有启迪教育意义，成了学生自主教育、自我管理、展示个性和尝试成功的乐园，同时培养了学生的自治能力，对班集体建设起到积极的推进作用。

4. 建立竞争机制，让每个学生得到发展

在班级中建立竞争机制，创造竞争气氛。竞争对手比学习、比思想、比体育等。竞争对手名单列表上墙，各自的成绩公布于众，以便时时激励双方。通过竞争，可以使优等生更加优秀，基础薄弱的学生也不甘落后，奋起直追。通过竞争，班级中可以形成一种互相监督、互相帮助、你追我赶的氛围，充分发挥学生的主体作用，促进学生和谐、生动活泼地发展。

王君与《班主任兵法》

王君老师 2005 年华东师范大学数学系毕业后的第一年就担任了班主任工作。那时，他不知道怎么做老师，不知道怎么上课，也没有老师的架子，和学生的关系很近。课堂上，他给学生讲故事，用故事说明道理；课后，和学生们平等交流。春天来了，他带学生们走出校园到野外去踏青，去熟悉各种农作物和植物；双休日，他领着学生们去溜冰场溜冰，去公园游玩。

可是，一些问题在第二年很快就暴露出来。学生进入青春期，逐渐表现出心理上的叛逆，没有经验的他处理不当，进退失据，很快便陷入了巨大的迷茫和痛苦之中。很多事情，开始时就没有处理好，后来弄得很僵。五年级的时候年级里重新分了班，他的情况不但没有改善，反而更糟，因为那些调皮的男生还在他的班里，别的班级调皮的学生又加入进来。那时的他虽很努力，可是对学生已没有什么正面的影响力了，他说的话再正确，学生也不一定听。为此他经常痛苦得无法入眠。到了五年级结束，因为班级频频"出事"，学生成绩差、纪律差，他也被学校撤去班主任的职务。

然而，正是这段经历，成了王君一生受用的宝贵财富。他通过对这一段难忘经历的咀嚼、总结、感悟、反思，加之不断地阅读钻研，终于进入了"豁然开朗"的境界，认识跃上了一个较高的新层次。现在他不仅在工作上得心应手，还写出了在实践和理论上都具有创新价值的《班主任兵法》。

《班主任兵法》是王君的教育手记，充满了爱心、耐心和教育智慧，作者将兵法运用于班主任工作和学生管理中，收到了良好的效果。文章最初发表在国内最有影响力的教育论坛——K12 教育论坛和白鹿洞教育论坛上，引起了极大反响，随即又在《教师博览》《新教育》等杂志连载。网友评论："篇篇是美文，招招是良方。"

二、班级管理中学生的属性

对班级管理中学生本质属性的正确认识实质上就是要树立科学的学生观。只有建立在对学生科学认识的基础上，教师才能采取合理有效的方法管理班级，促进学生的发展，实现教育的目的。学生的本质属性主要体现在学生是人、学生是儿童、学生是学生三个方面。

（一）学生是人

说学生是人，是从人的完整性、能动性与主体性、独特性方面来讲的。

(1) 学生是完整性的人。学生不仅具有进行新陈代谢的生理生命，而且具有精神、意识和社会性的价值生命。学生生命的完整性要求教育必须促进学生的全面发展，在内容上包括智力、体力、品德、美感的全面发展，在形式上包括人的知、情、意的发展。教师要认识生命的整体性与发展的全面性，用全面、整体的教育发展学生丰富的潜能。

(2) 学生是具有能动性与主体性的人。人的生命与动物生命的不同之处在于人的精神文化追求的应然性，人有自我发展的动力，能够以人特有的能动性，创造和满足自己的物质需要与精神需要，并用以发展自己的身心。人的能动性与主体性要求教育要把学生当作认识的主体、发展的主体、学习的主体，为学生主体性的发挥创造条件，从而使学生自觉地参与到教育过程中来，促进学生精神的主动发展。

(3) 学生是具有生命独特性的人。学生因基因遗传、后天生活环境、教育、实践活动等的影响而出现不同的发展，形成不同的个性，具有不可重复和不可取代的唯一性。他们有对社会独特的感受和经验，有自我独特价值的觉识、自我的价值和尊严。教育面对人，就是要承认和尊重生命的独特性，为生命独特性的实现创造条件。教育就是要在每一个个体独特生命的基础上去促进他们的成长、发展和完善，而不是去遏制、压抑和抹杀这种个性和独特性。教育的目的就在于使学生成为他自己，变成他自己。

(二) 学生是儿童

说学生是"儿童"，就是要把儿童与成人区别开来，不能以成人的标准来要求学生。学生作为儿童，有其独特的发展价值和特点。

(1) 学生是儿童，具有与成人不同的身心特点。在人生的秩序中，童年有它的地位，应该把成人看作成人，把孩子看作孩子。不要以成人的要求强制儿童，教育要尊重儿童，尊重他们的天性和发展的需要。现代生理学和心理学研究都表明，儿童的身心发展有其自身的特点，无论是认知领域还是情感领域，抑或动作技能领域，儿童都表现出与成人不同的特征。认识并尊重这些特点，是开展教育工作的前提。

(2) 学生是儿童，处于发展的过程中。学生是儿童，儿童是成长中的人，处于发展的过程中。因此，教育必须以发展的、动态的眼光来对待学生，要引导学生的发展，使积极的品质得到进一步的发扬，消极的品质得以转变。在发展过程中不能以完人的标准来评价他们，要注意他们的发展方向和发展过程中的点滴进步，并给予引导、鼓励和肯定。

(3) 学生是儿童，需要得到成人的教育和关怀。儿童由于身心发展的不成熟，判断是非的能力还比较弱，因此，得到成人的关怀和教育成为他们发展过程中的必然要求。放任儿童成长，让儿童处在一种自发的生长状态，那是教育的失职。只有在教育的关怀和引导下，儿童的发展才是自觉的。

(三) 学生是学生

学生是一个特有的角色，作为一种社会角色，有其特定的角色规范，只有遵循并践行这些规范，才被认定为该角色。作为学生，应该履行的规范有如下几项：

(1) 以学习为主要任务。虽然学生在生活中可能承担多种角色，但作为学校的学生，是个受教育者，学习是他的主要任务和主要职能。以学习为主的特点，规定了学生的行为方式，赋予了他接受教育的社会义务以及不断地促进自身发展的意愿和责任。

(2) 学生的学习是在教师的指导下进行的。与日常生活中从事学习活动的其他学习者相比，学生是在学校里由教师指导进行学习的。教师对教学内容的加工、组织，对教学活动的策划、实施，可以大大缩短学生认识世界的进程，加快学习的速度，提高学习的效率。教师的指导是学生有效学习的保证。

(3) 学生的学习以间接经验为主。学生在有限的时间内要想获得系统的、尽可能多的知识，间接学习是其有效途径。以间接经验为主要内容的学习，可以使学生不受个体的时间和空间的限制，从而大大提高认识的起点，缩短对客观世界的认识过程。

(4) 学生的学习是一种规范化的学习。学生的学习是有目的、有计划、有组织地进行的，它是由一定的计划、制度作保障的。学生和教师都是相对稳定的，有固定的教育场所，有精心设计的系列教育活动。在教育过程中，师生之间还负有制度所规定的权利和义务。所有这一切都是为了使学生的学习规范化，为了有效地促进他们的发展。

三、班级管理中学生发展的特征

(一) 学生身体发展的特征

身体是儿童心理发展的物质基础，学生身体的健康发展为他们从事学校学习活动提供了保障，而脑及高级神经系统的发育更是他们心理发展的前提和重要的物质基础。小学时期身体发展在人的一生发展中处于一个相对平稳的状态。他们的身高平均每年增长 4～5 厘米，体重平均每年增长 2～2.5 千克。同幼儿相比，骨骼更加坚固，但由于骨骼中所含的石灰质较少，比较容易变形、脱臼。小学生身体的肌肉组织虽有所发展，但不够强壮，缺乏耐力，容易疲劳，不宜长时间从事过于激烈的体育活动。

从体内机能的发育来看，小学生的心脏和血管在不断增长，其容积没有成人的大，但新陈代谢快，所以小学生心跳速度比成人快。从肺的发育来看，六七岁儿童肺的结构就已发育完成，至十二岁时已发育得较为完善，儿童的肺活量在这一阶段也迅速增加，表明肺功能不断发展。

从脑和神经系统的发育来看，小学生的脑重量已逐渐接近成人水平。随着大脑皮层的生长发育，儿童脑的兴奋过程与抑制过程逐渐走向平衡，觉醒时间逐渐延长，睡眠时间缩短，这使儿童有更多的时间从事学习活动。

(二) 学生心理发展的特征

学生的心理发展特点，是由其心理发展的条件所决定的。生理，特别是脑和神经系统的均匀和平稳的发育，构成了学生心理的协调发展。学习成为主导活动，不仅使学生的智力从具体形象思维过渡到抽象逻辑思维，而且也使他们的社会性和个性获得迅速的发展。

小学阶段的时间跨度有六年之久，儿童的具体成长过程在不同的年级及年龄阶段具有明显的差异，低年级、中年级、高年级是三个具有相对独立特征的阶段。

1. 小学 1—2 年级学生心理发展的特征

刚入学的儿童虽然已经步入小学阶段，却不可避免地延续着幼儿时期的一些心理发展特征。他们依然很喜欢游戏，同伴交往、社会性发展都在游戏中继续发展着。此时的儿童对是非、善恶的判断还处在以成人标准为标准的阶段，对成人的依赖开始从对父母的同一转向对教师的同一，明显地表现为对老师权威的服从，最典型的特色就是"打小报告"，教师要根据小学低年级儿童的这些心理特点加以引导，给孩子一个适应的过程，做好幼小衔接的入学教育工作。

低年级的儿童还保留着幼儿期"口语时代"自我中心的特征，他们在倾听或与别人对话时，总会拼命地讲自己想说的话，却不大关心对方所讲的内容。他们的思维有时显得很散，回答问题常会答非所问，或者说许多不相关的话，课堂上也会出现类似的情况。大约二年级时起，儿童自我中心言语在逐渐减少、弱化，刚入学的儿童正经历着由口头语言向书面语言的转化，最初在进行书写训练时常费劲而又没有把握，因此学龄之初的孩子会有一段"橡皮时代"。如果教育者能深刻地理解儿童的这些内心世界，就不会觉得孩子的这些行为令人费解、"无聊"和"徒劳"了。

2. 小学 3—4 年级学生心理发展的特征

小学中年级的儿童已经完全脱离了幼儿时期的发展特点，全身心地投入到学校集体生活中，他们一边继续服从着教师的权威，一边开始重视伙伴之间的真诚与法则，伙伴规则时代悄然而至。

这一时期的儿童对成人的意见或命令不再那么唯命是从，而是试图发表自己的看法。在家里他们总是试图摆脱父母的管束，开始讨厌保护和命令，喜欢独立，进入了"不听话时代""歪理时代"。其实这正是儿童"见解形成期"的典型特征，这种"见解"并不像青春期那样完全独立，而主要是情感方面的独立。对这一时期儿童的教育指导，要关注他们情绪、情感发展的特点，而不能简单地滥用权威；应允许儿童适当地坚持自己合理性的"见解"，当然也不能让不合理的"见解"肆意扩张，毕竟此阶段孩子的"见解"还不够成熟。

小学中年级儿童正处在从对成人的认同向对朋友的认同的转化期，进入了伙伴规则时代。他们内心渴望与同龄伙伴交往，开始形成小团体，团体内的人际关系既凝聚又排他，在某些情况下同伙的规则比父母和教师更有控制力。在此阶段，学校应不断增加集体生活，鼓励同伴之间的交往，不断增强团体气氛，为儿童今后社会化的发展打下良好的基础。

3. 小学 5—6 年级学生心理发展的特征

高年级小学生从发展的总体上看还处于儿童期，但其中一些年龄偏大的儿童已处于儿童向少年的过渡期。这一时期的儿童有了向更高层次学习的认识基础。有些孩子生理发育开始趋于成熟，青春期明显提前，使他们开始关注男女之间的差异，社会化发展进入了快速发展的状态。

高年级的孩子对各种事物都怀有极强的好奇心和求知欲，带着开放、探究的心态显示出他们广泛的爱好。在这种求知的心理状态下，他们的判断力开始理智地发展，对成人尤其是教师的批判精神开始萌生。与中年级充满反抗、逆反情绪的"见解"不同的是，他们相对显示出一些稳定与成熟，批判的目的更多是想弄清是非，或表明他们的公正。

对性别角色差异的认识，其实早在中年级就已经步入了快速的发展时期。如男生会时常对女生恶作剧，会在女生游戏时滋事扰乱，而女生则喜欢频频向老师告状，男女同桌时常会画出分界线。到了高年级，由于青春期的开始，男女儿童对各自所属的性别意识在强化，有些儿童会出现疏远异性的现象，他们开始关注自己的内心世界，心理发展正开始一个崭新的质的飞跃。这些情况会一直延续到青年初期。

(三) 班主任了解学生的有效策略

中国古代教育著作《学记》说："知其心，然后能救其失也。"苏联著名教育理论家苏霍姆林斯基(1918—1970)说："教育——首先就是人学。不了解孩子，不了解他的智力发展，他的思维、兴趣、爱好、才能、禀赋、倾向，就谈不上教育。"无论古今中外，教育家都十分明确地提出，要想教育学生，必须首先了解学生。

1. 在观察中了解学生

观察法是人们在自然(不加控制)状态下，有目的有计划地对客观现象进行直接感知和观察的一种方法。观察法是班主任了解学生最基本的方法。

观察法最突出的优点是：保持了被观察者的心理和行为表现的自然性和客观性，由此所得的材料生动具体，真实可信，不需要特殊的设备和环境条件，可随时随地加以运用。它的缺点是：观察者处于被动地位，消极地等待有关现象的出现；观察者的材料大多是外部表象，又不易作数量上的分析，因而很难精确地确定某现象的真实原因及其本质；被观察的现象容易受到观察者本人兴趣、愿望、知识经验和技能的影响。

班主任要进行有效的观察，获得各种客观的信息，必须注意以下几点。

(1) 观察的目的性和计划性。必须制订观察计划，确定观察对象、目的、范围、时间和地点，使观察和有意注意结合起来。

(2) 坚持观察的客观性。观察要有实事求是的科学态度，尽量排除一切主观因素，不带任何成见或偏见，不先入为主，不把主观推测和客观事实相混淆。要如实记录，不遗漏、不挑选，并注意对观察材料进行验证和分析。

(3) 坚持观察的全面性。通过各种渠道对研究现象进行周密、全面、系统的观察和分析，包括观察对象的各个方面及发展的全部过程。这要求班主任首先在自己任教学科的教学全过程中对学生进行观察；其次，班主任要在各种活动中对学生进行广泛的观察；最后，班主任还须在日常生活中对学生进行经常性的观察。班主任要以敏锐的观察力，及时抓住时机，采取有效方法及时对学生加以指导和教育。

(4) 创造良好的师生关系。班主任要努力创造一种和谐的师生关系，优化观察环境。在观察过程中，当观察对象意识到自己在接受观察时，就可能预先考虑给予观察者以一定的反应。在这种情况下，观察者应设法与被观察者建立良好的关系，消除他们对观察者的陌生感和戒备心理，尽量保持被观察对象的常态，排除各种可能的干扰和影响。

2. 从书面材料中了解学生

书面档案材料是记载学生"过去"情况的资料，它们记载了学生的基本情况和过去表现的情况，如年龄、身体状况、家庭情况、民族、就读过的学校、品德表现及学习成绩、体育锻炼成绩的情况。从这些记载中，班主任老师可以大体上了解到学生的大概情况。这些记载虽不"深入"，但对班主任了解学生又是必需的。所以班主任在接手学生之时，在开展班级工作之前，应熟知学生的这些基本情况，以作为深入了解的基本点。

书面材料的另一种含义是指学生的日记、作文、周记、调查问卷以及写给老师的有关书面材料。这些材料都是出自学生的手笔，都能够比较真实地反映学生的思想状况、心理状况以及其他方面的状况，所以可以作为了解学生的一种渠道和方式。但也要指出，有的学生写的东西，并不一定真的代表他思想上的真实状况，所以对学生写的东西，班主任老师也要进行分析。特别是有些人常用问卷的方式调查学生，对这种调查的反映，只能作为了解学生的参考。由于问卷的内容、问卷者的身份、问卷与学生的关系、问卷实况的气氛和环境背景等原因，学生写出的东西有的可能是真实的，有的可能是随意性的，甚至有的可能是虚假的，所以对此要进行分析并且只能作为了解学生的参考。

【案例】

用"悄悄话"沟通你我

从一年级第一学期开始，郑丹娜老师就发给班级每位同学一个本子，叫做"悄悄话"交流本。学生可以任意写出自己的感受，体裁不限，长短不限，也可以用图画表示。郑老师看过后会及时用"悄悄话"回复，有的是鼓励，有的是提醒，如果认为问题比较严重，还会找学生面谈，或采取相应措施。通过"悄悄话"，班主任及时掌握了学生的思想动态，同时，学生的心事也能及时得到倾诉。这每天一次的"悄悄话"，架起了师生间的心灵沟通之桥。

3. 在班级活动中了解学生

在班级活动中了解学生是班主任了解学生的主要渠道和方法。任何学生，只要"动"，他们的情况就会反映出来，虽然有时候学生也会"弄虚作假"，但在持续的"活动"中作假是很难的，有经验的班主任老师都善于在各种活动中对学生进行了解和考察。

班主任要在活动中了解学生，首先就要安排活动。班级集体可开展的活动很多，这些活动应该使各种类型的学生都有可能施展自己、表现自己的才华。安排活动、开展活动，班主任的立意要明确，指导思想也要明确，那就是让学生在活动中受到教育，同时也在活动中能够尽情地表现，离开这两点，活动就没有意义。其次，在活动中又要有意识地去了解学生，比如在活动中观察学生，就要有观察的目的性，有计划地去观察学生，同时在观察中不要先入为主，要坚持客观公正，并且在观察中要研究分析，坚持全面地发展地认识学生，不能就一时一事下结论。最后，要使活动的内容和形式为学生喜闻乐见，否则学生对活动不感兴趣，不能全身心地投入，也就不能真正"表现"自己，这又必然给了解他们造成障碍。

4. 在与学生交往中了解学生

广义地说，班主任成天在与学生交往，但这种一般的"交往"往往不能达到真正了解学生的目的。这里说的"交往"，是指班主任要和学生有相互的情感交流，成为彼此谈论真实思想、说真心话的朋友。这种"交往"是双向的，即班主任在与学生交往中，不仅要了解学生，也要让学生能够很好地了解班主任，这样才能相互加深理解，达到相互了解的目的。为此班主任必须对学生有诚意，让学生意识到班主任的真诚，使学生真正感到班主任老师是自己的良师益友。如班主任抱着某种具体的"工作"目的，为了"了解"才和学生交往，一旦被学生意识到，就会使学生怀疑班主任的真诚，并且很难再弥补回来。班主任在与学生交往中，要尊重学生，平等地对待学生，不要居高临下，这样才能使学生更尊重老师，更信任老师，更主动地向老师敞开自己的心扉。

5. 在调查中了解学生

学生中的许多问题都要经过调查才能有真正的了解。有的问题只是学生表现中的一些现象，不做调查就很难深入到矛盾的深处；有的问题头绪纷繁，说不清是非曲直，不做调查很难找到矛盾的症结；有的问题似是而非，不做调查弄不清真相；有的问题是某个学生表现出来的矛盾，但真正的原因却在其他人身上。这些都说明，了解学生必须做调查研究。同时，一个人的表现，总是有过程的，有些事总有来龙去脉，有些现象是多种作用因素促成的，即使同样的问题，原因可能不尽相同，这也说明班主任进行调查研究的必要。调查了解情况，是一门工作艺术，与班主任的综合修养有密切关系，因此班主任要不断加强自身修养，使这项工作收到更好的效果。

6. 在日常活动中了解学生

班主任在日常工作中，随时随地都在与学生接触。在这种接触中，对学生的表现视而不见、听而不闻，就会放过对学生的了解机会。班主任与学生接触多年，但对学生却不甚了解，其原因就是缺乏做"有心人"的意识。班主任与学生在日常生活中接触面很广泛，例如：在教学活动中了解学生，了解学生的学习动机、学习态度、智力因素与非智力因素等；通过突发事件了解学生，比如学生间突发的较为激烈的矛盾冲突，教师与学生之间、学生与家长之间、学生和其他人之间的矛盾冲突等；在日常表现中了解学生，学生的日常表现能够比较全面地体现学生的情况，包括他们的思想认识水平、道德表现以及心理状况等。

第二节　班级管理中的班主任

在班级管理中，班主任是班级管理的核心，是班级的总设计师。班主任不仅要履行教学职责，完成教学任务，还要对班级负责，担任班级的管理工作，完成班级的协调统一。因此，班主任除了具备一般任课教师所具有的专业素质、专业知识、专业技能和专业态度外，还应该进行准确的角色定位，具备特殊的工作技能。

一、班主任的定位

班级管理的特点要求班主任必须扮演多种角色，才能胜任工作。

(一) 班主任是学生全面发展的指导者

每个儿童步入学校以后，都是在教师，特别是班主任的精心教育培养下逐渐成长起来的。班主任负责学生德、智、体、美、劳等各方面的工作，这是其他任课教师无法替代的。班主任的能力越强，指导越是得法，学生就越能够全面地和谐发展，这是因为学生是发展中的人，他们的知识经验、辨别能力、控制能力都处于不完善和提高的过程之中，特别需要班主任的指导和帮助。由于班主任是与学生接触最多的教师，他熟悉学生的特点和成长的轨迹，能够根据每个学生的具体情况来加以引导，及时指明学生发展的方向。所以班主任是学生全面发展的指导者。

(二) 班主任是心理工作者

班主任如果不懂学生心理，就不能帮助学生提高学习质量，不能很好地了解学生。消除学生因心理问题产生的情绪困扰、自卑感和使学生增强信心，也要做好心理教育。同时，班主任如果不注意学生的心理问题，会有意无意地伤害学生。这就要求班主任应成为心理工作者。

(三) 班主任是知识丰富的学者

随着现代社会知识信息源的增加，学生关注着大量的当代信息，受到广泛的社会信息的影响，因此教师必须具有渊博的知识，又要不断更新知识，这样才不至于缺乏教育的功力，才有资格对学生进行教育和管理。

(四) 班主任要成为导演和演员

在班级管理中，教师要调动学生的积极性，要精心设计学生的活动和指导学生去完成某项活动任务，这是导演的功能，一名优秀的班主任就应是一名好的导演。同时，班主任要研究自身活动的教育影响力度，比如如何通过表情、声调、动作、姿态对学生进行心理感染和心理暗示，这就是演员的功能。就是说在班级管理过程中，教师所做的一切，都要对教育效果负责，而不是由个人情绪所支配。

(五) 班主任还要成为社会活动家

当今学校不仅是"复杂的课堂社会"，而且许许多多的班级活动，不能只在教室内、学校内进行，离开社会，班级管理则很难进行。班主任为了进行班级管理，要与社会多种部门打交道，否则活动难以开展，这势必使班主任要成为社会活动家。

二、班主任工作的特殊性

(一) 班主任的工作对象

小学班主任的工作对象是小学生，他们的发展方向还不确定，受社会的影响还很大，班主任要认识并注意到学生是发展变化的，认识并注意到学生是受教育的主体。班主任工作对象的复杂性，就必然使这项工作复杂艰巨；同时，班主任工作绝不是一蹴而就的，它又是繁重的。学生动态的表现使得班主任工作常常无规可循，即使是以前使用过并行之有效的方法，也可能不为"现在的"学生所欢迎，所以班主任工作又是创造性极强的工作。班主任不仅要不断学习，还要不断地创造，这样才能使自己的工作有声有色，为学生所欢迎。

(二) 班主任的劳动手段

班主任工作要想产生对学生的作用，就必须运用必要的手段向学生施加教育影响。班主任向学生传道、授业、解惑是以班主任教育手段的主体化来体现的。主体化的程度越高，释放出来的影响就越强，学生所受的教育就越深，班主任劳动的价值就越大。

班主任教育和管理一个班级的学生，还要在工作中发挥主导作用，使学生的主动性按班主任的教育意图来发挥。班主任劳动手段主体化，还要扣紧"教育"来施展，要从教育的主导作用上来发挥，使学生愿意并积极地选择班主任的教育内容和方式，使学生的主动性随着班主任的教育意图来展开，这也是班主任劳动手段主体化的方向和要求。

(三) 班主任的工作成果

制约班主任工作成果的因素大致有以下几种：一是社会的大环境，指社会的政治、经济文化环境以及社会的风气等，这种大环境能够对学生产生各种影响，形成一种与学校教育不同的结果，这种结果制约着班主任的工作。二是学校的环境，指学校风气、学校教育的力度、学校的文化环境等。它直接影响着班级的面貌，也熏陶着学生。三是家庭的环境，指家庭的教育环境和文化环境以及家庭成员的关系。很少有学生不存有家庭的烙印，好的家庭教育与不良的家庭教育，都影响着班主任的工作。面临这种种制约因素，班主任既要看到改变学生所受的外界不良影响的难度，又要明确自身在教育学生中的主导地位。

(四) 班主任的情感体验

班主任的工作与班主任的情感密不可分，这又是班主任工作特殊性的表现。所谓班主任的情感有两层意思：一是对学生的爱心，二是班主任的情感体验。对学生的爱心，是班主任对自己工作的热爱，也是工作的需要。这种爱首先是一种社会责任感的体现，这种爱也是对每个学生的具体的情感，是对他们成长的珍惜和寄予的无限希望，是对学生进行教育活动的动力；班主任工作的情感体验的特殊性在于班主任工作的苦乐兼具性，这种苦与乐的体验是从事其他工作难以比拟的。这是因为，班主任从学生身上得到的爱戴、崇敬、感激是无法言传的，但班主任的工作永远是辛苦的。

(五) 班主任的威望

班主任工作的另一特殊性在于班主任在学生心目中的威望。所谓威望是指班主任在学生心中的声誉和名望，这是学生能够接受班主任教育的一项必要的条件。班主任工作的实践表明，班主任对学生的教育能够被学生接受，除了有上文讲的班主任的情感体验之外，主要就是班主任的威望。班主任的真正威望是班主任主体的表现在学生客体上的反映，它与班主任的学识、情感、人格以及敬业的态度有很直接的关系。班主任的工作与班主任的威望有密切的关系，没有威望，班主任就不能很好地进行工作，就无法取得学生的信任与尊敬。因此，威望构成了班主任工作的条件，是班主任工作的另一特殊性的表现。

三、班主任的职责与权利

(一) 班主任的职责

强调班主任是负有特殊使命的教师，主要是从班主任的任务来认识的。班主任究竟有什么责任，他的任务是什么，说法并不一致。有的班主任老师虽然当了班主任，但对班主任应当承担什么任务也不十分明确。这样，班主任工作就有很大的随意性，因而对班主任工作的评价也时常出现偏颇。这里从以下七个方面认识班主任的任务，了解班主任的职责。

1. 管理班级

班主任的一项重要任务是管理本班学生。管理学生不是把学生"看"住，让他们听话，守纪律。班级管理的实质是使班级在班主任组织领导下，成为一个团结向上、井然有序、运作正常的集体。班主任的任务就是通过教育组织工作，通过规章制度，通过发挥学生多方面的积极性、主动性，使班级按预期的目标运行。班级管理的内容很多，常规的管理有学习活动管理，包括上课、课外作业、考试、学生的集体自修等；生活纪律管理，包括考勤、日常作息安排、维持各种活动的纪律、清洁卫生、执行守则、保持学校正常秩序等；班级组织管理，包括组建班委会、选拔各种活动组织的负责人、指导学生干部工作等；计划管理，包括制订班主任工作计划、班主任工作总结、学生短期活动计划、分项工作计划等；评价管理，包括学生的总体评价及单项评价(如操行评定、学习评定、身体评定、参加某项活动的评定、阶段性评定等)，对学生的表扬批评、奖励惩罚等，突发事件管理，包括学生中出现意外事故、学生离家出走、打架斗殴等。

2. 指导班级活动

班级活动随着学校教育功能的扩大，学校教育的开放日益繁多。这些活动包括日常学习活动、指导团队活动、组织文化体育活动、组织社会实践活动、组织班会活动、组织公益活动、组织课外科技特长兴趣活动、组织参观访问调查活动、组织军事训练和旅游活动等。

3. 教育影响学生

教育影响学生是班主任的中心工作，班主任所有的工作最终目的都是教育影响学生，使他们健康成长。班主任要在很多方面教育影响学生，主要有思想政治方面的教育，包括学生的世界观、人生观以及政治态度、伦理道德方面的教育，包括道德认识、道德情感、道德意志、道德行为的教育以及行为规范的养成；学习态度及方法的教育；身心健康的教育；适应社会的教育，包括人际交往的能力、礼仪，对社会现象的辨识以及社会责任感的培养；还有对特殊学生的特殊教育等。总之，班主任承担着多方面教育影响学生的任务，班主任要把这些任务归结到教育培养学生立志、修身、成才、进取、适应社会等方面。

4. 协调同事

班主任只靠自己的力量还不能完全教育好学生，协调同事共同做好教育工作是十分重要的。班级集体的组成除了班主任、学生之外，还包括所有的科任教师。学生在校内受的是整体教育，组成整体的各部分都起作用，科任老师是别人不可代替的。任课教师讲授某门功课进而对学生进行开发智力、渗透德育以及其他教育活动，是对学生进行整体教育的有机组成部分。班主任还要协调校内有关部门，如图书馆、食堂、实验室、学生生活的负责部门等，这些部门都是与学生在学校生活发生密切联系的方面，班主任要主动与他们联系，争取他们支持班级工作、共同教育学生和反馈有关情况。

5. 沟通家长

家庭教育对孩子性格的形成、素质的好坏以及现实的表现都有重要的作用，家庭教育可以成为学校教育的助力，也可以成为阻力。因此，注重家庭教育，密切与家长的关系，加强与家长的联系是班主任的又一重要任务。联系家长的主要目的是取得家长与学校教育的共识和一致，取得家长对学校教育的帮助和支持，了解学生在家庭、社会的表现，与家长共同研究教育的方法。

6. 联系社会

随着学校与社会关系的日益密切，班主任必须把联系社会作为自己工作的另一项任务。现代社会，学校培养学生已离不开广泛的社会信息资源和千变万化的社会形势，因为这些都无时无刻不在影响着学生。同时，变化着的社会也需要学校培养出它所需要的人才。所以，学校与社会的关系在教育目的、教育要求、教育内容和借助教育力量上，都有密切的关系。班主任应重视沟通社会工作，加强与社会的积极联系，使社会与学校形成积极的正向教育合力，把不利的社会影响作用变得更小、更无力。

7. 服务学生

教师的职责就是为学生服务，他们的一切活动都是为学生成长服务，为培养学生服务。例如，生活服务，班主任要关注学生在学校的种种情况，包括学习、生活、身体等，并积极去创造条件，改变不合适的状况；文化服务，使学生的文化生活积极、健康、有益；学习服务，如提供学习参考书，对学生进行课外辅导或家庭辅导，帮助学生请科任教师补课等。

(二) 小学班主任的权利

1. 享有普通公民和教师应享有的一切权利

作为一名普通公民，班主任享有我国《宪法》所赋予公民的一切权利，诸如平等权、政治权与自由、宗教信仰自由、人身自由以及社会经济与文化教育方面的权利。妇女还享有与男子平等、同工同酬等权利。

作为一名教师，其权利在《中华人民共和国教师法》(1993 年)中有明确保障：

(1) 进行教育教学活动，开展教育教学改革和实验。

(2) 从事科学研究、学术交流，参加专业的学术团体，在学术活动中充分发表意见；

(3) 指导学生的学习和发展，评定学生的品行和学业成绩。

(4) 按时获取工资报酬，享受国家规定的福利待遇以及寒暑假期的带薪休假。

(5) 对学校教育教学、管理工作和教育行政部门的工作提出意见和建议，通过教职工代表大会或者其他形式，参与学校的民主管理。

(6) 参加进修或者其他方式的培训。

2. 班主任的特有权利

根据《中小学班主任工作规定》(以下简称《工作规定》)，班主任所享有的权利体现在以下几方面。

(1) 班级管理与教育的权利。

《工作规定》指出："班主任是中小学日常思想道德教育和学生管理工作的主要实施者，是中小学生健康成长的引领者。"管理班级，教育班级学生，引导学生健康成长，既是班主任的职责，也是班主任所享有的特定权利。管理班级与教育学生需要采取多种手段，班主任应以尊重学生、正面激励为主，但针对现实中有的教师尤其是班主任不敢管学生、不敢批评教育学生、放任学生的现象，《工作规定》还特别强调："班主任在日常教育教学管理中，有采取适当方式对学生进行批评教育的权利。"

(2) 参与学校管理的权利。

班主任是由学校选聘的，必须接受学校的管理，遵守学校的规章制度。同时他们又分担着学校的教育责任，是学校教育第一线的骨干力量，是学校教育工作最基层的组织者和协调者。也正因为班主任与学生联系最紧密、最了解学生的发展需求，他们不仅有权依据《教师法》对学校教育教学、管理工作和教育行政部门的工作提出意见和建议，而且他们的意见和建议能更多地反映学生及家长的心声。因此，学校在教育管理工作中应充分发挥班主任的骨干作用，注重听取班主任意见。

(3) 进修、培训的权利。

每一名教师都享有参加进修培训的权利，但是，以往班主任得以进修培训的机会与平台却很少。《工作规定》指出：教育行政部门和学校应制订班主任培养培训规划，有组织地开展班主任岗位培训，教师初次担任班主任应接受岗前培训。实际上，2006 年 8 月，教育部就正式启动了《全国中小学班主任培训计划》，规定从同年 12 月起建立中小学班主任岗位培训制度，而且培训"要坚持以各级政府财政投入为主，多渠道筹措中小学班主任培训经费。设立中小学班主任培训专项经费，不得向教师个人收取培训经费"。这些都意味着班主任的进修、培训权利从此得到了政府的有力支持。

(4) 享有公正报酬与待遇的权利。

2006 年 6 月，《教育部关于进一步加强中小学班主任工作的意见》指出："要提高中小学班主任的地位和待遇。班主任工作是中小学教育中特殊、重要的岗位，中小学校要在教师中营造以从事班主任工作为荣的氛围。要将班主任工作记入工作量，并提高班主任工作量的权重。各地要根据实际，努力改善班主任的待遇，完善津贴发放办法。要适当安排班主任的教学任务，使他们既能上好课又能做好班主任工作。"《工作规定》则具体对班主任应享有的工作报酬、待遇与奖励予以了明确："班主任工作量按当地教师标准课时工作量的一半计入教师基本工作量。各地要合理安排班主任的课时工作量，确保班主任做好班级管理工作""班主任津贴纳入绩效工资管理。在绩效工资分配中要向班主任倾斜。对于班主任承担超课时工作量的，以超课时补贴发放班主任津贴。""教育行政部门建立科学的班主任工作评价体系和奖惩制度，对长期从事班主任工作或在班主任岗位上作出突出贡献的教师定期予以表彰奖励。选拔学校管理干部应优先考虑长期从事班主任工作的优秀班主任。"

四、班主任的专业发展

班主任与班级管理质量和效果息息相关，班主任工作既不是一蹴而就的，也不是一劳永逸的，它是一项专业性的工作。要胜任班主任工作，需要不断地学习和发展，需要逐渐地走向专业化，只有这样，才能体验、享受到班主任劳动的快乐和幸福，才能真正体验到人生的意义。现在中小学出现了班主任危机，表现在班主任的教育理念、队伍结构、教育方式、心理状态四个方面。在教育理念上，把班主任看作教书的"副业"，既不看重这项工作，也不注重业务水平的提高，"兼一兼""代一代""熬一熬""帮一帮"的情况相当普遍。在队伍结构上，许多老年班主任班级管理方法陈旧、保守；新任班主任多数实际经验不足，方法比较激进，往往表现出粗暴、缺乏耐心等一些不利于学生成长的方式方法。在教育方式上，多采取居高临下的权威型教育、简单粗暴的体罚型教育、随心所欲的主观型教育、千篇一律的切菜式教育。在心理状态上，班主任中有人际关系敏感、强迫、抑郁、焦虑等心理问题的人占相当一部分。亚健康、前临床状态、疾病状态也不在少数。这些都会影响到班主任工作的热情和效果，甚至出现一些负面效应。因此，班主任要重视自身的专业发展，走出现在的危机。班主任的专业发展是指以教师专业化标准为基础，逐步掌握德育与班主任工作的理论知识，经过长期培养训练，形成班级德育和班集体建设与管理的能力和技巧，提高自身的学术地位和社会地位，全面有效地履行班主任职责。班主任的专业发展是一种自我构建，脱离不了班主任的具体环境与经验，脱离不了班主任的工作性反思。班主任的专业发展可以从制订自我发展规划、参加专业理论学习活动、参与专业合作交流、进行教育实践反思和从事班级课题研究等五个方面做起。

拓展阅读

班主任的"五镜意识"

望远镜意识：着眼于学生的发展，展望学生的未来，规划好学生的明天。
放大镜意识：善于观察发现学生的优点、长处、进步、变化。
显微镜意识：认真观察、仔细工作，防患于未然。
三棱镜意识：认真钻研、不断学习、精雕细刻，点点滴滴做好学生工作。
平面镜意识：客观公正，求真务实，面向全体。

(一) 制订自我发展规划

制订自我发展规划，不仅是对班主任自身发展的引领督促，也是班主任专业化可持续发展的必要手段。好的发展规划，能准确地反映出班主任的人生发展思路、期望和努力方向，也能反映出班主任在教育教学和科研等方面的成长轨迹。如果每一位班主任都能留下这些成长"轨迹"，那将是班主任专业化发展中不可多得的财富。

自我发展规划是对班主任专业发展的各个方面和各个阶段进行的设想和规划。其具体包括：对职业目标与预期成就的设想，对各专业素养的具体目标的设计，对成长阶段的设

计，以及所采取的措施等。事实证明，在专业发展上有所建树的班主任无不有着自己的成长规划。这些发展规划不但可以促使自己认真分析自我，促进反思，而且可以使自己有专业发展的紧迫感，还能促使自己不断地寻找自己在班主任群体中的位置，不断激励自己。更重要的是，规划对班主任的发展起到了具体的指导和监控作用。读什么书，参加什么样的活动，做什么研究，规划中都有设计，从而减少了行动的盲目性和随意性。

(二) 参加专业理论学习活动

"班级管理是一项完善人的内心世界、规范人的外在行为、培养创新人才的系统工程，尤其需要科学的、先进的教育思想的指导。""学习知识的过程永无止境，并可通过各种经历得到进一步的充实。从这个意义上说，随着工作性质和内容一成不变的情况日益减少，学习过程与工作经历的结合就越来越紧密。如果最初的教育提供了终身继续工作之中和之外学习的动力和基础，那么就可以认为这种教育是成功的。"班主任的学习主要包括向书本学习、向实践学习和向同行学习三个方面。班主任要多读名家大师有关班主任工作的理论书籍，向身边优秀的班主任学习，并将班主任工作最终落实到实践中去，在实践中提高。

(三) 参与专业合作交流

班主任管理班级的整个过程具有合作性。班级管理的游离是班级改进的敌人。班级发展需要班主任集体努力，如果一个班主任"单打独斗"，游离于集体之外，无论如何都不能达到"优秀班级"的境界。班主任是一个"学习共同体"，这种隐喻强调班主任需要在合作中成长。班主任共同体实质上分为两种："合作共同体"和"自由共同体"。在班主任的"合作共同体"中，班主任深信他们需要铸造共同的班级观：在班主任的"自由共同体"中，班主任期望通过自己的意志构建个性化的班级。

班主任的合作交流，是促进班主任专业化建设的基本条件。比如班主任合作研讨"怎样上好一节主题班会课"，其程序是：① 由一位班主任根据班级和学生的实际情况拟出提纲；② 本年级或全校班主任参加集体备课；③ 班主任集体听主题班会课；④ 由开课班主任说课，其他班主任集体评课。这样，班主任们参与到班会课的各个环节中去，畅所欲言，激发了学习的活力。

(四) 进行教育实践反思

教师专业成长的简要公式可以表示为"经验+反思=成长"，班主任专业发展也是需要个体在实践反思中提升的。班主任要学会理性反思，对自己和学生的思想行为特点进行分析和总结，掌握其中带有普遍性、规律性的东西，不断提高自己的专业能力。

(1) 班级管理叙事。班主任可以将班级管理中发生的某些学生的生活事件叙述出来，使之成为一份有教育意义的"班级管理叙事"。如果班主任针对某个教育事件做一些追踪研究，那么，这种"班级管理叙事"会显得更有价值。通过讲述个人的故事和集体的故事，班主任会进一步明确班级管理信条和管理实践的联系，从而将叙事作为更新班主任专业实践的媒介。

(2) 教育札记。写教育札记不仅可以培养班主任的反思习惯，而且可以帮助班主任积累经验，并提升为理论。如果学校在班主任自己写札记的基础上，组织班主任进行"教育札记"教育与分享活动，效果会更好，因为一位班主任的教育心得可以促进其他班主任的进步。

(3) 教育档案袋。班主任可以建立属于自己的"教育档案袋"，其中包括班主任个人优秀教育活动计划、小结和札记、课题研究的论文、教育案例等，也包括学生的照片、家长的信件等。班主任要重视教育档案袋的作用，要经常有目的地研究档案袋里存放的档案。在总结过去教育的成绩与失败的过程中提高认识，转变观念，让它成为提升自我发展的工具。

(五) 从事班级课题研究

当前，教育科研越来越受到广大教育工作者尤其是班主任的重视，他们迫切希望通过科研来给自己"充电"，从而提高班级管理的能力。可以说，班级是实验室，班主任是研究者。从事班级课题研究是班主任专业成长的重要途径和方式。因此，班主任都应该从事课题研究，把一件件具体、典型的工作上升到理论的高度，反过来再指导实践。这样可以摆脱忙忙碌碌的低层次劳动，经验、能力和水平就会得到较快提高。班主任课题研究的步骤，包括确定科研课题、收集课题的资料、制订课题研究计划、进行课题研究活动等几个环节。

学 习 思 考

1．班级管理中学生的地位如何？
2．班级管理中学生的本质属性是什么？
3．班主任的工作特殊性体现在哪些方面？
4．如何规划班主任的专业发展方向？

第四章　班级组织的建设

学习目标

1. 了解班级组织建设的过程。
2. 掌握班集体的概念和功能。
3. 明确优秀班集体形成的标志。

案例导入

班 级 整 治

　　刚接手这个班级时，课堂纪律很差，乱哄哄的，比菜市场还热闹；班上的怪事也多，同学们不是打架，就是去网吧，或是搞恶作剧；班里简直是"娱乐圈"，每天都有"爆炸"性新闻……这些现象真是让人头痛，于是我下决心一定要进行班级"大整治"。我和几位班干部开了个会议，商量怎样治理好这个班级，经过研究，计划通过三套方案使班级在每个方面都有所改善。

　　第一套方案就是让这些调皮鬼的首领——李勇当纪律委员！这样做的目的就是让李勇听指挥，借着他的"威力"让众人安静。这一招果然有效，课堂纪律立刻好了很多，从此，男生们又变回了"绅士"，女生们也都变回了"淑女"。不久我们班就获得了"流动文明红旗"。

　　虽然课堂纪律好了，但其他方面还是较差。于是，我又拿出了第二套方案，决定设立"班级风云榜"颁奖活动，每三周举行一次，这些奖由班委会在三周中观察大家，然后进行评选，列出入围名单。这个奖让大家很期待，还真有点像电视上的一些音乐风云榜的样子。果然，这个消息一传出，同学们都变了个样，他们在每个方面都很努力地做，都希望自己能入围并获奖。"班级风云榜"奖项有"最佳文明奖""作业完成优秀奖""衣服整洁奖""热爱劳动奖""纪律奖""进步突出奖""最佳值日生"等十几个奖项，这些诱人的奖项让大家精神振奋，各方面进步都很大！

　　第三套方案是什么？别急，且听我道来。由于课余时间很多学生爱去网吧，导致贪玩厌学，于是我就成立了"放学后俱乐部"，让同学们的课外生活丰富起来，从而实现"劳逸结合"，俱乐部只收取 5 元钱就可以入会。这 5 元钱是干什么的？是活动经费，用来买书刊和一些学习用具。俱乐部的活动时间是每周星期六，每到星期六，会员们就都聚集在某位同学的家中搞活动。俱乐部开设了美术兴趣组、"小荷"文学社、书法兴趣组等兴趣小组，小老师则由在这些方面有特长的同学担任。此外，还有"读书天地"，让大家在知识的海洋中遨游，丰富大家的课外知识。

通过全班同学的努力，我们这个班的学习成绩有所提高，纪律变好了。前些天，"文学社"的几篇作文还在杂志上发表了！

☞**案例分析**：班级与班集体并不是完全相同的两个概念。班级，作为一种教学的组织形式，是班集体形成的组织基础，班集体只有在班级这种形式的基础上才能逐步建设起来。但并不是每个班级都称得上是班集体，它需要经过大量的组织教育和管理工作才能形成。苏联教育家马卡连柯(1888—1939)也曾指出："集体是活生生的社会有机体。它之所以是一个有机体，就是因为它那里有机构，有职能，有责任，有各部分之间的相互关系和相互依赖。如果这样的因素一点也没有的话，也就没有集体了，所有的只是随随便便的一群人罢了。"班级作为一个群体，只有通过建设才能具有良性发展的动力，在从松散到紧密协作的发展过程中，班主任要懂得如何凝聚群体的力量以推动班级的发展。

一个真正的班集体，有着明确的奋斗目标、健全的组织系统、严格的规章制度与纪律、强有力的领导核心、正确的舆论和优良的作风与传统，它能正常发挥其整体功能，有计划地开展各种教育活动，不断地总结经验，使集体不断自我提高、自我完善和不断前进。

班级是现代学校教育、教学、管理的基层组织，班级管理的成败直接关系到学校管理的效能。要提升班级管理水平，必须注重班级组织建设，因为这是班级管理科学化、规范化的第一步，也是班级管理的基础性工作。

第一节 班级组织建设概述

学校中大部分教育教学活动都是围绕班级这一基层组织来实施的，现代社会学理论认为，只要社会群体具有以下三个组织特征，便会成为社会组织：① 具有明确的组织目标；② 具有严密的组织机构；③ 具有严格的组织规范。班级在建立之初，只是一个被赋予了组织形式的学生群体，要使这个群体成为真正意义上的组织，还需要在以上三方面进行积极的建设。

通常"组织"一词可包含两层意思：一是指静态的组织结构，二是指动态的组织活动。因此，班级组织建设从静态方面看就是建立起班级组织的结构，包括组织目标、组织规范和组织机构三个方面；从动态方面看，就是把一个松散的群体凝聚为一个组织，再进一步把这个组织建设成为集体。我们将从这两个层面对班级组织建设展开研究，深入探寻班级管理的核心所在。

一、班级组织建设的意义

组织是管理的载体，班级组织的存在成为管理的前提，班级组织的发展与建设对班级管理、学校管理均具有重要意义。

1．有助于提高班级管理和学校管理的效能

从管理学角度看，健全的班级组织机构设置、完善的组织职能、合理的班级管理人员构成、明确的岗位分工、协调的人际关系、畅通的信息交流、稳定的班级运作是班级组织健康有序发展的保障，当班级建立起了这样有力的管理系统时，其管理效能定会得到提升。班级是学校教育活动的基本单位，班级组织建设的成效也会直接影响到学校管理的效能，因此，建设完善的班级组织对于提高班级和学校的管理效能具有积极的意义。

2．有利于培养学生的集体主义精神

几十名学生从不同的家庭来到学校，组成了学校中的正式群体，群体发展的高级阶段就是集体。集体主义精神必须在集体中培养，学生在学校生活的直接环境就是班级，班级是否能建设成为集体，就关系到它能否形成集体主义思想。只有当班级组织建设达到集体阶段，集体主义意识才能真正地走进学生的心田。班级活动是培养集体主义精神的最佳途径，通过"润物细无声"的渗透，逐渐使学生关心集体，热爱集体，亲身体验集体的温暖，从而产生对集体的情感。

3．有益于学生个性的和谐发展

马克思曾指出："一个人的发展取决于和他直接或间接进行交往的其他一切人的发展。"学生在班级中直接交往的人很多，与各位老师交往，与许多同学交往，在交往中互相发生影响，发生作用，这种相互影响与作用正是个性赖以发展的必要条件。在班级组织建设的过程中，学生之间的交往，大多是在积极的有组织的活动中进行的。在这些活动中，学生得到显示自己才能和特长的机会，通过他人的肯定性评价，心理得到了满足，于是获得了"要干得更好"的动力；个性得到主动发展，并且每个学生在不同的活动中处在不同的角色地位，其不同侧面的个性潜能得到培养和发挥。因此，学生个性在班级组织建设过程中可以得到全面和谐的发展。

4．有裨于班主任自身素质与能力的全面提升

班主任的教育实践大多是在班级组织建设中进行的，在此过程中班主任需要充分了解和研究本班学生的情况，进行细致观察、有效沟通，学会与学生、家长、同行乃至社会力量打交道的技巧。在班级组织建设过程中也不会一帆风顺，遇到问题就需要深入分析、思考，通过学习理论、请教同行来解决，并在不断的反思中积累经验、增长智慧。正可谓在

实践中反思，在反思中成长。班级组织建设作为摆在每位班主任面前的第一要务，对班主任自身素质与能力的全面提升，进而实现班主任的专业成长与可持续发展具有直接的助推作用。

二、班级组织建设的基本要素

班级组织作为客观存在的不断运动发展的有机整体，自有它的构成要素，对这些要素进行研究、分解，有助于班主任从整体上把握班级组织建设的过程，把经验纳入更为科学的轨道。班级组织建设的基本要素主要包括如下几项：

(1) 组织目标。共同的奋斗目标具有极大的吸引力，能使学生对集体生活充满信心，产生凝聚作用，增加集体的向心力，使学生的积极性得到充分的发挥。有了目标，班级就有了灵魂，有了前进的方向和动力。在目标的指引下，全体学生按照目标的要求控制、调整自己的行为方向。因此，有经验的班主任总是在班级组建之初，就注重了解学生的情况，确立班级的奋斗目标，并以目标为纽带创建良好的班集体。

(2) 组织规范。在班级组织建设中，需要制定出统一的"规范"和"标准"，使各项工作都有章可循，有据可依。因此，班级组织规范具有一定的科学性、稳定性、群众性和严肃性，有利于克服班级管理的盲目性和随意性，使学生养成遵纪守法、认真负责的良好道德风尚，也便于对班级管理工作进行检查和验收。

(3) 组织机构。班级中设立的组织机构都具有自治性质，它规定了各个成员的角色、地位、职责、权限，为成员间的协作提供了组织保证。在一个班级组织中，必须有部分热爱集体工作、自身素质较好、工作能力较强、在集体中有一定威信和影响力的带头人，形成集体核心，并通过他们团结和带动其他集体成员，沟通信息，协调工作，开展班级活动。

三、班级组织建设的一般过程

班级组织并不是一个静态的存在，而是过程中的存在，班级组织建设是一个复杂的过程，具有一定的阶段性。一个完整的班级组织建设过程大致可分为以下三个阶段。

1. 松散群体阶段

松散群体阶段是班级组成的初始阶段。几个学生坐进一间教室，有了班主任，开始按课程表上课并进行一些活动。他们来自不同的家庭，情况各异，学习环境也发生了变化，同学之间、师生之间都是陌生的，处在新奇而互相观察的状态，彼此都需要了解，需要建立情感联系。此时，班级还没有奋斗方向，骨干核心还没有出现，学生干部由班主任临时指定，大多数活动由班主任直接参与指挥，班级成员各有各的心思，整个班级还是松散的。

有经验的班主任，这时就会一方面抓紧时间全面了解学生，寻找、选择积极分子并加以培养；另一方面向全班学生提出明确、切实可行的要求，让积极分子响应与支持，指导学生开展丰富多彩的活动，为学生提供交往的机会，促进学生相互了解，逐步提高班集体的吸引力，为下一步工作打好基础。这一阶段主要由班主任引导班级前进。

2. 形成稳定班级组织阶段

经过一段时间的了解之后，学生在交往中开始相互熟悉，产生感情，各种人际关系初步形成，崭露头角的积极分子也在同学中具有了一定的威信。这时，班级骨干力量已较明显，班干部人选可以确定了。在班主任的指导下，通过民主选举评议，将一些有号召力而又热心于为集体服务的学生选入班委会，使班级的凝聚力较前一阶段增强，正确的舆论逐渐占上风。但班级的奋斗目标与行为规范尚未完全变成学生自觉的行为动机，教育要求仍是外因在起主要作用。

这一阶段，一方面班主任应加强对班干部的教育和指导，给他们提建议并教方法，自己逐步从直接指挥班级活动的状态中解脱出来，让班干部来组织开展班级工作，开展集体活动，使他们逐渐懂得自己有权利、有责任引导全班同学维护班级利益，遵守班级的各项规章制度。班干部要以身作则，努力成为全班同学的榜样。另一方面，班主任应继续发现积极分子，帮助班干部把这些人团结到班委会周围，以扩大班级的骨干力量。通过实践，班委会在同学中的威信逐步提高，各种教育功能开始发挥，班委会能有效地协助班主任引导班级前进，整个班级已走上正轨。

3. 班级组织发展的高级阶段——班集体阶段

班级发展为班集体，是一个质的飞跃过程。当一个班级有了组织机制并基本稳定后，开始着力发展集体成员的主体意识，形成集体积极的价值共识和追求。这时集体具有了自主管理、自我教育、自己解决集体问题的意识和能力，甚至能让学生自己来设计和变革班级组织管理方式，使之能更好地适应班集体和成员发展的需求。班集体建设的终极目标是使每一个学生的个性得到和谐、充分的发展。这时，集体能自觉地考虑每一个成员的发展需求，尊重每个学生的个性，发现每个学生的长处，为每个成员个性发展提供或创造机会。

第二节　班级组织结构的建设

从班级组织的静态分析，建立班级组织就是要形成一个组织结构，任何一个组织的存在都是以其结构的存在为前提的，没有一定的组织结构，就不可能成为组织。班级组织结构的建设包括组织目标、组织机构和组织规范三个方面。

一、班级组织目标建设

班级组织目标是指通过班级组织建设所要达到的预期行为结果，它是班级组织建设的第一要素。班级组织目标建设的目的在于使班级每个成员在认识、情感、意志和行动上与集体的要求相统一，并将这种要求逐步内化为自身的精神需要，以此提高学生素质，让集体中每个成员的个性获得充分的发展。

(一) 确立班级组织目标的原则

确立班级组织目标应遵循如下原则。

1. 方向性原则

班级的组织目标是全班师生共同努力的方向，是全班统一认识和行动的纲领，是国家的教育方针及学校培养目标在班集体建设中的体现，也是学生身心发展水平的反映，因此确立班级奋斗目标一定要考虑到方向性。

2. 激励性原则

目标是一种激励因素。合适的目标能激发人的动机，调动人的积极性，因此，确定的班级目标要有号召力，要具体形象、生动鲜明、有吸引力，能激发学生的责任心和荣誉感，起到催人奋进的作用。

3. 阶段性原则

各阶段提出的目标应是多层次的，即把目标分成远景目标、近景目标和中景目标。远景目标是班集体成员在某个学习期间经过努力奋斗要达到的目标，也是对学生以后工作和生活有积极影响的目标；近景目标是结合本班、学校、学生的实际情况，分步骤落实在班集体近阶段的具体任务而要达到的目标；中景目标介于两者之间，在制定目标时，要将远景目标分解成中景目标和近景目标。每一个近景目标的实现即向中景目标靠近了一步，多个近景目标构成了中景目标；多个中景目标实现以后，班级的奋斗目标才能实现。确定目标时，还要由低级到高级、由浅入深、由易到难，梯次递进。

4. 可行性原则

目标的确立必须实事求是，既要符合社会的要求，又要符合学校的要求，更要符合班级的实际和学生的特点，在充分总结班级过去的工作情况和现有水平的基础上，提出适度的目标。目标过高或过低都不利于学生的发展。

(二) 确立班级组织目标的方法

要建设一个良好的班级组织，先决条件是必须有一个明确的奋斗目标。

如果是接手一个新组建的班级，班主任一接班，就要通过各种渠道，采取各种方式来了解班级，掌握大量的第一手材料。在搞清班级的基本情况以后，为班级提出长远的奋斗目标，然后引导学生讨论，让学生明确为什么要确定这样的奋斗目标，这样的奋斗目标的实现对大家有什么意义，要实现这样的目标要求同学们怎样做，以增加学生对目标的认同程度，便于在班级活动中按目标要求去做。

如果是有建设基础的班级，最好是采用民主商议的方法来确定班级目标，因为这样可以使目标更符合班级的特点和学生的实际，更有针对性和可行性，可激活学生的主观能动性。同时，目标是学生自己提出来的，更符合学生的意愿，能够满足学生的需要，这样就使得目标在实现的过程中更具有激励作用，执行起来也会容易许多。

(三) 确立班级组织目标的注意事项

确立班级组织目标应注意如下事项。

1. 选准突破口

突破口往往是能引起班级学生进步的切入点，抓住这个切入点，能够调动学生进步的积极性，通过突破口打开班集体建设的局面。尤其是接手一个较后进的班级的时候，更要注意这一点。

2. 发挥良好的首因效应

确立第一个目标必须慎重，如果第一个目标不能达到，就会使学生产生消极情绪，产生挫败感，动摇学生对班主任、班集体的信心。这种消极情绪需要相当长的时间、做大量的工作才能转变和消除。第一个目标实现了，不但能提高班主任的威信，更重要的是能使学生看到集体的力量，增强学生对集体进步的信心，提高学生为集体进步而努力的积极性。因此，班主任必须注意班级第一个奋斗目标对学生产生的影响作用。

3. 必须实事求是

确定目标之前需认真分析班级同学对目标的认识程度，班级实现目标的基础和能力。目标的难度要符合"最近发展区"的原理，对基础好的班，目标可定得稍高一点，而对基础差的班，目标就应定得相对较低。

4. 目标要有层次性

班级的大目标确定以后，要进行相应的分解，既有中景目标，也有近景目标。第一个奋斗目标实现后，班主任应该及时引导学生向新的更高的目标前进。随着班级荣誉的增加，集体荣誉感和自豪感逐步加强，便会促使学生提高对集体的责任感，这时作为班集体的成员就会自觉地克服缺点，提高行动的自觉性，因为集体的进步给每一个成员带来了巨大的鼓舞，这种鼓舞力量会推动集体形成良性循环。

5. 力求体现班级特色

设计班级系列教育活动，尤其是近景目标的确定，应力求体现班级特色，这也是班级工作创造性的体现。

【案例】

小学低年级班级目标奖章化

班级组织目标的制定本身就是一种创新。我在制定班级目标时，尝试了目标奖章化的新形式，即我们在制定班级组织目标时，让学生畅谈各自的意图，形成学生视角中十个方面的内容，每个内容用一枚奖章作为标记，而每枚奖章是以具有某种特性的动物做符号的，如雄狮、公鸡、大雁、蚂蚁、蜜蜂、企鹅、白鸽、唐老鸭、松鼠和金猴，最终成为系列奖章，即自主奖章、班务奖章、守纪奖章、合作奖章、自修奖章、礼仪奖章、卫生奖章、活动奖章、兴趣奖章和创造奖章，这样，班级组织目标就以一种崭新的形式出现了，即目标奖章化。实践证明，这种创新举措很受低年级小学生欢迎，管理效果非常显著。

总之，班级组织目标对班级组织建设意义重大，要确定切实可行的奋斗目标，班主任就必须调查了解班级学生的情况，这一环节必不可少。如果班主任是中途接手一个班，除了要听取前任班主任和其他任课老师的意见外，还必须深入到本班学生及其家长和其他班的学生中去了解情况。如有的班主任每次接手一个新班，都先让学生每人写一份自我介绍，然后集中大家的兴趣和爱好，再结合学校的工作来制定班级的目标。如果接手的是一个基础较差的班，班主任就更需要花大力气去了解情况，查找原因。因为基础较差的班的学生大多有破罐子破摔的心理，学习上没有目标，对自己缺乏信心，领导、教师都感到头痛。班主任要一个一个地找他们了解情况，及时发现学生的闪光点，让他们认识到自己的长处和自己的潜力，以激起学生进步的愿望和热情。

二、班级组织机构建设

班级作为正式的社会组织，要有一定的组织机构。组织机构的建立为组织正常的运行提供了坚实的基础，学生通过班级中规范化的组织机构，扮演各种社会角色，培养公民素质，为做一个合格公民奠定良好的基础。

就班级内部来看，常见的组织机构形式有班委会、团支部或少先队中队委员会及各种常规性活动组织。

(一) 班委会

班委会是保证班内各项工作正常进行的领导形式，是班集体的核心。班主任应根据工作的需要及时组建班委会。班委会干部一般有班长、副班长、学习委员、文娱委员、体育委员、生活委员等。

1. 班干部的基本条件

班干部应具备如下基本条件：思想进步，性格开朗，团结同学，善于沟通，顾全大局，乐于奉献，勇于责己，能纳善言，勤奋好学，成绩优秀，群众威信高，工作责任心强，全面发展，有个人特长。

一般情况下，班长、副班长应具有全面协调能力，学习委员、文娱委员、体育委员人选应是此工作方面的尖子生，生活委员和卫生委员应该是大家承认的热心人，乐于为集体服务。这样的干部容易被同学们所认同，工作起来影响力大、说服力强。

2．班干部的选拔

开学伊始，班主任就要观察，初步掌握哪些学生比较好学，哪些学生工作能力比较强，哪些学生比较活泼，哪些学生热心为班级服务……班主任可以让学生进行自我介绍，以了解学生的感受、想法和打算，在对学生有一个较全面了解的基础上，物色班干部人选。刚接班时，班主任可以先指定某些素质好、组织能力强的同学做各方面工作的临时负责人，经过一段时间的观察、考验和培养后，就可以在班级内组织民主选举或竞选的方式，让学生当家做主，把那些真正有能力、有威信、大家信赖的好同学推选出来，使他们一开始就得到同学的信任、支持和拥护，就具有良好的群众基础。由于民主选出来的班干部是班级同学的真正代表，他们在工作中会得到同学们心悦诚服的配合与支持。一个好的班干部队伍一旦形成，班级就有了核心，就能形成集体，班主任也自然会从繁杂的琐事中解脱出来，更好地集中精力研究教育教学工作。

3．班干部的培养

班干部产生以后就要开展班级工作。班主任要对他们进行有计划、有步骤的培养和指导，增强他们的工作意识，激发他们的工作热情，使他们懂得带领全班同学共同进步的意义。

(1) 班主任对班干部要做深层次的了解，熟悉他们的性格特点、活动能力、服务态度、集体精神等，做到知人善任，这样才能发挥每位班干部的特长，从而让他们在最能发挥自己才能的岗位上积极工作，施展才华。

(2) 要遵循用而不疑、疑而不用的用人原则，充分信任，大胆使用，放手让学生干部锻炼，支持他们独立地开展工作，充分调动他们的主观能动性，坚持在任用中锻炼他们的工作能力，利用他们各自的优点帮助其牢固地树立起威信。如经常让班干部当着班主任的面总结班级的工作，让全班学生都感到班干部是班主任的得力助手，班主任信任班干部。

(3) 要教给学生干部工作的方法，鼓励他们创造性地完成任务。班主任不仅要帮助班干部明确职责和权力，而且要教育学生干部树立为集体服务的思想，摆正自己与同学的关系，使他们认识到当干部就是要为同学服务，为集体作贡献，肩负着老师和本班同学的信任，在许多方面要成为一般同学的榜样，以身作则；要牺牲一部分业余时间，要经得起批评和抱怨。更重要的是教给学生干部工作的方法，如对学生纪律督促的态度、讲解要求时的语气等，做到既不伤害同学的自尊心，又能很好地完成工作任务；在各项具体工作之前，请学生干部提前设想，提前安排，自己充当参谋；定期组织召开干部例会，让学生干部互相交流经验，取长补短，使他们尽快成熟起来；要与学生干部一起讨论和制定班级的奋斗目标及各项管理规章制度，使他们分工明确，各司其职，做到事事有人管，人人有事做，从而有效地开展工作。班主任由领到扶再到放，培养学生干部自主管理的能力。班主任要耐心地对学生干部进行工作指导，年级越低，指导得就越要细致。

(4) 民主评议班级干部，增强其自律意识、竞争意识和责任心、进取心。每学期或学年结束时，可以先召开班委会，让学生干部对自己的工作表现进行自评，充分肯定自己的成绩，勇敢面对自己的不足。然后，组织全班同学对学生干部进行民主评议。

在学生民主评议中，对于评为优秀、合格的班干部，要给予表扬或奖励；对于不合格的班干部，班主任要根据具体的情况，采取适当的方法予以帮助和教育。对于班干部在工作中的不足和失误，班主任要勇于承担教育责任，帮助学生总结经验教训。

4. 班干部的换届

在班干部培养的过程中，班主任可采取常任制和轮换制相结合、学生自荐竞选与民主选举相结合的方式，实行班级角色动态分配，保证班级工作既有稳定性和连续性，又能调动全班同学的积极性，使每个同学都有机会参与班级管理。这是一种民主管理的方式，它不仅可以极大地调动学生参与班级管理的积极性，而且能锻炼他们自主管理的能力，培养学生的独立性、自主性、创造性等心理品质，使学生得到更大的发展。同时，也可以让学生切实体验到民主、平等，产生主人翁的责任感，有利于民主教育。

(二) 团支部(或少先队中队委员会)

团支部是共青团在班级中的基层组织，它对组织团员、青年奋斗向上，协助班委会搞好班级工作有着不可低估的重要作用。

中学班级的团支部一般配备团支部书记一名、组织委员一名、宣传委员一名。有经验的班主任非常注意团支部与班委会的配合协调工作，有的安排团支部书记进入班委会，担任班长，一般情况下是担任副班长，主要负责所在班学生的思想工作和组织发展工作，既做到了与班委会的步调一致，又把团员、青年的工作落到了实处。

小学一般在班级中不单独设立团支部，主要靠少先队中队委员会来组织少先队员开展工作，进行活动。中队委员会通常配备中队长一名、副队长一至两名。

(三) 全员管理岗位的设置

每个学生都希望得到锻炼的机会，因而不少有经验的班主任还会在班级常设岗位以外增设多个岗位，让更多的学生能够施展才华、参与管理。

1. 常规管理岗位

班级常规管理可设不少岗位，在管理中能够培养学生良好的行为习惯和个性品质。例如：纪律检查员主要维持课间、活动纪律，调解同学纠纷等；电器保管员主要负责电灯、电视广播、饮水机等电器的开关、保洁等；眼保健操监督员主要为同学们提供正确的眼保健操示范，指导、监督同学做眼保健操；礼仪监督员主要督促同学佩戴红领巾、校徽，注意队礼规范等。

2. 学习示范岗位

按各门学科要求设立岗位，如各学科课代表。语文课代表为同学阅读、写作起到导向示范作用；音乐课代表悦耳动听的歌声感染着每一个同学；体育课代表良好的身体素质和运动技能，成为同学们锻炼身体和提高运动水平的榜样；读写示范员提醒同学们用正确的姿势读书和写字等。

3. 活动岗位

如增设科技、欣赏、文字等兴趣团体，尽可能地让更多的学生参与。除设立组长等岗位外，还可以在实践活动中寻找岗位，如小台长、小编导、小摄影师、小美工、小主持、小记者、板报主编等，最大限度地发挥每个学生的特长。如有个学生平时学习成绩一般，但表达能力还可以，在一次偶然的课本剧表演中表现出良好的编导才能，教师根据这个学生的特点，可以让他做"小编导"，增强他的自信心。

4. 社区岗位

社区为学生提供了更广阔的锻炼空间和更多彩的岗位，比如小小超市员、绿化小天使、小交警、小小物业管理员等。班主任可以利用双休日，以"就近"为原则，组织学生组成假日小队，要求学生开展实践活动。通过这样的社区岗位，为提高学生的综合素质提供了更有利的条件。

班主任要引导每个学生找到适合自己的岗位，让每个学生都得到锻炼，尽可能发挥每个学生的特长，提高每个学生的能力，使全班同学人人有事干，班上事事有人干，增强学生的主人翁意识及集体荣誉感。

三、班级组织规范建设

任何一个群体为达到群体目标而开展共同活动，都必须制定一定的行为准则，这就是规范。班级组织规范就是班级成员在教育教学和日常行为活动中必须共同遵守的准则。班级组织规范建设要从规范的制定入手。

在班级管理中，要制定出统一的"规范"和"标准"，使各项工作都有章可循、有据可依。因此，班规有它的科学性、稳定性、群众性和严肃性。这就使我们在班级管理中可以克服盲目性和随意性，使学生养成遵纪守法、认真负责的良好道德风尚，也便于我们对工作进行检查和验收。

(一) 班级组织规范的表现形式

班级组织规范有正式规范和非正式规范之分。正式规范是由正式文件规定的规范，如学校和班集体规章制度以及学生守则等。它强制学生该做什么、不该做什么，对学生的行为起定向、约束作用。非正式规范是班级自发形成的或学生之间约定俗成的规范，如校风、班风、班级舆论等。这些规范虽是自发形成的，但却是一种无形的制约力量，学生违背它，就会受到舆论的谴责，从而迫使学生顺从和遵守。

班级组织规范既可以统一班级学生的意见和看法，调节、规范他们的言行，也可以使学生形成共同的认知，与规范保持一致。在班级管理过程中，班主任要组织学生认真学习《中(小)学生守则》和《中(小)学生日常行为规范》的内容，同时要组织学生制定班级的各项规章制度，包括学习制度、值日生制度、纪律规范、文明礼貌规范等在内的各项具体规范，如《班级公约》《一日常规》等。学生通过对这些规范的学习，可以明确国家对中小学生的要求、学校的培养目标要求和班级的管理目标要求。班主任可引导学生将班级的组织目标作为其个人目标制定的依据，内化在个人的目标之中。魏书生老师是我国当前著名的教育家，他非常重视班规的制定，他在和学生共同了解《学生守则》和校规校纪的条件下，全体共同讨论确定班规，并不断进行修改完善。他将规章分为一日常规、一周常规、每月常规、学期常规、学年常规等，使学生明确每天的目标，减少了随意性和盲目性，并建立了一套行之有效的监督和反馈系统，使班规的制定能顺利地执行和完善。

(二) 班级组织规范的功能

班级组织规范具有如下功能：

(1) 协调作用：班级组织规范可以协调集体与个人的行为，以保证共同的目标得以实现。

(2) 保障作用：班级组织规范还可以保障成员在集体中享有的权益，既要个人服从组织，也要组织保障个人的安全与发展。

(3) 塑造作用：班级倡导性的规范为组织成员提供了一种参照模式，班级规范成为组织成员的行动指南和行动的准则，并潜移默化地塑造着组织成员。

(4) 警示作用：班级规范中禁止性规范起着防范作用，可以警示组织成员。

(三) 班级组织规范的作用过程

班级组织规范要讲求实效，规范变成自觉的行动，取决于学生对规范的遵从水平。一般认为，学生遵从规范有三个层次，即服从、认同和内化。在新建班级初期，学生对规范的认识程度是服从。学生在外力的控制下对规范的遵从，是学生为了获得奖励或避免批评而遵从规范。随着班级的发展，班级组织规范逐渐被学生认同。认同是学生以他人为榜样进行模仿而表现的遵从。在班集体的形成时期，学生对规范的认识达到内化程度。内化是学生真正认识到规范要求的重要性、正确性以及它的价值，认为自己必须按照规范行动，把规范内化为自我要求，这是一种自律的遵从，规范成为个人较为稳定的观念和行为习惯。要想使班级组织规范建设有序地进行，班主任要在学生对于规范已有认识的基础上逐渐引导，从而使班级大多数学生达到内化的水平。

(四) 制定班级组织规范的注意事项

制定班级组织规范应注意如下事项：

(1) 班级法规一定要符合《学生守则》等教育法规以及学校规章制度的要求，从班级的实际出发，做到切实可行。

(2) 制定班规时，一定要尊重学生的意见，要经过全体学生讨论之后确定，并不断完善。现在学生主体意识很强，作为班主任，不可以领导者自居，充分发扬民主是培养学生创新能力的需要，而创新是一个民族发展的灵魂。

（3）要建立相应的监督和反馈机构，要有高的透明度，班主任要以身作则，严格遵守，师生共同维护班级规章制度。

（4）在班规的制定和执行过程中，班主任一定要把握全局，抓住关键，全面考虑，一旦执行过程中发现问题应及时调整，使班规有效运行，落到实处。

【案例】

"特别" 班规

新学期开学，我接了一个新入学班级，并担任班主任工作。

开学之初，我就组织班干部制定了班级操行评分表以及一系列的班纪班规，再加上学校和教学部下发的各种条条框框文件，教室里的宣传栏都贴得满满的了。我相信好的开始是成功的一半，只有从学生入学之初就进行严格规范的管理，奖罚分明，才可能培养出一个优秀的班集体。

可是事与愿违，才开学不到一个月，迟到、忘记戴校牌、自习课讲话等违纪现象层出不穷，班上收到了不少的扣分单，于是，扣操行分、写检查、谈话批评，班干部和我忙得晕头转向。但是该教育的都教育了，大道理小道理也都苦口婆心地讲了，学生们却似乎并不理解老师和班干部们的一片苦心，结果是受罚的越来越多了。

我百思不得其解，和其他班主任交换意见，情况也都差不多，可是，法不责众，一个班级如果大半的学生天天急着写检查，还学什么呢？我心乱如麻。

一次偶然的机会，我在一本书上读到了一条经济学法则：监督机制的崩溃，往往是因为在需要小成本的时候没有支付(也就是没有采取"杀一儆百""杀鸡给猴看"的措施)，而到了要支付大成本的时候，已经支付不起了(杀猴杀不起)。当监督力度和可支付的成本有限的时候，要利用人们都有趋利避害的动机，并愿意从众、搭便车的心理，加大对第一个违规者的处罚力度，使之违规的机会成本大到足以遏制他产生机会主义的动机。

这是否能够借用到班级管理中来呢？于是我仔细考虑之后召开了一次班干部会议，征求大家的意见。经过一番讨论后，我们共同制定了一条独立于其他所有班规之外的"特别"班规。该条规定，每周日晚上统计上周第一个违纪的同学为本周本班"需要帮助同学"，由班主任在全班点名批评，而且须写500字以上"求上进书"，张贴一周，并于周日晚当着全班宣读。这样，我们班就开始实行每周"只罚第一人"的"特别"班规。

"特别"班规执行之后接下来两个星期，班上还真没有出现"第一人"，情况朝着好的方向发展。因为谁都清楚，如果自己跟在别人后面违规，风险一下子就降到了零；但如果自己来充当第一个违规者，则风险就全部落到了自己身上，这时其他人却可以"搭便车"，这显然是个最次的选择。一旦大家都这么想，也就没人愿意第一个违纪了。

可是正当我暗自高兴之时，却发生了一件意想不到的事。平时最听话、从不违纪的团支书竟然当了这个"第一人"。周一寝室卫生大扫除时，她怕把校牌弄脏，就将其放到了箱子里，结果，卫生完了之后因为急着上晚自习就忘戴了，刚好学生会组织检查校牌她没有戴。虽然于心不忍，可是王子犯法与庶民同罪，我不得不"挥泪斩马谡"。

这件事对我触动很大，我意识到学生毕竟都还是孩子，其实偶尔犯点小错也是难免的和正常的，而且隐隐觉得这条班规似乎有什么不妥的地方。很快令人头痛的事就来了，既然"第一人"已经出现，班上几个不安分的同学马上就蠢蠢欲动，居然大张旗鼓地迟到，可是班干部却无可奈何。

显然，直接把经济管理法则套用到班级管理之中还是不行的。为此，我组织召开了一次修订班规的主题班会。学生们在激烈的讨论之后达成一致：每周日晚上统计上周第一个和最后一个违纪的同学，相比较扣分多者为本周本班"需要帮助同学"，班主任在全班点名批评，而且须写500字以上"求上进书"，张贴一周，并于周日晚当着全班宣读。

实行这个改进班规之后，我们班的违纪行为逐渐减少，学生们的思想也慢慢稳定下来，学习氛围越来越浓。

当然，"特别"班规只是一种班级管理手段而不是最终目的。在接下来的日子里，我不忘加强对学生思想品德的培养，注重引导学生树立高度的集体荣誉感和主人翁意识，努力营造出一种团结互助、积极向上的班级氛围。功夫不负有心人，我们班的纪律情况从根本上发生了好转，学生们逐渐养成了好的行为习惯，并把更多的精力用到了学习上以及学校组织的各项活动中。连续三个学期，我们班在各个方面取得了一系列优异的成绩，并且期期均被学校评为"双先班集体"（先进班集体和优秀团支部）。作为班主任的我，在感觉轻松的同时尤其欣慰。

☞**案例分析**：班规不只是冰冷的条文，它们应像一座搭在师生之间的桥，民主程度越高，这座连接心灵的桥就会越坚固、越宽敞。在班规制定过程中，我们要尊重学生的独立地位，尊重学生的参与权和选择权，让学生参与到制定班规中来，充分体现民主；班规出台后，也并非一成不变，实行一段时间后，再让作为亲身体验者的学生参与到制度规范的评价中来，就其中好的方面和存在的问题谈谈自己的看法，倡导大家提出相关的改进措施。这既可以考查班规的科学性、可行性，又可以深化学生对班规的认知。通过这种参与及体验，充分实现了班级组织规范对学生的自律和他律效果，并激起学生主人翁的责任感和参与班级管理的积极性。在班级管理中，我们需要建立民主、平等、和谐的师生关系，而科学有效的班级组织规范正是推动这种关系向良性发展的动力，对学生的成长起着不可估量的作用。

第三节 班集体建设

班级组织建设的动态过程就是教育者通过各种手段将班级这一学校最基层组织培养成

班集体的过程，它是班主任的中心工作，是学校教育教学和管理工作的基础，所以习惯上也把这一建设过程称为班集体建设。关于班集体建设的基本理论有很丰富的内容，在此着重从班集体的概念、功能、形成的标志、建设途径与方法等方面进行阐述。

一、班集体的概念

什么是班集体？有人把组织有序的教学班看作班集体；有人认为，"班集体是一个有凝聚力和积极向上的班级学生群体"；还有人常常笼统地把任何一个班级都称作"班集体"或"班级集体"。其实，组织有序的班级作为一种教学组织形式，仅仅提供了班集体发展的基础，班集体不同于一般意义上的班级群体，班集体是班级群体发展到一定水平的结果。当然每个班级不都是一个班集体，班集体有特定的内涵，需要经过大量的组织教育才能形成。

班集体是按照班级授课制的培养目标和教育规范组织起来的，以共同学习活动和直接性人际交往为特征的社会心理共同体。对于班集体的概念可从以下几方面来把握：

(1) 班集体是一个以学生亚文化为特征的社会群体，它传导和积淀着班级制度的社会文化基因(教育目标、规范和组织模式)；

(2) 班集体是一个以教学为中介的共同活动体系，它以课堂教学为中介，整合学校、社会、家庭的教育影响，社会化的共同学习活动是班集体形成和发展的主要整合因素；

(3) 班集体是一个以直接交往为特征的人际关系系统，通过交往和人际关系，动态地反映了集体与个体、个体与个体、集体与环境的相互作用，标志着集体形成的过程；

(4) 班集体是一个以集体主义价值为导向的社会心理共同体，集体心理的统一性和社会成熟度综合反映了集体主体性的水平。

二、班集体的功能

班集体的功能很早就被一些教育家们所认识。马卡连柯认为："集体是一种很大的教育力量，在班集体中不用任何专门的办法，就可以发展关于集体的价值、关于集体尊严的概念。"苏霍姆林斯基指出："集体是培养全面发展个性的重要手段。"良好、成熟的班集体具有多种功能，使每一个学生在其中受到教育，得到发展。在实践中，我们能经常感受到集体影响力的存在，有时它甚至可以产生教育者无法企及的教育影响。

1. 社会化功能

人的社会化，一方面可以通过学校教育教学过程而获得相应的知识、观念、能力等；另一方面，必须通过直接参与社会生活过程，把社会文化、规范内化为自己的社会文化素养。班集体是学生直接生活于其中的微观的社会体系，是实施教育教学活动的组织，也是学生参与社会生活的主要场所。班集体具有积极的价值导向及符合社会发展要求的目标和教育内容，拥有组织机构和制度规范。学生进入班级集体，要成为其中的一员，必然要遵从和依照集体的规范行事，并承担一定的社会角色和责任，与他人合作共事、处理人际冲突、参与制定集体规范和评价集体中的人与事等，这些社会化的角色和行为均为养成一个社会公民的基本品质奠定了基础。

2. 教育功能

班集体能有目的、有计划地把全面发展的教育目标落实到每个成员的身心发展上，既能向他们传授科学文化知识，教他们社会生活的基本技能，又能教导社会生活规范，训练社会行为方式，培养学生的社会角色。同时根据马卡连柯提出的"平行教育"原则，培养出一个好的集体，就会有效地教育影响"一伙人"中的每一个人，集体是教育学生的有效手段。在教师的教育实践中，应通过科学的方式教育影响集体，提高集体的素质，并用集体影响个体，达到关注和促进每一个学生发展的目的。同时，教育者要把针对个别学生的教育置于集体教育背景中来加以考虑，在教育个别学生的同时，科学地运用集体教育的因素，达到既教育集体又教育学生个体的作用。

3. 归属功能

良好的班集体具有相互关爱、尊重平等的人际关系和自由安全的心理氛围。学生作为其中的成员，能得到集体的尊重、关爱，能感受到自由、安全、愉悦的集体心理氛围，这对学生的心理健康而言，无疑是一种最好的保护剂。同时，学生作为集体中的一员，能在关爱、尊重他人和承担集体责任中发现自己的价值，从而获得人格上的自尊感。每个学生在班集体中都有自己要好的朋友，他们可以通过交流、沟通排解各种不良情绪，理解他人和被人理解，进而调整自己的不良心理和行为。同学之间的交流不仅能满足学生求知的需求，还可以在相互理解中获得心理上的支持。良好的班集体具有积极的价值追求，而集体积极的价值能对学生心理、行为起着促进、引领的作用，它能使学生感受到来自集体的精神力量，感受到生活的乐趣和生命的意义。

4. 发展功能

良好的班集体是学生个性和谐发展的平台。

(1) 班集体的自主管理为学生提供了不同的责任岗位，使学生担任不同的角色。学生在承担集体责任和角色时，产生对自我的积极期望，并在努力发挥作用中促进个性情感、能力、社会性行为等方面发生积极变化。

(2) 班集体具有丰富多彩的活动和精神生活，在集体活动中，每一个学生都有展示自己才能、发挥个性创造潜力、获得集体成员肯定的机会。

(3) 集体生活中展开的各种评价，有利于形成学生积极客观的自我意识，唤起积极的自我价值追求，从而促使其个性和谐、健康地发展。

在集体生活中，学生之间、师生之间的交往，也是学生个性发展不可缺少的养分。班主任、教师积极健康的个性及其与学生的和谐关系，是学生个性健康发展的重要保障，能为学生个性的自我塑造提供现实的精神榜样，学生之间和谐的人际关系和交往能为学生个性和谐发展提供丰富的精神内涵，并提供相互借鉴、学习的榜样。

三、良好班集体形成的标志

班集体作为一个不断运动、不断发展变化的有机整体，它由雏形到真正形成集体，必然有可以考查和评判的具体内容和标志。实践证实，良好的班集体对学生的身心发展能产生极大的推动作用。一个良好的班集体应该具有如下四个标志。

1．有共同的奋斗目标

共同的奋斗目标是唤起集体内在发展动力和达成共识的重要手段，是良好班集体的重要特征。共同奋斗目标对集体发展具有激励和导向作用，能够把大家吸引到集体中来充分发挥每个成员的积极性，在逐步实现目标的过程中分享集体的欢乐和幸福，从而形成集体的荣誉感、责任感和强大的班级凝聚力。

2．有坚强的领导核心和健全的组织机构

班集体中组织设置健全，人员构成合理，岗位分工明确，构成了有层次的工作关系的网络系统，班集体的领导核心——班委会、少先队中队委员会或团支部委员会，具有很强的工作能力，能够很好地履行工作职责，完成工作任务，且班干部之间形成分工合作、民主团结的关系，在同学中有威信，以身作则，能带动全班同学实现共同的奋斗目标。

3．形成健康的舆论和优良的班风

集体舆论就是班级中占优势的、为多数人赞同的言论和意见，它以议论、褒贬等形式肯定或否定集体的动向和集体成员的言行，成为个人和集体发展的一种力量，是学生自我教育的重要手段。马卡连柯说过："儿童集体里的舆论力量，完全是一种物质的、实际上可以感触到的教育因素。"正确舆论树立与否，是衡量班集体是否形成的重要标志之一。一个班级形成了正确舆论，能使班集体更加团结，更加富有朝气，更能帮助每一个成员健康成长。因此，必须重视集体舆论这一集体成员变化的"晴雨表"，保证正确的舆论导向。正确的舆论能使正气发扬，不正之风无立锥之地，以至不能存在，这是形成优秀班集体的基础。

班风是班集体中长期形成的情绪上、言论上、行动上的共同倾向，是班级特有的一种风气。这种风气一旦被巩固和保持下来，就形成了传统。在优秀的班集体中总会有一种特别的空气，这种空气就像雨后田野上的春风，清新、温暖、沁人肺腑、令人振奋。那些不守规矩的孩子，一走进那个教室就情不自禁地有所顾忌和收敛，时间久了，就会被教育和熏陶过来。这种能对集体中每个学生都产生强大影响的力量就是班风。优良的班风要靠正确的集体舆论来支持，正确的集体舆论和优良的班风不是自发产生的，而是相互强化相互影响的，是班主任正确引导和全班师生共同努力的结果。

4. 建立和谐的人际关系

班级人际关系主要包括五个方面，即学生和学生之间的关系、学生和老师之间的关系、学生和家长之间的关系、班主任与任课教师之间的关系、教师与家长之间的关系。和谐丰富的人际关系是班集体建设的重要内容，是班集体凝聚力的黏合剂，也是良好班集体的重要特征。良好班集体的和谐人际关系能够使班集体健康成长，也能使集体中的每个学生茁壮成长。

四、班集体建设的途径与方法

将一个松散的班级建设成良好的班集体需要经历长期的过程，付出艰辛的努力，但班集体的建设过程也是有路径和方法可循的。下面介绍几种可供借鉴的有效途径与方法。

(一) 班集体建设的途径

班集体不是教师简单教育出来的，而是在共同活动和交往中形成和发展的。活动是班集体和学生个体相互作用、协调发展的中介。因此，共同活动是班集体建设的基本途径。根据班集体共同活动的性质和活动方式的不同，我们把班集体建设的基本途径分成以下几个方面。

1. 在教学活动中建设班集体

教学活动是班集体最主要的共同活动方式。传统意义上的班集体建设往往把教学活动排斥在外，在教学活动之外进行班集体建设；同时以知识、技能教学为中心的课堂教学又忽视了来自学生群体的动力和课程资源，致使班集体建设的过程和教学活动相分离。在新课程理念的指导下，课堂教学不仅是学生的认知过程，也是集体成员的社会性合作、互动分享的过程，还是集体成员情感、态度、价值观的建构过程，这就需要在教学活动中关注班级学习共同体的建设。

在课堂教学活动中建设班集体的关键是：① 应把班级学习共同体(班集体)建设作为教学活动的重要目标之一；② 充分挖掘教学活动，促进班集体建设的各种教育因素，如借助教材引领集体价值，创新学习活动方式，激活集体学习氛围，平等对话，优化集体人际关系，开展班级集体成员间的合作、互助、分享等，把"教"转化为学生的主动"学"；③ 开展集体性学习评价活动；④ 营造快乐、有序、有效的集体学习心理和文化。

2. 在发展性班级管理中建设班集体

发展性班级管理是相对于传统的规范性班级管理而提出来的。发展性管理不仅考虑班级管理对集体的规范功能，更关注管理对班集体和每一个学生的发展功能，注重班级管理在目标、组织、制度、方式上的变革、创新。

在发展性班级管理中，首先，应确立以学生集体与个体的和谐发展为本的理念，把管理作为发展的手段，强调管理方式应随着学生集体和个体发展的需要而不断变革；其次，强调教师对班级的管理方式应有利于发展集体的自我管理与自我教育；再次，在班集体不同发展水平和阶段中应有与之相适应的集体管理目标、规范和方式，不能一成不变；最后，教师应尊重集体意愿，运用对话、合约及集体决议等方式形成集体目标与管理规范，让集体逐步成为班级管理的主体，让每一位学生拥有在集体管理中"自我满意"的角色。

总之，班级发展性管理应随班级学生集体与个体的发展而动态变革，不存在某种一成不变的最好的班级管理模式。

3．在班本化教育活动中建设班集体

班本化教育活动是指在班级教学活动、班级管理活动之外的根据班级特点和需要开展的集体活动，如主题班队会、班级特色活动、社会实践活动、集体心理辅导活动以及课外集体体育游戏活动等。由于班本化教育活动在目标、内容及形式上的多样性、丰富性，因而对丰富班级集体和个体的精神生活、形成集体精神、丰富集体体验、发展每一个学生的个性具有十分重要的意义。

开展班本化教育活动应注意以下几个方面：

(1) 班本化教育活动应从本班级特点和发展需要出发，形成有机的活动体系，确保能有效地促进班级集体和个体的整体发展。

(2) 班本化教育活动应关注针对班级集体和个体发展中的关键性的主题。

(3) 要精心设计集体教育活动，不仅要考虑活动的教育内容，还要考虑活动结构、过程情境和角色的设计，分析活动对集体心理和不同个体心理的影响。实施中要让学生真正成为班集体活动的主体，教师在活动中要随机引导，组织集体的自我评价，使集体活动过程成为学生的自我教育过程。

当然，班本化教育活动也不是开展得越多越热闹就越好，而应当选择班集体发展中必需和关键性的活动，注重集体活动的教育内涵。

4．在随机教育中建设班集体

班集体建设过程往往不是一帆风顺和直线式的，由于种种原因，班级生活中总会发生各种随机情况，如学生之间的冲突，班里出现的不良现象、突发事件、好人好事等。虽然这些情况的发生是偶然的，但却是集体心理和观念的客观反映，可以成为教师深入了解集体的窗口、进行集体建设的鲜活的课程资源。如能抓住这些契机进行随机教育，可以引导学生集体在解决问题中达成共识，提高学生解决集体问题的能力，从而使班集体得到健康的发展。因此，随机教育也是班集体建设的一条重要途径。

班级中发生随机情况往往是难以预测的，甚至有时是不易觉察和稍纵即逝的，作为教师应善于观察，分析事件背后所反映出的集体现象和问题本质，切忌就事论事、主观臆断，而应抓住时机。在开展随机教育中应注重唤醒班级成员的集体意识，尊重和引导集体在真诚的对话和沟通中共同解决问题，关键是要使集体在问题解决中得到成长。

上述班集体建设的各种途径在实践中是相互联系、相互影响的。班主任应当在促进集

体和个体共同发展的主线下，整体思考和设计班集体建设活动，这样才会取得更好的效果。

(二) 班集体建设的方法

做任何事情都涉及方法的问题，班集体建设当然也不例外。多年来，广大班主任积累了班集体建设的许多经验，总结出了一些班集体建设的方法，这里主要介绍目标管理法、立体教育网络法、系统教育活动法、规范制度管理法和自我教育法。

1. 目标管理法

目标管理法是指在班级建设中，科学地确立集体奋斗目标和个人奋斗目标，以经过努力可以实现的目标推动班集体建设的方法。运用目标管理法建设班集体，能够把建设班集体的工作引向科学化的轨道。班集体的目标管理是一个完整的过程，它包括制定目标、制订实施措施、检查与评价、最终鉴定等内容。

目标管理法在班集体建设过程中是主导性的方法，通过确立切合实际的目标，可以凝聚学生团结进步的力量。每一个具体目标的实现，都会使班级在前进的道路上发生小的质变，集若干小的质变就会引起班级发生根本性的变化，实现形成团结友爱、奋发向上的班集体的总目标。

2. 立体教育网络法

立体教育网络法是现代系统思想在班集体建设中的一种体现。班集体是一个大系统班集体的建设过程，是各项教育力量的综合运动过程，各种教育力量的交织作用，就成为班集体的立体化教育网络。教育网络意味着教育合力，这关系到班集体建设速度的快慢和质量的高低。班集体建设立体教育网络的基本构成因素包括班委会、任课教师、家长、少先队(共青团)、课外活动等。充分发挥各种构成因素的作用，对于班集体的建设具有重要的意义。

3. 系统教育活动法

系统教育活动法是指在班集体建设中，围绕班集体奋斗目标所开展的一系列教育活动，使班集体建设通过各项活动来实现的方法。从班级实际出发所开展的一系列互相衔接的有实效的教育活动，即系统教育活动。教育活动的根本目的是育人，让学生在活动过程中提高认识能力、实践能力，培养良好个性，学习做人。教育活动的实效性如何，取决于活动的内容、形式和学生参与的程度。要取得好的效果，活动的内容必须正确、科学、深刻，要符合班集体建设和学生个体发展的需要，符合学生的年龄特点、生理特点、心理特点和知识水平、品德水平、能力水平；活动的形式必须新颖、活泼，为学生所喜闻乐见。

4. 规范制度管理法

规范制度管理法是班主任以规范和制度去引导规正学生的言行，从而推动班集体的形成和发展的方法。规范制度管理法要求班集体根据《学生守则》和学校规章制度的要求从本班实际出发，制定出切实可行的有关规章制度和规范，使班级进行的每项工作、开展的各项活动，都有相应的规范和制度标准。所制定的有关规章制度要简单明确，具体可行，多从积极方面鼓励，避免从消极方面限制防范；规章制度一经建立，要保持相对的稳定，不能朝令夕改；要坚决执行，不能流于形式。

5. 自我教育法

自我教育法是指在班集体建设过程中，班主任指导学生充分发挥自我教育的作用，从而使班集体健康发展的方法。自我教育既包括个体的自我教育，又包括集体的自我教育。在班集体发展过程中，二者是辩证统一的。

集体的自我教育能够引发、促进每个成员的自我教育，而集体中个别成员的自我教育，也会促进集体其他成员的自我教育。

学生的自我教育能力是其主体性发展的表现，教育者应注重挖掘学生自我教育的"潜能"。实施自我教育法要尊重学生，相信学生，把握学生特点，给学生创造自我教育的机会。

学 习 思 考

1. 思考班级与班集体的关系。
2. 试分析一个良好的班集体应具备哪些特征。

第五章　班级日常管理

学习目标

1. 了解班级日常管理、日常行为管理、班级环境管理的概念。
2. 熟悉班级日常管理的主要内容。
3. 掌握奖励和惩罚在班级日常管理中的作用。

案例导入

班主任的困惑

　　新学期伊始，我成了某班的班主任。我一直想努力遵从以学生为主体的现代教育观，想让学校的"自主教育"在他们身上得以体现。所以开始的时候，我就本着信任、民主的理念，在向学生提出了乘车、卫生、学习等方面的要求后，就给了学生一个比较宽泛的环境，让他们自主、自立，希望他们的个性能得到自由的发展。但是，天不遂人愿。不久，一系列问题接踵而来。

　　乘校车时，很多同学上车前拥挤抢夺，在车上大声喧哗吵闹，相互之间不懂谦让，更有甚者竟将杂物扔在窗外的行人身上并以此为乐，让同车的老师、司机摇头不已；到校后，学生们一个个昂首向前，无视身边老师的存在，几乎无人主动行礼招呼；进教室后，交作业本的同学行动乱糟糟，卫生值日的同学动作慢腾腾，值日时各干各的，如果有把笤帚扔在地上，是绝对不会有人捡起的；自习课必须有老师在班监督，否则就一片嘈杂，并时有打架的事情发生；中午就餐前整队拖拉，领餐时争先恐后，挑食现象严重；课间休息的时候，在走廊里追逐打闹，弄得满头大汗，直至上课铃响；有的学生学习被动，在校车上抄作业、对答案；回家不能巩固复习课堂所授内容，第一次默写英语单词错误百出……

　　总之，该班成了全校注目的焦点，不满多于赞扬。作为班主任，我困惑了。难道是自主管理的要求言之太早？可是，学生的调查问卷不是表明绝大多数学生不喜欢管头管脚的保姆式老师吗？他们入学分数很高，素质相对其他班级要好。那问题究竟出在哪里呢？

　　☞**案例分析：**班级是学校开展教育教学活动的基本单位，班主任通过组织和领导班级集体、协调科任老师与学生的关系来实施对全班学生的教育教学管理。班级的管理首先面对的是日常管理，这是班级工作的基础，日常管理中要做好日常行为管理、日常环境管理、学生发展指导和学生奖惩工作。班级日常管理是班主任工作的重要内容，作为班主任这项工作只能做好，或者说要尽可能地做好，因为我们对学生的管理首先从班级日常管理开始，我们与学生的交流、对学生各方面的现实表现的了解主要在班级日常管理中，我们对学生的教育更多地落实在班级日常管理中。

第一节　班级的日常行为管理

班主任在每日工作中经常碰到的问题就是学生的行为问题，每天主要"管"的事情也是学生的行为。一个班级组织有它所要求的行为，班级组织中行为的一致性，就成为班级日常管理的首要任务。

一、班级日常行为管理的概念

班级日常行为管理是指班级管理者向班级成员传授学生在班级组织中的规范行为，帮助学生掌握规范行为，同时也纠正学生违反组织规范的行为。任何一个组织都有它自己规定的行为方式，一个组织特定的行为方式是组织存在的基础。任何一个组织都要求它的成员掌握组织的行为方式。在社会的成人组织中，成人有能力理解组织的规范，能够自己学习掌握组织规范。但是，在由未成年人组成的小学班级中，受到年龄、认知能力等方面因素的影响，行为的学习对他们来说，还不可能完全靠自己完成。因此，在小学班级的日常管理中，班主任就有向班级组织成员传授规范行为的任务。

学生在班级中学习组织的规范行为，不仅是组织活动的需要，更是学生个体发展的需要。学会在组织中学习、生活，是个体社会性发展的要求，正确的行为规范，能引导学生健康地发展。

二、班级日常行为管理的内容

班级的日常行为规范，既要遵循国家教育行政部门颁布的《小学生守则》《小学生日常行为规范》，也要体现学校制定的具体规定，同时反映本年级和本班的特殊要求。班主任应根据这些守则、规范、要求及本班学生年龄特征和日常行为规范的实际情况，制定本班一日规范，促进学生成长与发展。

根据小学生的一日活动情况和我国教育活动的实际，可以列出如下小学班级日常行为规范主题。

1. 上学

主要内容有：(1) 到校时间；(2) 礼仪；(3) 进班要求；等等。

2. 升旗、早操

主要内容有：(1) 升旗礼仪；(2) 早操排队、动作；等等。

3. 晨会

主要内容有：(1) 态度；(2) 行为；等等。

4. 上课

主要内容有：(1) 课前准备；(2) 听课；(3) 课堂作业；(4) 下课。

5. 课间

主要内容有：(1) 时间：(2) 活动方式；等等。

6. 眼保健操

主要内容有：(1) 姿势；(2) 动作；等等。

7. 午间用餐

主要内容有：(1) 时间；(2) 吃饭要求；等等。

8. 午睡

主要内容有：(1) 时间；(2) 安静；等等。

9. 劳动

主要内容有：(1) 态度；(2) 方式；等等。

10. 放学

主要内容有：(1) 排队；(2) 安全；等等。

11. 家庭作业

主要内容有：(1) 时间；(2) 数量、质量；等等。

三、班级日常行为管理的方法

(一) 榜样示范法

通过榜样来学习规范行为，从本质上说也是观察学习。这里的榜样特指学生自己班级中的榜样，因为自身班级群体中的行为样本更容易得到认同。供班级成员学习的本班中的行为榜样，要靠班主任来树立。但是，在采用这种方法时，班主任不可认为榜样就是班级中一两个优秀的学生，而要逐步扩大榜样行为的人群。当榜样人群足够大时，就会形成行为压力，从而更好地促进所有班级成员习得规范行为。

如果班级管理者感到榜样缺乏模范作用，可能就在于榜样的人数有限，不能对周围的人形成学习的压力。

【案例】

小饭桌中的蒸饺事件

中午我跟黄老师一起值小饭桌。因为小学生本身就爱说话、乱走动，所以吃饭吃到快结束的时候，班级难免有点小乱。如果是我自己在教室，我肯定会敲敲黑板或者用力地喊两声，来把学生们镇压住。但我面前的这位老师没这样做，她态度很和蔼，缓缓地说："老师这里还有一些又大又圆的蒸饺，我看谁表现得好就再多给谁几个，这么光荣的事，咱们一起看看谁第一个得到。"

班级很快就安静了下来，这是我始料不及的。当然说奖励就得奖励，后来黄老师就开始叫名，让他们来领蒸饺。我隐隐约约看到了他们领奖时那骄傲的表情。

（二）行为强化法

"强化（reinforcement）是指对紧随着刺激出现的行为起到维持或者增加该种行为作用的任何刺激"，是行为习得的重要条件。

用以强化行为的强化物是多种多样的。我们在小学低年级普遍看到一种行为管理的强化方法，即给具有规范行为的学生一个印有红花、五角星或笑脸的纸片，也可把红花、五角星或笑脸做成印章，盖在或贴在墙上的表格中等，这些东西就是强化物。到了小学高年级，实物就换成了评分表上的分数。然而，无论是前者还是后者，都是符号性的，这种强化被称"代币强化"。所谓代币，就是替代强化物的符号性的东西，就像纸币一样，代币是可以换取东西的。代币强化的特点在于，学生由于规范性行为积累起来的代币最终可以换得他们所期待的强化物，譬如"三好学生"的荣誉称号。

【案例】

随时奖励小标志

上课时，刘洋表现得很好，老师会说："嗯，刘洋表现得真不错，下课后到我这儿领一颗小标志。"

下课后，王丽主动帮助学习困难的同学，老师会说："咱们班王丽同学真乐于助人，值得我们班所有的同学来学习。王丽到老师这儿领一颗小标志。"

放学时，马佳第一个站好队，老师会直接表扬："同学们，马佳是第一个收拾好东西，站好队的人。好，明天到老师这儿领一颗小标志。"

家庭作业全部做对一次，在书本最前面画一个小五角星，等集够五个了到老师那换一个小标志。

无论是课上还是课下，在学校还是在家里，只要学生表现优秀，老师随时对其进行奖励。通过小标志的奖励，同学们的积极性得到了很大提高，逐渐培养了学生的荣誉意识和竞争意识。

(三) 纪律约束

纪律是把行为规范作以明文规定，并以一定的奖惩措施来予以保证。惩罚措施往往带有强制性，因而具有约束性。班级日常行为管理不仅是帮助班级成员学习规范性行为，也包括以纪律来约束班级成员的行为。

采用纪律约束要有纪律的学习过程，要向班级成员宣示纪律明文。但是，班级纪律不能止于文本，必须让学生经过学习深入了解。

采用纪律约束管理班级组织行为必须措施到位，要做到奖惩分明、公正。通过纪律约束，逐步培养起班级成员的荣辱意识，以便最终产生自律的力量。

第二节　班级环境管理

班级环境是人的环境，也是班级组织的环境，在一个组织中人和环境相互作用。班级日常管理中也要处理人和环境的关系，这就是班级环境管理，主要包括班级规范环境管理和班级物质环境管理。

一、班级规范环境管理

(一) 考勤管理

考勤是维护班级正常教学秩序，建立良好班风的需要。班主任通过对学生的出勤情况进行考察，督促学生自觉遵守纪律。

按时上学，不随便缺课，这是维护学校正常教学秩序，建立良好校风的需要。小学生大都很听老师的话，并且精力旺盛，大多会提早到校的，但总会有个别学生迟到。首先班主任要做的就是调查迟到的原因，一般迟到的原因一是自身睡懒觉或动作太慢，另外就是家长的疏忽。对于前者可以给予当面的口头语言的批评，让其了解准时上学是每个学生必须遵守的，并且要与家长沟通，让家长对学生的生活习惯进行改善。后者原因大都出现在开学初不守时的家长身上，刚开学很多家长还没适应送孩子上学的生活，所以班主任有必要通过电话或短信联系的方法，提醒家长孩子要按时上学的这个事实。对于屡犯不改的学生，可能会出现说谎的现象，这样的情况要及时与家长联系，了解真实情况，并且对其进行全班批评，让他为班级服务一天作为惩戒，使其感受到来自集体的压力，约束自己的行为。

(二) 课堂秩序管理

课堂是实施教育教学的重要场所，为保证教育教学正常进行，必须加强对学生的课堂秩序管理。可以从以下几个方面进行规范。

(1) 课前准备。班主任要训练学生养成课前准备的习惯，一下课就先把下一节课的书本等物品准备好，然后上厕所。对于能够做到这两样的学生进行及时的口头表扬。

(2) 教学活动要求。进行教学活动前，老师要把规矩和细节跟学生说清楚，并且进行示范后再开始活动。

(3) 师生间的交往礼仪规范。教师在教授知识的同时也是在树人，上课和下课的师生问候是必不可少的。并且上课时的师生问候也是一种纪律的整顿，让学生的心思快速地集中到课堂上来。在上课过程中，学生要养成举手发言、认真听讲的好习惯，让他们明白先举手再发言是文明的表现，倾听也是一种美德。

(三) 自习管理

自习课是学生自主预习、复习和完成作业的课。小学的自习课是养成小学生良好自习习惯、培养自学能力的有效途径。班主任应指导学生如何自习，帮助他们培养自习的习惯。例如要先完成课堂作业，并且不要几门功课同时进行，要逐个完成，以提高作业效率。在完成课堂作业的基础上可以复习当天的学习内容，预习下一次课的内容。并且告诉学生，这种自习方法也可以运用到平时在家的学习中。

(四) 考试管理

考试是教学过程的基本环节。通过考试，教师可以对学生的学习情况进行了解，学生也可了解自己的学习情况。考试既有助于教师反思自己教学的成败，及时调整教学策略，完成教学任务，又有助于学生对自己的学习进行自我评价。

考试不仅是学习的问题，也是做人的问题，因为考试也存在诚信问题，反映出对人品的考察，对日常教学活动也会产生重要影响。班主任要做好考试的规范管理。

做好考试管理，班主任要注意以下工作：第一，要重视思想教育，强调考试的目的、意义，形成良好的考风。学生要把学习看作自己的责任，为终身学习做准备，从思想上杜绝考试作弊现象。第二，教师要对学生的考试成绩进行科学的处理，指导学生能通过考试成绩来评估自己的学习水平，及时与教师、同学交流，找到适合自己的、科学的学习方法，有效地开发自己的潜力。

(五) 突发事件处理

班级日常管理中，由于班级的学生人数多，很可能有一些意想不到的事情突然发生，出乎师生的意料，对班级生活产生影响。班主任应做好这些突发事件处理预案，以便妥善、及时做出反应。小学班级突发事件的管理在本书第八章会有详细论述，此处仅对有关学生的惩罚提出几点应遵循的原则。

1. 惩教结合原则

事件发生后，班主任首先要深入了解情况，客观分析，当确定学生有错误时，应及时给予适当的批评和惩罚。批评或惩罚学生时，不能全盘否定，既要帮助学生找出错误的原因，又要耐心鼓励，指出其努力方向。

班主任对学生进行惩罚是不可避免的，但惩罚不是目的而是手段。单纯的惩罚很难完全改变被罚者的不良行为和错误思想，甚至会适得其反，因此惩罚必须与教育结合起来。惩罚前制定好"校规""班规"，"有言在先"，这是前提；惩罚中要进行细致的思想教育工作，做到态度严肃诚恳，道理明了实在，使学生心服口服；惩罚后通过教育，帮助学生树立改正错误、继续前进的目标。

2. 公正合理原则

班主任对班级要明确统一标准，针对学生的差异性进行不同手段的教育。例如好面子的学生一般适合单独教育，然后在班上进行非点名性的教育，这样既让学生记忆深刻，又能让班级学生觉得公正合理。

3. 及时原则

现代教育理论认为，惩罚的部分效果是来自条件反射，而有条件刺激和无条件刺激的时间间隔越短，则条件反射效果越好。所以班主任一旦发现学生的行为有错，只要条件许可就应立即予以相应的惩罚；如果当时的情境不允许立即做出反应，事后应及时创造条件尽可能使学生回到与原来相似的情境中去，师生一起回顾和总结当时的言行，使学生认识到自己的错误，并明确要求他改正。

二、班级物质环境管理

我们这里所说的班级物质环境，实际上是指以物质为载体的环境。在人生活的环境中，并没有纯粹的物质环境，人生活的物质环境总会打上人的烙印，正因为如此，反映了人的状态的物质环境对人有着重要的影响。

(一) 教室环境布置

教室是班级组织存在的物质条件，是班级生活的场所，是班级文化的组成部分。教室应该具有一定的吸引力，让学生感觉舒适。教室布置是美化育人环境，建设班级文化的重要手段，是开展素质教育的渠道之一，对于学生的身心发展、道德品质的形成以及品德情感的熏陶起潜移默化的作用。

创设教室环境是从布置教室开始的，教师可通过在教室内贴上学生的照片、展览学生的作品、养殖花卉等，使教室布置符合学生的特点；也可以发挥学生的参与意识，师生共同把教室创设成学习的乐园。

在教室的布置上，教师要遵循以下原则。

(1) 教室环境布置既要追求新颖、活泼、美观、大方的视觉效果，又要符合班级学生的年龄特征，并力求富有班级特色。

(2) 教室环境布置应注意整体协调，要有明确主题，切忌杂乱无章，缺乏美感。所设计的内容要注意突出知识性、趣味性、实用性和激励性。

(3) 环境的布置既是一个美化的过程，又是一个展示学生学习成果的平台。因此，对教室的布置应该根据班级情况进行动态调整，不断更新变化，让学生在这个过程中不断地获取进步的动力。

(4) 整体设计教室的环境，注重时效性。教室是一个整体性的教育环境，要整体设计，做到整体结构优美，合理利用空间，形式丰富多样，色彩搭配自然。同时教室布置也应与时俱进。

(二) 座位编排

座位编排是指学生日常座位次序的排列方式。座位的编排方式对学生的课堂行为、学习态度、学习效果、社会交往、人际关系以及整个教育活动有着直接或间接的影响。因此，在编排座位和管理上，既要科学又要注意方式方法。

班主任在编排座位时必须遵循以下几个原则。

1. 面向全体原则

教育是面向全体学生的，是让每一个学生得到全面健康的发展。在安排座位时要本着对全体学生负责任的思想，不应该带有任何个人偏见和歧视，不应该考虑来自成人世界的社会上的各种各样的人情关系、功利因素，不能把学生座位的安排变成人际交往中的一个砝码。

2. 性格互补原则

由于小学生的性格正处于形成期，有相当的可塑性和变化空间。将不同性格的学生安排在一起，可以起到性格互补的作用。客观地讲，各种性格各有其优缺点，或外向或内向，或活泼或文静，所谓"近墨者黑，近朱者赤"，相邻座位学生性格有差异，会给他们带来优势互补的机会，有利于全体成员健康性格的养成。具体而言，易出差错的同学，其同桌应配以虑事周密的；默默无闻的同学，应配以大胆活跃的；敢想敢干的同学，应配以优柔寡断的；拖拖拉拉的，应配以雷厉风行的；自私无纪的，应配以自尊自强的；心理浮躁的，应配以性格沉稳的。

3. 帮带互助原则

学生的学习基础有强有弱，学科成绩参差不齐，门门优秀者为极少数，因此，让基础好的学生与基础薄弱的学生坐在一起，学科优劣差异明显的坐在一起。有的同学有了做"人师"的机会，有的同学有了随时请教的对象，"教学相长"，可以起到帮带互助、取长补短的作用，达到共同提高的目的。

4. 营造竞争原则

座位的安排要有利于营造不同层面上的学习竞争气氛。将不同类型的学生分散到教室的各个部位以及不同小组，把男女学生较为平均地安排在不同的小组，能造成小组与小组之间、男女同学之间良好的竞争的氛围。有些班主任在安排座位时，总喜欢让学习成绩好的同学坐在中间位置，而让所谓的"学困生"坐在两旁，这不但不能形成良好的竞争氛围，反而会伤大部分学生的自尊心，同时让所谓的"优等生"显得无所适从，造成学生相互间的关系紧张。我们的竞争要达到双赢的目的，要达到和谐发展、共同提高的目的。

5. 性别交错原则

适当调配男女生同桌或邻桌，不但有利于消除彼此不必要的神秘感，增强激励作用，而且对学生的行为自律可以起到"无为而治"的作用。

6. 自由组合原则

座位是为每一个学生发展服务的，安排座位应当充分考虑学生的个头高矮、视力好坏、自控能力强弱、互助能力高低等个性特点，而对于这些个性特点学生自己最了解。把选择座位的主动权交给学生，让学生自由选择位置，自由选择同桌同学，是建立在尊重个性化发展和良好的人际关系基础上的选择。不仅是对学生上进愿望的信任，而且有利于他们在学习上寻找默契的合作伙伴，加深同学之间的友谊，从而使座位这一教育资源实现合理配置。

7. 综合平衡原则

一个班级由几十个学生组成。性别上有男女之别，成绩上有好坏之差，性格上有外向内向，品质上有优劣差异，体质上有强弱之分，视力上有正常近视，爱好上各有千秋，家庭上有富裕贫寒，基础上有扎实薄弱，学科上有强项弱项，关系上有亲密疏淡，所有这一切都要求班主任做有心人。尤其是刚刚接手的班级，对学生的情况除了在有关书面资料上获得以外，更需要在尽量短的时间里同他们个别接触。当然，开学时的座位可作为临时性的安排，待一段时间后再作具体调整。要尽可能地了解学生各个方面的情况，将它们纳入到安排座位时考虑的因素中。

总之，安排学生座位要求班主任留心学生不同层面上的情况，同科任老师之间保持良好的配合。既要发扬民主，尊重学生的个人选择，也要讲究集中，使班主任成为班级座位安排的主心骨、决策人。要求班主任宏观把握、兼顾全面、综合平衡、男女交错、自由组合，以营造竞争氛围，协调人际关系，发展学生个性。

第三节　学生管理与指导

班主任的管理工作发生在每一天中。如果学生每一天都能按照根据教育目标、学校的规范要求制定的班级一日规范去做，班级自然就会是一个有序的组织。因此，在小学班级管理的实践中，管理者们都特别重视学生一日行为管理。但是，如果把班级日常管理仅仅看做日常行为管理，至少是不全面的。无论从班级组织的社会功能出发，还是从学生的成长出发，班级日常管理决不能仅仅是"规范"，班级管理的根本目标还是学生的发展。这也是班级管理具有教育性的原因所在。因此，班主任在日常管理中需对学生的发展进行指导。学生发展指导包括两个方面：集体指导与个别指导。

一、集体指导

学生的发展并不只是知识的获得，而是作为一个完整的人的发展，完整的人的发展只能在完整的生活中实现。学生在班级组织中的发展也正是在班级生活中实现的。从这个意义上说，小学生在班级组织中的发展就是通过班级生活实现的。帮助学生在集体生活中获得发展，就是学生发展的"集体指导"。

(一) 品德指导

1. 班主任的品德指导是学校德育的要求

品德教育是小学教育的组成部分，它要通过学校教育的多种途径来进行。在小学，这些途径包括：品德与生活(社会)课、各科教学和班队工作。由此可见，班级管理本身就负有进行品德教育的任务。班级管理中的品德教育同专门的品德课和各科教学活动中所进行的品德教育是不同的。在《品德与生活》《品德与社会》课程中，小学生接受系统的思想道德教育，包括提高道德认识、培养道德情感、训练道德行为。在各科教学中，小学生在相关学科的学习中，接受科学态度与价值观的教育。然而，品德的养成并不能只靠课堂教学活动，还必须有生活实践的支持。小学生的品德发展是在生活中实践一定的道德认识，体验一定的道德情感，操练一定的道德行为而实现的。在品德课和各科教学以外，小学生践行道德也需要班主任来指导。

2. 品德指导的任务

班主任品德指导的任务包括以下几点：

(1) 巩固和加强小学生在品德课上获得的认识。

要巩固和加强小学生在思想品德课和其他学科课程中获得的道德认识，班主任要做到三点：第一，班主任在班级管理活动中的言论，要能够支持小学生在课堂上获得的道德认识；第二，班主任在与小学生的日常交流中，引导小学生提高道德认识；第三，创设提高小学生道德认识能力的情境。

(2) 丰富小学生的道德情感体验。

帮助小学生体验道德情感，就要在班级创造一种道德情感的氛围，道德情感的氛围是由班级所有成员共同创造的，每一个成员都在这个氛围的创造中发挥着重要作用。

第一，班主任自己要成为小学生体验道德情感的对象。情感是在人与人的交往中产生的，班主任是学生最重要的交往对象，因而班主任自己就应当是一个充满道德情感的人，让所有的班级成员在自己的身上体验到深刻的道德情感。

第二，班主任要创设一个有着浓浓情意的班级。在班级中，学生的情感体验对象是所有的班级成员，因此，班主任要把班级建设成为一个有着浓浓情意的班级。在这个班级里，不仅班主任关爱学生，任课教师关爱学生，学生之间也相互关爱。

(3) 引导小学生的道德行为，使之养成道德习惯。

小学阶段是人进行道德行为学习的最重要阶段。在班级生活中指导小学生进行道德行为的践行，使小学生的道德行为习惯化，也是班主任的重要任务。养成小学生的道德行为，需要在班级生活中按照道德行为规范的要求创造出规范的学生行为环境，要造成使小学生遵从道德行为规范的团体压力。

引导小学生的道德行为可用榜样示范的方法。榜样只有可亲、可敬、可信，才能使儿童感到榜样的权威性、真实性、感染力，才能使儿童向往榜样、效仿榜样，把榜样的言行当成自己的言行准则。

(二) 学习指导

1. 学习指导是班级组织中心任务的要求

班级是一个学习的组织，因而学习是小学生班级生活的中心任务。小学生的学习不仅有课堂学习还有课外学习，小学生的学习活动不仅在班级内、校内进行，还涉及班级外、校外。虽然课堂学习是小学生学习活动的重要方面，但是课外的学习对小学生的发展同样重要，在某种意义上说甚至更加重要。课堂上的学习可由任课教师负责，但是课外的学习活动却要依赖班主任的指导。

2. 学习指导的任务

各种科目的教学活动是由任课教师承担的，班主任没有必要也不可能去替代任课教师开展教学活动。这里的学习主要指智育方面的学习。智育不仅是指智力因素的发展，还包括非智力因素的发展。如果说任课教师的任务主要是发展学生的智力(当然也不能忽略非智力因素的发展)，那么班主任的学习指导任务主要就是发展学生的非智力因素，同时要重视对小学生的学习方法的指导。

(1) 促进小学生非智力因素的发展。

促进小学生非智力因素的发展，重点要做好以下工作。

第一，激发学习动机。学习动机是直接推动学生进行学习的一种内部动力，学习动机对促进学生学习活动，提高其活动的积极性和主动性具有十分重要的作用。学习动机产生于学习的需要。正如吃饭、休息一样，人本来就有学习的需要。班主任应努力使具有不同水平学习需要的学生，都能够得到满足。

第二，帮助小学生明确学习的意义，提高学生的学习积极性。学习活动的特点是具有目的性，学生学习的目标会成为推动其学习的动力。

第三，要善于激发学生的学习兴趣，增强其求知欲。兴趣是人积极探索事物的认识倾向。学生有了学习兴趣，自然会有效地学习。班主任在学习指导中应有意地激发学生认识的兴趣与好奇心，但要谨防朝三暮四的兴趣和低级的好奇心。

第四，要使学生看到自己学习的进步。当一个人在学习和工作中取得成绩时，会自然而然产生一种喜悦的心情，会提高自信心，使学习和工作的抱负水平提高。小学生更是如此。教师要引导学生看到自己学习的进步，让学生体验到成功。

第五，培养学生学习的意志品质。学习兴趣非常重要，但仅有兴趣是不够的，因为学习毕竟是一种持续的、艰苦的脑力劳动，要学有所得，必须坚毅顽强、刻苦钻研，"锲而不舍，金石可镂"。

(2) 指导学生掌握学习方法。

"教会学生学习"既是教师教学的首要任务，也是教师教学的重要责任。因为学生获取知识不能单靠教师的传授，而应该是在教师的引导下自己去学、去做、去体验，从而获得终身学习的能力，这是现代教学思想的重要标志。班主任应重视对学生进行学习方法的指导。

第一，班主任要帮助学生制定适合自己的学习目标，进行学习的自我规划，正确地进行学习。学生来自不同的家庭，有不同的兴趣、爱好，对学习有不同的认识水平，教师要针对每一位学生进行指导，让他们找到适合自己的学习方法。

第二，指导小学生在理解的基础上进行识记。小学低年级学生不善于自觉地给自己提出识记的目的和任务，教师应特别注意加强指导。教学中，教师一方面要指出哪些字必须会认或会用，哪些课文及段落要背诵或讲述，哪些公式、定理和口诀要熟记，并说明记住这些知识的重要意义；另一方面，对要求学生记住的内容，必须运用多种方式进行检查，既使学生真正地、具体地理解记忆的意义，又要提高学生实际的记忆水平。同时，还要帮助学生在理解识记内容的基础上强记。

第三，指导学生学会思维。学习总是伴随着思维，概念的学习、题目的理解与解答都涉及思维。班主任应指导学生学会思维。

第四，培养学生良好的学习习惯。"少成若天性，习惯成自然"，习惯是在经常性的活动中形成的，是不经意间采取的行为方式，习惯一经形成，就难以改变，会影响学生一生。小学生是形成习惯的关键时期，因此小学班主任要帮助小学生形成良好的学习习惯。

第五，指导学生学会合理安排时间。小学生由于年龄小，对时间的概念、合理利用的意义等不甚清楚，需要教师的逐步指导。

第六，指导学生学会阅读与笔记。指导阅读的方法有：向儿童介绍好书，启发和诱导他们产生强烈的读书愿望；指导读书方法，让小学生学会精读和速读。

第七，指导学生养成参与实践活动的习惯。"纸上得来终觉浅，绝知此事要躬行"，读书是学习，实践也是学习，班主任要有意识地指导小学生养成主动学习、积极参与校内外实践活动的习惯。

(三) 安全教育

1. 安全教育的意义

近年来，儿童意外死亡或其他伤害事件及相关统计时不时会见诸媒体，儿童意外伤害也引起人们普遍关注，甚至成为教育研究者的课题。有关的研究表明，导致小学生意外伤害甚至死亡的原因多种多样，如自然灾害、校园外的滑水、交通事故、突发疾病等。

因为学生的年纪小，他们的安全意识相对薄弱，缺乏辨别是非的能力，自我保护能力差，更容易受到人身伤害。因此，保护好每一个学生，使发生在他们身上的意外减少到最低限度，是学校乃至整个社会共同的责任。

安全教育是班主任必须予以重视的班级日常管理工作。班主任要把学生的安全教育当成头等大事来抓，教育学生遵纪守法，增强安全意识和生存、生活、自防、自救及遇事处理的能力。

2. 安全教育的任务

(1) 安全教育责任。

班主任除对班级学生进行爱国主义、社会主义、集体主义以及基本道德规范等思想政治教育和基础科学文化知识教育外，还要对学生进行安全教育和自护自救教育，让学生掌握一些基本的安全防范、安全自护和安全自救知识。如对学生进行交通安全、消防安全、人身安全、财物安全、饮食卫生安全等教育，班主任不仅自己要牢固树立"安全责任重如山，生命责任大如天"的意识，还要努力使学生树立"安全第一"的观念。

(2) 安全告知责任。

班主任的告知可分为四个方面：

第一，把学校或班级进行的各种活动中有关安全方面应注意的问题对学生进行告知。如实践活动中的行走、乘车、具体的操作注意事项；体育运动中某些项目的危险性，练习设备、器材的安全性能等内容，都应在活动之前告知学生。

第二，把校园及其周边的设施，包括环境中可能存在的安全隐患告知学生。如校园内外维修改造，施工场所或临时搭建的设施，校园内外处所、场地和水电设备可能存在的安全隐患等都应及时告知学生。

第三，把学生的有关情况向家长告知。如学生生病、学生请假离校或缺课、学生间发生纠纷或矛盾、学生的不良习气以及学生发生伤害或意外事故等，都要及时与家长联系、沟通。

第四，把发现的班级内部、校园内部及校园周边存在的安全隐患以及安全事故向学校领导告知。班主任履行告知义务，可积极有效地预防安全事故的发生。

(3) 安全告诫责任。

班主任在教育教学活动中负有对学生告诫的责任。加强对学生思想品德教育，增强学生的遵纪守法意识，规范学生的日常行为，保护学生的合法权益是班级安全管理工作的重要内容。特别是对学生的危险行为或潜在的危险行为要及时地告诫、制止和纠正。

(4) 安全防范责任。

班主任要对班级活动以及教育教学过程中可能出现的安全问题进行防范。如对流行病、传染病的防范，对班级进行的各种活动以及学生之间的矛盾纠纷、校园欺侮，包括隐性伤害在内的预防等。要防微杜渐，而不是亡羊补牢。

(四) 健康指导

1. 保护学生的健康是班主任的责任

世界卫生组织(WHO)指出：健康就是在身体上、精神上、社会适应上完全处于良好的状态，而不是单纯地指无疾病或病弱。也就是说，它不仅涉及人的心理，而且涉及社会道德方面的问题，生理健康、心理健康和道德健康，三方面构成健康的整体概念。没有健康，知识的学习、能力的发展等，都是没有意义的。健康并不能简单地通过教学获得，而要在生活中获得，这也是班主任进行班级日常管理的内容。小学班主任既要重视学生的生理健康，也要重视学生的心理健康，当然也不能忽视学生的道德健康。

2. 健康指导的任务

(1) 生理健康指导的任务。

班主任首先自己要养成良好的生活习惯，以自己健康的生活习惯影响学生的生活习惯。其次，班主任要及时发现学生生理上的问题，及时予以帮助。

班主任要能正确地指导学生保证生理健康，自己一定要掌握有关生理健康的知识。

(2) 心理健康指导的任务。

心理健康是指人的精神、情绪和意识方面的良好状态，包括智力发育正常，情绪稳定乐观，意志坚强，行为规范协调，精力充沛，应变能力较强，经常保持充沛的精力，人际关系协调，心理年龄与生理年龄相一致等。小学生的心理健康主要体现在能够正确地对待自己，正确地对待他人，正确地对待学习，在班级生活中有良好的适应性等方面。

学生的心理健康是一个非常重要也非常复杂的问题，正确地认识学生的心理健康，掌握有关心理健康的知识，并且能够进行心理健康的指导，是很艰巨的任务。班主任要真正承担起心理健康的指导任务，需要经过专门的系统的训练。对学生心理健康的指导应从以下两个方面进行：第一，帮助学生逐步认识自己、认识他人、认识环境、认识自己与环境的关系，从而使小学生能逐步地把握自己与环境的关系；第二，班主任应创设班级的健康心理氛围，心理健康也是环境的产物，健康的心理需要健康的环境。

(3) 道德健康指导的任务。

道德健康也是健康新概念中的一项内容，主要指能够按照社会道德行为规范准则约束自己，并支配自己的思想和行为，有辨别真与伪、善与恶，美与丑、荣与辱的是非观念和能力。

对小学生道德健康的指导应从以下两个方面进行：第一，要回到日常生活、学习生活和文化生活，并用活动来保障实施，在生活道德教育中重视文明习惯的养成；第二，用民族文化、地域文化和学校文化来培育学生的道德精神，树立道德榜样，生成道德智慧。

二、个别指导

教育的目的是促进学生的全面发展。要促进学生的全面发展，固然需要有完善的课程、设备，尤其需要运用各种适当的教育指导方法，个别指导便是其重要的方法之一。班主任在班级管理实践中，为帮助每一个学生都获得可能的发展，要依据班级成员的个别特点给予特别的指导。

以下针对优良学生、普通学生及特殊学生所给予的不同指导方式加以说明。

(一) 优良学生

1. 勉励保持优良的习性

若学生已有许多优良习性，如说话诚实、礼貌周到、热心服务、友爱同学等优良习性，应加以勉励，鼓励其继续保持，且在团体中产生示范作用。

2. 发展特长

当学生已有特殊才能时，可在课间及课外勤加指导，让学生多有表现的机会，使学生本身的专长能得到正常的发展。

3. 鼓励学生立志

当学生做事有条理、有毅力、负责任，有守法及勇敢牺牲等精神时，可多鼓励学生立定个人志向，为实现自己的目标而努力，且予以必要的辅助。

4. 增加责任

对于具备领导才能的学生，可安排其担任班干部，以培养和发挥其领导才能。

(二) 普通学生

1. 鼓励向上

鼓励是沐浴学生成长的阳光雨露。当学生有精神萎靡、不肯用功及生活懒散等现象时，要根据学生的性格特征，多运用鼓励性的语言对其进行引导，激发他们以后行动的信念，看到今后前进的希望。

2. 加强自信心

自信心是一个人获取成功的精神支柱，是一个人成长和成才不可或缺的重要心理品质。

班集体中大多数普通学生由于表现自己的机会少，有的会逐渐遇事胆小退缩，不敢展现自己，缺乏自信。针对这种心理，应利用一切可能的机会，让学生表现自我，发现自我，树立自信，超越自我。

(三) 特殊学生

所谓的特殊学生主要指精神异常学生、身体缺陷学生及行为过失学生。对于特殊学生的指导，可从以下几个方面展开。

1. 寻求真正原因

以各种检查方式，从研究学生家庭、社会背景及学生能力入手，寻找其体力、智力、精神等之所以特殊的原因，从而对症下药。

2. 补救身心缺陷

依据检查及诊断结果发现特殊原因，学生身心有缺陷时，设法请专家予以诊疗以求补救。

3. 平衡情绪

引导学生专心致力于参加健身活动或其他正当娱乐活动，以减低其紧张情绪。

4. 利用环境实行间接指导

利用环境自然地改善学生不良行为，较直接教条式的训话来得省力且有效。

5. 调整作业分量

若学生是因作业量的多寡而逐渐引起精神上的失常，则可依学生的个性、能力调整作业分量。

6. 指导正常活动

当学生做不正当活动时，应诱导其参加正当活动，使其向正当的方向花费精力。

7. 介绍良师益友

学生的行为常会受师长及同伴的影响，若发现学生有不正当或特殊行为时，可介绍良师益友，以此达到潜移默化、互为影响的效果。

第四节　班级日常管理中的奖惩

在小学班级日常管理中，通过实施规范化的奖惩管理制度，可以提高学生学习、活动的积极性，使学生在成长过程中能够合理认清自己的优势和不足，取长补短，激励进取之心；奖惩机制在班级日常管理中的合理运用，也能大大提高班主任工作的效率，促进班级管理水平的提升。

一、班级日常管理中奖惩的类型

奖励和惩罚是教育活动中常用的评价方法，在班级日常管理中班主任也经常使用。那么，究竟什么是奖励，什么是惩罚呢？

(一) 奖励

奖励是对学生行为给予肯定的评价。有研究者把奖励分为赞许、表扬、奖赏三类，这是符合教育实际情况的。

1. 赞许

赞许是管理者用口头语言(如"好""很好""不错"等)或形体语言(如目光、点头、微笑、手势等)对学生的行为予以肯定。赞许在班级日常管理活动中是即时性的。

2. 表扬

表扬是正式地对学生的行为给予肯定。表扬的正式性表现在两个方面：全体的场合，书面的方式。

3. 奖赏

奖赏是依据预先制定的奖励办法对学生行为以物化形式给予肯定。奖赏的正式程度比表扬更高。第一，它是依据预先制定的奖励办法进行的；第二，进行奖励时有一定的仪式；第三，有物化的形式，如奖状、奖品等。

(二) 惩罚

惩罚是对学生的行为作否定的评价。惩罚的方法一般有批评和处分。

1. 批评

批评是以口头语言或形体语言的方式对学生的行为作出否定的评价。班主任在日常管理中所批评的行为，一般是性质轻微的错，批评也是即时性的。

2. 处分

处分是依据一定的规定对严重的错误行为给予正式的处理(记过，警告等)。在小学里处分的情况是很少的。

二、班级日常管理中奖惩的作用

(一) 奖励的作用

奖励可以强化学生符合规范要求的行为，也可以激发学生采取正确行为的动机。通过奖励，学生明确自己的优点和长处，并使其得到进一步的巩固和发扬，奖励也可激发学生的荣誉感、自豪感、自信心和上进心等，有助于学生良好行为习惯的形成和巩固。

（二）惩罚的作用

通过惩罚，学生可以分清是非、善恶，对受惩罚的行为做出回避、退缩、改变的行为反应，以达到克服不良行为、形成良好行为习惯的目的。

三、奖励与惩罚实施时应注意的问题

（一）奖励应注意的问题

1. 奖励要做到实事求是，公正合理

班主任要深入了解具体情况。当学生确实表现好时，就给予恰如其分的表扬或奖励，特别是对于"有问题行为"的学生，更要注意发现他们身上的闪光点，及时表扬鼓励，一视同仁。

2. 奖励要有教育性

奖励要恰如其分并体现教育意义。奖励是一种行为刺激的手段而不是目的，不应使奖励本身成为学生追求的目标；同时，过多地运用奖励不会使学生感到光荣，反而容易使学生对奖励产生满不在乎或无所谓的心态。

3. 奖励要有群众基础，得到学生集体的支持

在奖励中，只有当教师对学生的评价与学生集体对个人的评价相符合，并得到学生集体舆论的支持时，才会产生既教育个人又教育集体的作用。

（二）惩罚应注意的问题

1. 尊重学生的人格，不损害学生身心健康

学生是发展的人、独立的人，教师要在深入了解情况的基础上，用发展的观点对学生的不足进行科学分析。当学生确有错误时，应及时给予适当的批评或惩罚。批评或惩罚学生时，不能全盘否定，既要帮助学生找到错误的原因，又要耐心鼓励指出其努力方向。

2. 惩罚要公正合理

班主任对班级学生中出现的问题，要用统一的标准去评价，但也要注意学生差异，因人而异进行教育。

3. 惩罚要得到学生集体的支持

惩罚也要有群众基础，特别是重大的惩罚，最好是组织学生先进行充分讨论，得到集体的认可，以达到教育个人也教育全体的目的。

4. 惩罚要讲究艺术

惩罚要讲究艺术。譬如，惩罚时讲究适当的时机和场合；缜密考虑效果，做好惩罚后

的引导教育工作；正确选择不同的惩罚形式；如有必要，惩罚时应与家长联系，达成教育的共识，避免造成对学生生理和心理的伤害。

学 习 思 考

1. 班级制度管理包含哪几个方面？
2. 座位编排要注意哪些原则？
3. 奖励和惩罚要注意哪些问题？

第六章 班级活动管理

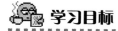

学习目标

1. 了解班级活动管理的原则与功能。
2. 熟悉班级活动的特点。
3. 掌握班级活动的组织和形式。

案例导入

在"玩"中学

要让学生学会玩，学会活动，在"玩"中进行学习。这样的口号在我们学校一提出，便得到了学生、家长、老师的欢迎，我校的活动课也成了学生学习与"玩"的好场所。有不少平时调皮捣蛋的学生也因此学会了"玩"，学会了活动，在"玩"中找到乐趣。就拿学校的武术兴趣活动课来说吧，五六十人的队伍中有一半以上是来自不同班级中的"小调皮""小捣蛋"，他们平时坐不定站不定，老是喜欢给老师找麻烦，可武术队的训练竟然使他们有了不少的改变。老师在司令台上舞剑示范，小家伙们也拿着把小木剑依样画葫芦，转身、起剑、踢腿……做得不好再来一遍，那股认真劲儿还真是有点"忘我"。同学之间相互争吵的少了，操场上三五成群一起练武，你练我看，互相帮助，有时为了一个动作是否标准还争得面红耳赤，最后非要老师再示范一次不可。走廊上晃来晃去的学生少了，中队主题会上，学校联欢会上，外出比赛的舞台上，到处可见学生矫健的身影、飒爽的英姿。难怪有人戏说，你们的同学个个都是"武林高手"。

让学生们在活动中学会"玩"，"玩"出好身体，"玩"出好精神，"玩"出本领，"玩"出水准，即使"玩"需要占用一些学习时间，我个人认为那也是值得的。

☞案例分析：儿童都是喜欢活动的，成功的班级活动不但使学生们身心愉悦，同时也是学生身心成长的重要途径。班级活动和课堂教学是学校教育的两个重要途径，它们相辅相成，又相对独立。课堂教学是以学科知识的教与学为中心的活动，而班级活动则以更广泛的育人为核心，班级活动能为学生提供更多的独立创造和亲身经历的实践机会，同时，班级活动在班级建设中也起着不可替代的作用。

第一节　班级活动管理概述

班级活动是指在教育者的组织和领导下，为实现教育方针和培养目标，完成学校的教育工作计划，组织班集体成员参加的一系列活动。它包括思想品德教育活动、课外活动、劳动活动等。班级活动是班主任向学生进行政治、思想、道德、心理教育的基本形式，是班主任组织、建设学生集体，并通过学生集体来教育和影响学生个体的一种较为普遍采用的教育形式，也是学生个体进行自我教育的一种行之有效的方式。

班级活动作为整个教育过程的必要组成部分，早在我国古代教育史上就有记载。《学记》指出："时教必有正业，退息必有居学。"说明古代教育提倡既有正课学习，又有课外活动，劳逸结合，以便更好地培养学生独立学习的能力。新中国成立后，从理论和实践上都比较重视班级活动。尤其是新一轮课程改革中，更加提倡班级活动在学生发展中的作用。班级活动从外延上看可分为两个系列：一个是课堂学习活动系列，比如听课、自学、小组合作讨论和实验等；另一个是班级集体活动系列，比如晨会、班会、文体活动等。这两类活动在促进学生健康成长的过程中发挥着不同的作用，本章所研究的班级活动特指第二类活动。

一、班级活动的意义

班级活动因活动范围的广泛性、活动内容的丰富性、活动形式的多样性深受学生的喜爱，在教育过程中有其独特的课堂教学所不能代替的作用。

1. 班级活动能促进学生全面和谐发展

学生的发展并不是单方面的，也不是仅有课堂教学这个唯一的渠道。班级活动能够为学生全面和谐发展提供实践的条件和生活经验基础。

(1) 班级活动充实了学生的生活，密切了学生与社会之间的联系，使学生更多地体验与他人、集体、社会的复杂关系，并在实践活动中履行所掌握的品德规范。班级活动能够丰富学生的精神世界，把学生旺盛的精力、浓厚的兴趣、广泛的爱好引导到健康发展的轨道上。

(2) 班级活动使学生学习的领域扩大了，学习机会增多了，从而可以有效地激发学生求知的兴趣。在班级活动中，学生按照自己的兴趣和爱好，采用多种方式，广泛接触现实社会和自然界各种事物，大量接收文化和科学技术方面的最新信息，获得各方面的新鲜知识，在扩大视野的同时得到机会发展自己的正当兴趣和爱好。这些活动不仅有助于学生巩固、加深和扩大课堂内所学到的知识，而且还可以培养学生的创新精神和实践能力，对促进智能的发展有很大帮助。

(3) 班级活动使学生不仅动脑动口，而且动手动脚，身心处于紧张热烈而又轻松愉快的兴奋状态，从而有助于学生身心健康水平的提高，并可使学生受到审美教育，培养劳动观点和习惯。

(4) 班级活动可以促进学生特长和能力的发展。在活动中，学生根据自己的兴趣、爱好和特长，自愿地去选择自己感兴趣又适合自己的活动，这样学生就可以根据需求组织在一起，共同促进，使特长和能力得到充分的发挥。而这也有利于班主任因材施教，促进学生特长和能力的发展。

(5) 班级活动有助于学生自主创新精神的培养。学生是班级活动的主人，有的班级活动需要由他们自己来设计、组织，即便是以班主任为主组织、领导的班级活动，同样需要学生积极参与设计、管理，这些对学生独立工作能力的培养和锻炼都有积极的作用。

(6) 班级活动还可以满足学生交往的需要，使他们在交往中培养起健康的、丰富的感情，学会处理各种人际关系。

总之，开展课外活动是促进学生德、智、体，美、劳全面和谐发展的重要而不可缺少的途径。

2. 班级活动能满足学生多方面的需要，有利于提高教育效果

在学生全部精神活动中，学习活动虽然占据主要地位，但也仅是其中一部分。除此之外，还有属于道德、劳动、体育运动、社会交往、娱乐等方面的活动，它们与学习活动共同构成学生精神生活的全部。教育中人的活动从机能上可分为两个方面：一是认识和理解客观世界；二是主体的自我表现和发展。提高教育的效能应该使这两方面的机能相互协调和保持平衡，学校教育的重中之重——教学必须建立在学生充实的精神生活之上，才能取得良好的效果。学生精神生活的需要是多种多样的，如学习求知的需要、友谊社交的需要、独立自由活动和从事创造的需要，以及对美的享受和娱乐的需要等，这种种需要单靠课堂教学是不可能满足的。开展丰富多彩的班级活动则能从多方面满足学生多种多样的需要，从而使学生感到精神充实，生活美好，进而朝气蓬勃地投身到学习和生活中去。在多种多样的诸如社会、大自然、科技、体育、艺术的班级活动中，学生可以丰富精神生活，获得多种情绪体验，满足了发展自我的要求，使学生身心愉快、积极奋发、充满自信、陶冶情感、磨炼意志。

3. 班级活动是组织、建设良好班集体的有效方法

班级活动有助于班集体的形成。一般来说，组织、形成班集体总是以协调一致的集体工作和有益的班级活动开始的。如果一个班级不开展或很少开展活动，是永远也不可能成为一个真正的集体的。同时，班级活动有助于实现班级教育目标，培养学生的集体荣誉感和责任感，从而促进班集体的发展与完善。班集体就是在实现班级奋斗目标的实践活动中发展和巩固起来的。目标是班集体发展的方向和动力，而组织相应的具体活动则是班集体向着既定目标前进的重要形式。只有在班级活动中，学生才能正确认识个人与集体、个人与他人的关系，培养集体主义精神和对集体的责任感、义务感。如果没有活动，学生就不会感到集体的存在，也就不会主动地关心集体、为集体的利益而奋斗；而有了活动，则促进学生间的交往、团结和班集体的巩固与发展。

4．班级活动有助于形成正确的集体舆论和良好的班风

集体舆论是指在集体内占优势的，为大多数学生所赞同的言论和意见，通常以议论、褒贬等形式肯定或否定集体的动向和集体成员的言行。正确的集体舆论能够助长班级中健康和进步的因素，促使好人好事不断涌现，引导更多的学生努力向上，积极进取，克服和遏制消极和错误的言行，帮助学生明辨是非，激发他们的荣誉感和责任感，有利于维护集体的利益，巩固集体的团结，促进良好的班风形成。正确的集体舆论和良好的班风对于学生的发展影响巨大，在健康、有益的班级活动中，正确的、合理的东西能够得到肯定、弘扬，错误、不良的东西则为大家所不齿。这样，正确的舆论和班风就会逐步形成、发展起来。所以说班级活动是创建班集体的血液，是形成集体主义思想的摇篮，没有活动就没有集体。

二、班级活动的特点

尽管由于各种因素和条件的不同，班级活动在内容、形式和方法等方面表现出多样性，但成功的班级活动都具有下列一些共同的特点。

1．自愿性

学校教育是人类有目的、有计划、有组织的活动，这尤其反映在课堂教学中。课堂教学受教学计划和教学大纲的制约，学生必须按要求学习规定的必修课，不能任意选择。而班级活动则不同，以何种内容、何种形式、何时开展班级活动可以由学生根据自己的兴趣爱好自由选择，自愿参加，教师只能加以诱导而不能强迫。教师可以在学生选择活动时施加一定的影响，进行必要的指导，但不能做硬性规定，更不能强迫命令学生去参加。如果学生对某项活动不感兴趣，一味强求是难以调动学生的主动性与积极性的，也是不利于学生培养个性、发展特长的。

2．差异性

班级活动参与的主体是学生，但学生的兴趣、爱好、智力、才能等又是各不相同的，这就表现出参与主体的差异性。有的学生开朗、活泼，喜欢文艺活动；有的学生性格内向、沉静，喜欢智力方面的活动；有的学生成绩好，但缺乏文艺、体育方面的特长；有的学生成绩差，却有体育禀赋与文艺才能。班主任要善于发现每个学生身上的"闪光点"，并根据学生的个性差异，提供、设计适合他们的活动，以充分发挥每个学生的潜能与特长。

3．广泛性

班级活动的内容十分丰富，不受学科课程标准限制，也不受学科的局限，凡是符合教育要求，又有条件开展的教育活动，都可以纳入班级活动之中，这体现了班级活动的广泛

性。班级活动既有综合性的活动，也有单项活动，可以组织各种科学兴趣小组，搞科技小发明，举办科技讲座，参观科技展览，培养学生讲科学、学科学、爱科学的兴趣；可以开展各种文艺活动，培养学生的审美能力和创造美的能力；可以开展各种体育活动，培养学生坚忍的性格和顽强的毅力，掌握各种运动技巧等。多种活动内容的深度和活动的层次水平没有固定的统一要求，富有伸缩性和多面性。

4．自主性

从班级活动的方法上看，它是学生自己组织、自己设计、自己动手操作进行的，因此具有一定的独立性。在这个过程中，虽然也需要教师的指导和帮助，但与课堂教学是在教师直接组织领导下进行的有明显的不同。班级活动的主人是学生，需要学生自己动手，教师只能指导而不能包办代替。让学生自己组织，自己设计，自己操作，有利于培养学生的组织能力和创造能力。学生通过独立的活动向众人展示自己的能力、成就，能获得心理上的满足，从而进一步增强信心，使积极性、创造性得到更充分的发挥。

5．灵活性

从活动的组织形式上看，班级活动具有灵活性。班级活动的规模可大可小，形式灵活多样。从组织的规模看，有全班、全年级乃至全校性的群众性活动；有各种小组的活动，也可是个人的活动；从具体的活动方式看，可根据学生的年龄特征、知识水平以及学校的设备条件以及指导力量等，采用多种多样的形式，如做模型，采标本，搞社会调查，办各种展览，也可以搞演讲、书评、讲座、报告会等。

三、班级活动的功能

班级活动是班主任实施班级组织建设的重要途径。课堂教学活动是通过课程进行的，管理者就是课程的任课教师，作为班级管理者的班主任对它的管理是间接的，其管理作用表现为协调；而班级活动是由班主任直接组织实施的，班主任对它的管理就是直接的。由此可见，小学班级活动管理是班主任对班级管理的直接体现，也是班主任实施班级管理的主要内容。

班级是一种教育组织，班级活动是对学生进行全面教育的载体，是对全体学生进行德育、智育、体育、美育和劳动教育的有效形式。如：为了培养少年儿童的共产主义理想和道德素质而开展的各种形式的理想道德教育活动；为了促进学生学科知识学习而举行的学科知识的竞赛、讲座活动；为了增强学生体质、磨炼其意志而举行的体育活动；为了提高学生审美能力而组织的参观、文艺表演、艺术才能展示等活动；为了培养学生的劳动观念和动手能力而开展的义务劳动、小制作比赛等，都显示出班级活动的教育功能。通过开展各种内容和形式的班级活动，提高小学生思想道德素养，丰富小学生文化知识素养，促进小学生个性健康发展，培养小学生自我教育能力，已成为班级管理者们通过班级活动管理实践取得的共识。

　　班级活动管理就是班主任组织和开展各种班级活动。班级活动承载着对学生全面教育的重任，但班级活动的教育功能并不是自然而然地产生的，而是管理者赋予它，并且要靠学生内化才能实现的。班级活动是否具有教育功能，具有怎样的教育功能，能在多大程度上发挥其教育功能，这些均取决于班级活动管理者水平的高低。所以，只有当班级活动管理者能够依据教育目标和学生的实际，有针对性地选择活动内容，精心设计活动形式，组织学生充分准备，积极实施，认真进行总结反馈，班级活动的教育功能才可能最大限度得以发挥。由此可见，小学班级活动管理在班级管理中最重要的作用就是能最大限度地发挥班级活动的教育功能。

四、班级活动的原则

(一) 教育性原则

　　班级活动的教育意义是多方面的，它可以是提高学生思想道德水平的，可以是开发智力的，可以是提高实际操作能力的，可以是增强审美情趣的，也可以是强身健体的，等等。好的班级活动应发挥教育的综合功能，使学生获得真正的教育，获得实实在在的发展，或增长了知识，或陶冶了情感，或培养了良好的品行。

【案例】

"我能行"

　　小李是个女孩子，比较文静，上课不敢举手回答问题，生怕出错，且因好玩偷拿了同学的笔、作业本受到过批评，因此她总觉得自己不如别人，什么也做不好，更是从不在他人面前展示自己。我有意观察她，偶尔有一次，我发现她搞卫生特别认真，把桌子腿儿底下也扫得干干净净，就连别人注意不到的地角线与墙之间的灰尘也顺手扫干净了。我很高兴，并在全班同学面前表扬了她。后来学校举行拔河比赛，在选拔运动员时，我推荐她参加，她说："老师，我怕不行。"我说："你身体结实，论个头和别的同学差不多，老师相信你能行。"在我的支持和同学们的鼓励下，她成了拔河队的一员。比赛中，大家齐心协力，获得了胜利，她的笑容里也流露出了"我能行"的自信。从那以后，她好像找回了自信心，每次活动都积极参与，而且她的作文还在四年级作文竞赛中获得了二等奖。如今一年过去了，经过教师的教育和引导，她不仅改掉了偷拿别人东西的不良习惯，而且在班上表现得非常积极，上课发言时声音大，表演节目胆子大。现在她常说的是："我能行!"

(二) 主体性原则

　　在学校教育教学活动中，教师为主导、学生为主体的原则，已被广大教师所认可。在班级活动中充分发挥学生的主体作用，让学生成为班级活动中的主人，班级活动的教育作用才能取得良好的效果。

瑞士儿童心理学家皮亚杰(1896—1980)认为，儿童活动的自主性是儿童认知发展尤其是个性形成的关键。他说："传统教育方法与新的教育方法的对立，乃是被动性与主动性的对立。"他批评传统学校不尊重学生自主性的做法，"传统学校无论在理智方面还是道德方面，都把一切社会化的过程归结为一种约束机制了"。他说，儿童能够在他们自己的社会，特别是在他们的集体活动中，使他们自己服从一定的规则。"他们对于这种规则比对成人所发出的命令还要更加坚强和自觉地予以尊重。"这种活动最有利于促进儿童养成"批判态度、客观性和推理思考的行为方式"。

(三) 多样性原则

小学阶段的学生正处在一个求知欲旺盛，好奇心强，兴趣广泛，活泼好动，追求新异的阶段，因此，在组织班级活动时要充分考虑学生的这些特点，体现活动的多样化。班级活动要达到理想的教育目的，就必须注意活动内容、形式、组织方式的多样性。

1. 活动内容的多样性

开展班级活动要兼顾学生德、智、体、美、劳各方面的素质，使活动既有教育性又有趣味性。如一个班级在制订活动计划时，主线是通过活动促进学生全面发展，具体安排上既有思想教育方面的"一日常规我知道""集体在我心中"活动，又有学习方面的"智力竞赛"活动；既有发展体能的"乒乓球比赛"活动，又有图文并茂的"手抄报汇展"，还有"科技小制作"班会。活动内容多样化，使不同类型的学生都有施展的机会，心理上有成功的体验。

2. 活动形式的多样性

学生喜欢求知、求新、求实、求乐，因此，班级活动形式要丰富多彩，变化新奇。如班级活动内容是"心中有他人"，形式上可多样：可以是故事会，讲英雄模范的事迹；可以用文艺演出的形式，把本班同学做的好事编成小节目表演出来；可以去给退休老人送温暖。在一个活动中也可运用多种富于变化的形式，如中秋佳节时可以安排化妆晚会，有歌舞表演、民间传说介绍、即席演讲、谜语竞猜、点蜡烛、吃月饼等多种形式，让所有参加活动的学生都感受团圆，体验快乐。

3. 活动组织方式的多样性

除了集体活动，还可以是小组活动、社团活动，甚至是三五个人自由结合活动，兼顾学生的兴趣、爱好、发展需要，让活动更有实效性。

(四) 整体性原则

整体性是指班级活动的内容、活动的全过程、活动的教育力量都要成为一个系统，用整体的教育思想指导整体的教育活动，达到教育目标实现的整体性和学生身心发展的整体的最高境界。

从活动内容看，要有整体教育的考虑，要包含德、智、体、美、劳诸方面活动，形成全面的信息网络，使学生得到多方面的教育和发展。

从活动的全过程看，整体活动和个别活动是辩证统一的。就一次活动来说，只有从酝酿、设计、准备阶段发动学生全身心地投入进来，活动实施时才会有激情，教育性也就蕴涵其中了。从整体活动看，活动之间也应有一个系统性和连贯性的安排。在系列活动中，每一个活动的结束成为后一个活动的起点，后一个活动巩固、强化前一个活动的教育影响。这样一环套一环，循序渐进地进行活动，整体教育效果就显露出来了。

【案例】

丰富多彩的系列活动

开学初，学校计划第十周左右举行一次"爱祖国、爱家乡、爱校园"的学生歌唱比赛。许多班级是在第九周进行了突击式的集训，我却在第一周就进行了爱校爱班的主题班会。让学生读校训，说校风，介绍爱班爱校班级先进人物，出了一期"我身边的爱班模范"的专题板报。开过主题班会后，让学生从不同的角度展示自己的爱班风采。第二周以后陆续开展了"我爱亲人，我爱他人"等活动。为了净化学生的心灵，我在班级里开设了"读书时光"，设置了"读书角"，进行了"图书漂流"活动。学生坚持每天摘抄一句名言，放学前阅读一篇美文，考试前读几个幽默小故事或者笑话放松紧绷的弦。一篇篇文章像是一下子化身为许多优秀班主任，引导学生在爱的海洋里畅游。在学校比赛的前两周，我让学生选出自己最拿手的歌曲表演，然后进行歌曲大串烧。会唱的用多种形式唱，不会唱的配合表演，让每个学生各展所长，三分钟融合了十首歌。这些活动既丰富了全班师生的文娱生活，又促使学生在德、智、体、美等方面实现了综合发展，使校园文化更加丰富多彩，有力地推动了学生素质教育的开展，得到了学校的高度赞赏。

从教育力量看，班级活动要尽可能地发挥学校、家庭、社会的整体教育功能。要争取科任教师的支持，向他们咨询，请他们协作。还可以经常请家长参加班级活动、作报告、出竞赛题、给学生写信、班会中发言等。在争取社会力量配合时，可采取"请进来""走出去"的方法，如邀请解放军、科学家、先进青年等到班里来座谈，或者走访革命前辈、科技园区的创业人士，和退休的老人联欢，参观博物馆，进行环保小调查等。

(五) 操作性原则

开展班级活动要注意它的可操作性，主要体现在以下几个方面。

1. 要注意班级活动的规模

班级活动从规模上看，有日常的活动，也有主题突出的活动。日常活动基本上是每天要进行的，因此要短、小、实。短，即时间短，一般三五分钟；小，即解决小问题，或针对班里的情况一事一议，或对一种行为展开评价，或背诵一首古诗，或表扬一个同学；实，即解决问题要实际，一次集中解决一个问题。

2. 要注意活动的频率

一学期班级主题活动的次数不能过多，也不能没有。活动过多，学生很大精力花在活动上，必然会冲击学习，会造成一些人静不下心来学习；活动过少，学生会感到枯燥、乏味，滋生一些不健康思想。至于活动多少为宜，要依据具体情况具体分析。

3. 班级日常活动要形成自动化操作

班级上操、查卫生、主持"每日一说"、读"班级光荣簿"等，每天有专人负责，固定时间进行，操作就简单了。每一次大的班级活动，事前要制订详细的方案，谁主持、谁发言、谁表演、谁录音、谁投影、谁总结都要事先安排，这样，操作起来才能有条不紊，顺利进行。

第二节　班级活动的组织与形式

一、班级例会

(一) 班级例会的形式

班级例会是班级组织实行民主管理的例行班会，是属于班级的常规活动，主要有一般性班会和晨会两种。

1. 一般性班会

一般性班会是最经常的一种班级活动，主要围绕班级运行中的常规问题而展开，如学期初举行的班务工作计划，每月或期中进行的班级建设评价，或讨论班级中大家关心的问题等。

2. 晨会

晨会是在每天早晨上课前进行的活动，主要安排当日活动，如值日生讲评，简短的表扬或批评，通报重要信息等。形式不限，可以是班主任主讲，也可以是值日生汇报，或三分钟演讲等。

(二) 班级例会的组织

1. 根据班级建设的需要安排班级例会内容

班级例会作为班级管理的一条重要途径，班级管理的事务性内容一般被安排在班级例会中。如：开学初，听取同学对学期班级工作计划制订的意见，讨论制订学期班级工作计划；制定班级规章制度；民主选举任命班级干部；布置班级近期工作；处理班级日常事务；

对班级、干部和同学的状况开展表扬和批评；学期结束时进行民主生活，总结班级工作，评选先进，等等。

2. 根据班级例会内容确定活动主持人和其他工作人员

班级例会如果是布置工作或进行常规教育，一般由班主任主持。如果是进行干部、三好学生的选举，制定班级规章制度，由班主任或班干部主持均可以。主持人对制订计划、规章制度的目的和要求应十分明确，并在发动同学讨论前向全班同学宣传；要善于调动同学们发言的积极性，能够听取并善于及时归纳同学们的意见。如计划讨论或制定规章制度，要事先指定好会议记录人，以便在讨论时能及时准确地记下同学们发表的意见和建议。如果是民主选举活动，要事先安排好统计人员。

3. 做好班会活动的相关准备工作

如果是制订工作计划与规章制度的讨论，一般事先应拟好初稿，以便在例会上提请全体同学讨论，提出修改意见。如选举班干部、评选三好学生，事先要制定明确的参与选举或评选的候选人的条件，以及候选人产生的方法，在正式选举或评选前，将候选人推举出来。要考虑好便于操作的选举和评选方法及步骤，确定何时公布选举和评选的结果。

4. 民主、高效地组织活动

班级例会要追求高效。班级例会内容一般比较琐碎，因此必须安排好会议议程，认真进行组织。活动时要讲究效率，保证完成预定活动议程。

班级例会要坚持民主。小学生活是小学生接触社会的第一课堂，也是启迪、培养民主精神最初的课堂。班级例会进行讨论选举时，要坚持民主，不能老师一言堂，个人说了算；要充分尊重小学生的意见，尤其对少数人的意见要认真听取，做好解释和说服工作。

二、主题班会

主题班会是班会的另一种形式，主要是根据班级学生的年龄特点和成长中的实际问题，拟订一个大家感兴趣的主题，经过充分的准备而实施，与班级例会相比，它具有较强的针对性。

【案例】

班级主题活动：父母是无法选择的

担任班主任工作已有一年多的时间，这期间我印象最深的是部分学生以自我为中心，有很强的虚荣心，不懂关心他人，不懂感恩，不能正确对待自己的父母，甚至瞧不起自己的父母。

我十分地震惊，一个个天真活泼的少年如此早就被世俗浸染。我又想起了另外一件"小事"：一位学生的父亲是残疾人，靠开三轮车维持全家生计。父亲有时候来学校接他，可他宁可走路回家，也不坐父亲的三轮车，甚至连见面都不打招呼。有一次，在帮助一个学生完成作业后，天色已晚，出于安全考虑，我临时决定送他回家。临近他家时，我问哪个是他家的房子，他就指了一栋很漂亮的房子说那就是他家。我想，平时工作很忙，不妨就趁这个机会去一趟他家家访，但是他执意不让我去。在我的坚持下，他只好带我去了。令我惊异的是，他家不是那个漂亮的楼房，而是旁边低矮破旧的小平房。

针对这些现象，我觉得有必要在班级中开展一次"父母是无法选择的"的主题班会，并且要求他们做三件事情：

一、记录父母一天的所作所为；

二、任选一个班，调查班上前十名的学生中有多少是普通农民工的子弟；

三、搜集出身贫寒却做出了一番大事业的人的事迹。

后来就开了班会，在班会上，很多同学说出了自己的心声：

"父母亲很辛苦，起早贪黑地在菜市场上卖菜，而我却从来不帮忙，还怕别人知道自己的父母亲是菜贩子，觉得很没有面子。我想我以后肯定不会了，我要开始学会在课余时间帮爸爸妈妈做事，减轻他们的负担。"

"这个世界上唯一不抛弃我们的就是父母亲，他们辛辛苦苦地把我们养大，有好吃的都会留给我们吃，而自己却舍不得吃。我想我的父母虽然清贫，但是我觉得我很骄傲，因为他们是这个世界上对我最好的人。"

"觉得我以前和别人攀比是不对的，虽然我家境很好，但是还经常会埋怨父母亲没有给我提供最好的环境。现在想想，我以后真的要改正，父母亲都是不容易的，得学会感恩地去面对父母。"

在班会之后，我发现那些平时羞于谈及自己父母的学生也能挺直腰杆侃侃而谈，看到同学们紧锁的眉头舒展了，我也笑了。是啊，一个人战胜自我，获得心灵的解放，是多么了不起的事情。

(一) 确定主题班会题材

1. 以学生的困惑为题材

学生的困惑包括两个方面：一是学生自我成长过程中的困惑。受市场经济的影响，当今学生的道德观念和过去相比已发生了很大变化，相当一部分学生的道德观念和道德行为有弱化的趋势。同时，成长中的人在每一个阶段都会出现依靠自己不能解决或者不能正确解决的问题。对于学生来说，同伴群体在自我意识的形成与发展中起着越来越大的作用。作为教师，要引导学生群体确立正确的、科学合理的群体目标、规范和价值，作为约束和调整个体行为的指南，同时也是个体发展理想自我、进行自我评价的重要依据。比如，越来越多的农民工子女在城市学校就读出现的不适应问题，不少学生沉迷于网络而不能自拔的现象，教师都可以设计班级活动，通过同伴互助的教育方式，达到教育的目的。二是学生的好奇心。学生对生活中的各种现象具有广泛的好奇心，非常关注，并时常产生一些问题。在设计和实施班级活动中，教师常常以学生的问题为载体创设问题情境，引导学生亲历"问题"，使学生对班级活动产生强烈的真实任务驱动效应，让学生在问题冲突中反思，从而找到解决问题的途径和办法。

2. 以学生关心的热点、焦点为题材

学生关心的热点、焦点问题是设计班级活动的题材之一。学生一方面喜欢盲从，一方面渴求不同，这些热点、焦点背后有着学生强烈的情感，承载着学生的价值取向，如何因势利导，将学生的情感、态度、价值观引导到正确的方向上来，是设计这类班级活动的目的。比如 2005 年的夏天，"超女"现象席卷中国，记者对长春市近 100 名中小学生调查，95%的学生知道这个节目，90%以上的学生在周五守在电视机旁观看这个节目；50%以上的学生给支持的选手用手机投票。广大的中小学生被卷入这股狂热的浪潮之中，在追逐的背后，隐含着中小学生追求时尚、标新立异的追求个性化心理；同时也折射出追名逐利的世俗化、功利化的社会价值观对中小学生的巨大影响。一些有敏锐观察力的班主任就以此设计班级活动，进行正确引导。

3. 以本地资源为题材

以本地名胜古迹、人文特色作为设计班级活动的载体。比如文化古迹、历史遗迹、革命遗址、风景名胜等。班主任可以根据本班的实际情况确定开发和设计的目标及内容。

4. 以传统节日为题材

中国有 56 个民族，每个民族都有自己的节日。班主任以学生关注的传统佳节为载体设计主题活动，使学生在亲历班级活动过程中加深对传统节日的理解和认识，增强学生的民族精神、文化素养和人文情怀。比如在母亲节，开展"孝父母，敬长辈——为父母洗脚"的活动，就是一次丰富的情感体验，带来的是内心的喜悦，激励学生为父母做更多的事情。

(二) 制订周密的计划

一般来说，在学期或学年之初，班主任就要根据学校教育的要求和班级的实际情况，对一个学期或学年的主题班会作出安排，大致勾勒出活动的计划，但具体到每次班级主题活动，则要与学生共同讨论后作出更为周密的计划。

1. 给活动起个好名称

班会的主题确定以后，给活动起一个什么样的名称，会影响到活动的成效。一般来说，这个名称要反映主题，能充分体现主题活动的要求。主题名称切忌政治化，要直观、醒目、生活化、趣味化，使学生闻其名便有亲切之感。

2. 确定活动的形式

好的主题班会必须由好的形式来表现。主题班会的形式依据内容的不同有不同的种类。

(1) 演讲。这种形式的特点是以学生的活动为主，能充分调动学生参与活动的积极性，锻炼学生的多种能力，有相互影响、相互促进的效果。但是这种活动由于是以学生的语言表达和组织能力为基础，因此，只适合小学高年级学生采用。

(2) 报告。这种形式适合于各个年级的学生，可根据主题要求不同，聘请不同的人士做相关的报告，如英模报告会就是常用的一种。

(3) 竞赛。可根据学校、家庭、社会的情况，结合学生的思想、学习、生活，组织专题竞赛，让学生在竞赛中学习知识，受到教育。

(4) 表演或观看录像。可围绕某一主题，对学生进行形象化的教育。

另外，还有座谈、辩论、参观、走访等形式也都可作为主题班会或主题队会的形式。

3. 确定活动的时间和活动的场所

活动的时间安排至关重要。日常活动是每天都要进行的，例如，劳动活动、每周一歌活动、课前五分钟演讲活动等。主题班会活动一般是一个阶段搞一次，具体时间既要考虑到学校整体的安排，也要结合班级内部的实际情况。总之，一学期班级活动的次数不能过多，也不能没有，要依据具体情况具体分析。

活动场所事关教育氛围。对于比较严肃的主题，最好选择在安静、少干扰的室内进行；对于形式活泼的内容，则可选择在开放式的场所。

4. 确定参与人员的角色

活动由谁主持，哪些人发言或表演，是小组式还是个人式等，在活动计划中都要有说明，有安排。

(三) 做好充分的准备

准备过程本身就是一个教育过程。计划是以文字的形式描述活动的程序和安排的过程，而准备则是计划实质性的落实阶段。

1. 物质准备

物质准备包括选择场地，落实场地器材、多媒体课件(视频、图片、音乐)，布置会场。

2. 人员准备

人员准备主要是对活动中的人员职责、角色进行分工，这个分工是要尽量体现职责和角色的公平性，尽量给每一个学生都有承担活动所要求的角色的机会，做到人人有岗位，个个有职责，既发挥特长，又尽自己的义务。尤其是对一些活泼好动、比较调皮、集体观念不强、性格内向但有特殊才能的学生，更要给他们分担一定的工作，为他们创造表现、锻炼和受教育的机会，使他们在活动中增强责任感、自尊心和自信心。

(四) 举行班级主题活动

在做了充分准备工作的基础上，把富有感染力的情境、新颖有趣的形式和具有针对性的主题紧密地结合在一起，开始举行主题班会。在活动过程中应以学生为主体，教育者起引导作用，使活动全过程形成一个"动之以情、晓之以理、启之以思、导之以行、持之以恒"的良性流程。

(五) 总结巩固成果

班级主题活动结束以后，教师应与学生一起对活动的实施情况和结果进行分析、总结和评估，肯定成绩，找出不足，巩固班队会活动的成果。有的班主任要求学生将主题班会写成日记和作文，或出墙报，以加深学生的印象。这些都是比较好的可供借鉴的成果巩固形式。

【案例】

以 "爸爸妈妈的口袋" 为主题的班会活动方案

在现实生活中，学生都曾经向家长提出过这样或那样的愿望或要求，一旦愿望不能达到就不依不饶。我想从学生的生活实际出发，邀请家长参加活动，通过引导学生进行自主活动，讨论探究以及合作交流，使学生了解哪些要求是合理的，哪些要求是不合理的，初步懂得爸爸妈妈口袋中的财富并不是取之不尽、用之不竭的，学会从父母的角度去思考，要体谅父母、理解父母，不向父母提过分的要求。

一、谈话激趣

(1) 问题：假如爸爸妈妈有一只像圣诞老人那样神奇的大口袋，你们最想从爸爸妈妈的口袋里得到什么礼物？

(2) 小组内交流，再把最想得到的礼物用纸画下来或写下来，装进"爸爸妈妈的口袋"里。(教具出示：一只口袋)

(从儿童喜爱的人物入手，充分发挥学生的想象力，调动学生活动的积极性，使课堂充满趣味。)

二、引导学生探讨

1. 探讨学生提出的愿望的合理性

(1) 请一名学生从口袋中抽出一份愿望，并出示给大家看。

问题：如果是你向爸爸妈妈提出这个愿望，你认为他们可以帮助你实现，还是难以实现你的愿望呢？

(2) 说说你们各自的理由。

(3) 再请几位学生从口袋中抽出几份愿望，同学们判断选择，说出各自的理由。

(4) 让同学们想一想为什么有的同学提出的愿望可以实现，而有的同学提出的愿望却难以实现。

(5) 小结：合理的愿望父母总是尽量满足我们，不合理的要求使父母很为难。

(引导学生从自身出发，根据家庭情况、兴趣爱好的不同做出相应的选择判断，并有理有据，大胆地发表自己的观点。)

2. 与家长对话交流，引导感悟

(1) 当你提出的要求遭到父母拒绝时，你是怎样想、怎样做的？爸爸妈妈又是怎样说的呢？

(2) 你们想知道爸爸妈妈真实的想法吗？

(3) 家长与学生互动交流。

(4) 其他的同学想知道爸爸妈妈为什么拒绝了自己的要求吗？爸爸妈妈将他们的想法写在了信里，装进了"口袋"，快拿出来看看吧。(学生读信，交流读后的感受。)

(通过与家长的对话交流，以及阅读爸爸妈妈的信，让学生获得多方面的内心体验，在与亲情的交融中感悟，在与同学的交流中深化。)

3. 探讨领悟"爸爸妈妈的口袋"里还有什么

(1) 想象一下，爸爸妈妈的口袋里除了装着我们的愿望，还会有什么。(出示口袋，分到各组去摸一摸。)

(2) 你们摸出了什么？这些支出中哪些是必须付出的，哪些是可以削减的？(小组讨论。)

(3) 从这个活动中你想到了什么？

(通过"摸口袋"的活动，使学生知道父母的口袋中的收入是有计划安排的，不应向父母提过分的要求。)

三、动手活动

假如你也有一只神奇的口袋，能装进一件礼物送给爸爸妈妈，满足爸爸妈妈的一个愿望，你最希望装进去的是什么呢？

(学生动手实践，可画、可做、可写。)

(教师创设宽泛自主的空间，引导学生用各种形式表达对父母的爱，发展学生的思维和动手能力。)

四、活动评价

(1) 学生是否能大胆清楚地表达自己的观点。

(2) 学生是否能从父母的角度去思考，体谅父母的难处。

☞**案例分析**：这是一节德育活动课，也是一次主题班会。老师站在解决学生生活实际问题的出发点上，选择具有引导意义和超前意义的内容进行开发，形成一系列精彩课例。比如，她在学生中广泛调查发现：学生存在相互攀比、以自我为中心、不能体谅父母的现象。针对这一典型问题，老师设计了生活指导类班会活动"爸爸妈妈的口袋"。从学生实际出发，围绕孩子们生活中消费的种种现象，以情感体验为线索，创设师、生、家长平等沟通、真诚交流的情境，让师、生、家长三方在丰富深入的交流中彼此理解和认同，引导学生领悟爸爸妈妈口袋中的财富并非取之不尽、用之不竭的，学会从父母的角度去思考，不向家人提出过分的要求，体谅父母，理解父母，唤起内心的真情，感受美好的父母之情、师生之情、子女之情。整节活动课始终从学生熟悉的现象出发，让学生观察、交流、发现，从而让学生自省自悟。内容本身来源于学生生活，又在学生日常生活的基础上有所凝练与提升，并最终达到解决学生实际生活问题，指导学生更美好地生活的目标。

三、文体活动

文体活动主要以丰富学生的课余生活、活跃班级气氛、增进心理交融、增强班级的凝聚力为目的。主要形式有诗歌朗诵会、音乐晚会、故事会、文娱晚会、理想晚会、庆祝节日的联欢会，还有体育竞赛、各种文体兴趣小组活动等。一般而言，活动前要有策划，节目应事先排练。班主任和任课教师要争取有自己的节目，教师的积极参与，有利于营造良好的气氛。

【案例】

难忘的班级活动

新疆教育学院实验小学三(1)班　王泽楠

这周六，我们三年级(1)班在家委会家长们的组织下，搞了一次户外活动。

首先，史老师和胡老师带领我们去昌吉农业博览园游园赏花。一进园区的花卉展馆，各种各样的树木、花草就映入了眼帘，有非洲菊、蝴蝶兰、红掌、凤梨，还有挂着一串串诱人香蕉的香蕉树，简直太漂亮了！我带着照相机，每到一处景点，我和同学们都会争先恐后地抢拍最好、最美的画面。

除了参观，我们还举办了体育活动。让我最难忘的是拔河比赛，因为这项运动考验的是我们的团队协作能力。首先，爸爸和几位叔叔在休息区的空地上摆了一根又粗又长的绳子，绳子的中间还系了一条红丝带。第一场是男女生对战。比赛快要开始了，同学们个个摩拳擦掌，跃跃欲试。只听唐慧阿姨一声哨响，热闹的休息区顿时沸腾了。我们男生个个都叉开小腿，微微下蹲，紧紧地握住绳子往后拉。史老师、胡老师还有家长拉拉队都在卖力地给我们呐喊加油。女生们也不甘示弱，每个人的脚下像灌了铅似的，稳稳地钉在地上。渐渐地，红丝带慢悠悠地向女生阵地靠近，我们男生终于因寡不敌众，败下阵来。这次拔河比赛，虽然我们男生没有获得胜利，但我们每个参加比赛的同学都收获了一份大礼，这就是快乐！这是运动给我们带来的快乐，让我们懂得了"团结就是力量"的含义。

我期待着下次的班级活动，相信下次一定能收获更多……

四、学习活动

这里所说的学习活动，主要是指为了调动学生学习的积极性，扩大学生的知识视野，以班级全体成员为对象而开展的活动。

1．作业展览

在班级一角设置作业展示栏，可以张贴学生得意的作业，也可以是教师推荐的作业，面向所有学科，请学生作评判，重在对学习成果进行交流，认真学习别人的长处，提高学习效果。

2．学习经验交流会

可以邀请本班、其他班级或其他学校学习优秀的同学来讲述其学习心得，也可以请学习进步比较大的同学交流学习的经验。

3．学习方法指导

一般采用讲座的形式，请任课教师或者同学就某一科的学习方法作具体介绍，也可以从综合的角度说明有效学习方法的一般步骤。

4．知识竞赛、智力竞赛

主要结合学生的学习和发展特点来开展，出题、组织竞赛、裁判可以完全由学生来负责，教师做好指导工作即可。

5．课外阅读活动

由任课教师或班主任推荐阅读书目，成立班级图书园地，可以定期或不定期举行读书交流会。

五、科技活动

科技活动的开展主要是为了丰富和开阔学生的视野，满足学生的求知欲和多方面的兴趣爱好。

1．科技参观

组织学生参观当地的自然博物馆、科技馆，看科普电影等。

2．科技班会

科技班会是主题班会的内容之一。与任课教师或科技辅导员配合，以科技实践或介绍科技新成就为主，如生态、地质、环保、计算机等方面的内容。

3．科技兴趣小组

可以选择组织电子玩具制作、教具制作、天文、地理、数学、物理、化学、生物、航空模型、计算机等小组。

六、社会实践活动

社会实践活动是学生接触社会，观察了解社会，增长知识，增长才干的有效途径。班主任应有计划、适当地组织学生走出校门，走上社会，培养社会责任感和义务感。

1. 参观访问

参观访问工厂、农村、部队、重点建设工程、英模事迹展览、著名文物古迹、纪念馆、博物馆等。

2. 社会调查

社会调查活动比较适合于高中学生，主要针对学生在思想认识上的问题选定调查课题。调查之前要做充分准备，制订调查计划，列出调查提纲，对调查所得的数据和资料进行认真的统计、分析，并要求学生写出调查报告。

3. 社区服务

社区服务主要与学校所在的社区联系适合学生服务的项目。

七、劳动活动

树立劳动的观念，培养劳动的习惯，是开展劳动活动的重要目的。

1. 自我服务性劳动

一是家务劳动，要求学生在家中自己的事情自己做，学会并承担收拾房间、洗衣、洗刷餐具、做饭等家务，二是学校内的自我服务性劳动，如班上值日、饭厅值日、宿舍值日以及建校劳动等。

2. 社会公益劳动

班主任根据学生年龄特点和社会需要，组织宣传遵守交通秩序，节假日帮助社区整理环境、打扫卫生，帮助军烈属、孤寡老人、病残人打扫卫生以及种花、植树、除虫等。

3. 组织服务性劳动小组

组织服务性劳动小组，如学雷锋小组、理发组、木工维修组、自行车修理组、修鞋组等。

至于学校根据有关规定安排的劳动技术课、生产劳动和社会实践活动，班主任要坚持组织学生积极参加，并达到规定的要求。班级活动的形式灵活多样，重要的是班主任要充分发挥自己和学生的创造性，使班级活动丰富多彩。

八、游戏活动

(一) 游戏活动的意义和类型

1. 游戏活动的意义

在为儿童组织活动时，常常忘记那些最为学生喜闻乐见的游戏活动。游戏是人类最基本的、对人的发展具有重大影响作用的活动。游戏可以愉悦儿童的情绪，同时能够给予儿童许多知识，培养儿童良好的品格。在游戏中，由于游戏本身的趣味性，它吸引儿童积极探索和操作，发展了儿童的主动性；由于每种游戏都有必要的规则，这样就能使儿童养成合作、公正、诚实的品格；游戏中，要求同学之间相互配合，这对培养集体纪律、团结精神有重要的作用；游戏的趣味性特点成为发展儿童智慧的绝好途径。儿童入学以后不会立刻改变他们爱玩的天性，也不会忘记他们游戏的体验，他们仍渴望着游戏。因此，应该让儿童得到有趣而愉快的游戏，保持儿童对生活的乐趣。游戏比学习更适合儿童的年龄，在教学过程中，利用游戏能不知不觉地使儿童从自由生活方式转入学校生活方式。

如何通过组织有益的游戏活动，促使学生的个性发展，培养他们的创造才能，这是教育者必须认真思考和着力解决的现实问题。目前欧美国家的一些小学中，几乎看不到传统的课堂授课形式，他们的课堂几乎就是一个游戏室，课本的内容几乎就是一个个游戏。这是值得我们思考的。

2. 游戏活动的类型

依照不同的标准，可以将游戏活动分成不同的类型，教育者可以根据教育的需要进行选择。依据游戏的教育目的，可把游戏分成智力游戏和体育游戏。智力游戏是指以发展学生智力为主的游戏。体育游戏是指为发展学生体力而进行的游戏。不论何种类型的游戏，其中都包含道德教育内容。另外，依据载体的不同，游戏还可分为印刷游戏和电脑游戏。

(二) 组织游戏活动的要求

游戏活动不同于一般的儿童玩耍，要使它有教育意义，教育者必须给予认真而细致的指导。考察国内外学者对组织学生游戏活动的要求，教育者必须做到以下几点：① 不要"以指使"方式布置游戏。"指使"会使儿童游戏的情绪服从于教师的命令，是不利于培养儿童的独立性和创造性的，因此，游戏活动中也应该尽可能避免对游戏者的指责。② 游戏应该是容易被人理解的。③ 对游戏的规则应该正确地说明。规则不能太多。④ 游戏的内容应该与教学内容和学生水平相适应，照顾不同学生的水平。⑤ 游戏要难易交替，使需要活动的游戏与静止坐着的游戏配合。⑥ 自愿参与原则。集体游戏不要强迫某些不具备游戏能力的学生参与，否则会伤害他们的自尊。

班主任要根据不同的教育要求，选择不同的游戏方式。按选定的游戏确定场地，选配和准备器材。在开展游戏之前应解说游戏规则，然后安排、确定学生活动的先后顺序，或不同人员的组合方式。游戏活动过程中，教师还要充当游戏活动的"警察"，监督学生遵守规则的情况以及维持游戏场所的秩序。游戏结束后，可以让学生自己总结和评价。

【案例】

小游戏：击鼓传花

师生围成圆圈，一人背向众人击鼓。鼓声响起时，众人顺时针传花；鼓声停时，拿着花的同学要讲讲自己的兴趣爱好、特长、愿为集体做的事情等。一轮之后，请同学复述旁边同学讲的内容。

这个游戏主要适用于新组建的班集体或新接班的班主任。它有助于学生加深彼此的了解，强化集体主义意识，也能让教师很快形成对学生的初步印象。

学习思考

1．班级活动的意义是什么？

2．组织班级活动的原则有哪些？

3．如何开展主题班会？

第七章　班级文化管理

学习目标

1. 了解班级文化管理的内涵与特征。
2. 熟悉班级文化管理在实践操作中坚持的原则和运用的方法。
3. 能够初步设计班级文化建设的方案。

案例导入

书香班级文化建设的实践探索

苏霍姆林斯基说："学校应当成为书籍的王国，要天天看书，终生以书籍为友，这是一天也不能断流的潺潺小溪，它充实着思想的江河。"班级是学生社会化过程中重要的物质和精神环境，在学生的情感、智力等方面的成长上起着非常重要的作用。为了让学生能够在班级中健康、和谐地成长，我们有必要将班级建设成为学生书香生活的栖息地，创设良好的阅读环境和浓厚的读书氛围，推广优秀读物，开展形式多样的阅读活动，培养强烈的阅读兴趣和良好的阅读习惯，让阅读成为生活的方式。

一、营造书香世界，感悟阅读情怀

读书要有氛围，班级里应当洋溢着浓郁的书香气息，这样才有利于调动学生阅读的积极性，使班级成为读书世界的熏陶场和磁性场。

1. 种植古诗树，漫步诗林

古诗永远是我国传统文化的精粹，它所反映出来的是作者的眼睛和心灵，给后人以美的熏陶和启迪。苏轼漂泊异乡，在月圆之夜思念家乡和亲人，写下了"但愿人长久，千里共婵娟"的千古名句；杜甫面对只能引起许多人一怀愁绪的山雪和江船，却写下了如诗如画的"窗含西岭千秋雪，门泊东吴万里船"。而这些无一不是对学生进行教育和文化熏陶的好素材。

我让学生根据各自喜爱的诗人分组，分别在教室的墙上种下自己的古诗树。同学们自由组合，分工合作，有的搜集资料，有的制作大树，有的剪苹果，有的负责把打印好的古诗贴在苹果上……通过努力，教室俨然成了一片古诗的绿色森林。看着自己辛勤种植的古诗林，学生更会用心品读这其中的内容，自由地漫步在绿意盎然的古诗林中。

2. 建设图书角，徜徉书海

"书犹药也，善读之可以医愚。"我在班级成立了图书角，让它成为博览群书的阵地。在建设图书角之初，我让同学们每人带三到五本自己的藏书到班级图书角和同学们交换阅读。同学们带来的书籍丰富多样，有梅子涵、杨红樱、曹文轩等优秀作家创作的学生喜爱的儿童读物，还有《史记》《假如给我三天光明》《上下五千年》等励志明理的读物。班级还组织了图书管理小组，制定了图书管理借阅条例，大家一起给图书编号，每位同学自制一张个性借书卡。这样各司其职自主管理，每天中午都安排半小时的阅读课，学生可以自由、安静地借书、读书，在这样的氛围中学生感受到了读书的快乐。

3. 创设诵读园，诵读经典

经典是具有生命力的作品，小学生目前不可能完全读懂其内涵和价值，但是随着年龄的增长、生活经验和知识经验的丰富，我们种下的种子就会萌芽、开花结果。最有效的途径就是诵读。通过创设诵读园，利用每天的晨会课，我就选择《弟子规》《论语》《三字经》等古典名作或摘抄一两句名人名言，和同学们一起诵读、交流，让学生在朗朗诵读声中净化心灵，快乐成长。

二、搭建展示平台，分享阅读收获

书香班级应该是学生的精神家园和展示自我的平台。学生可以在这里自由表达，展示自己的才华，抒写对生活的理解。这样，通过展示表达，学生心灵得以升华，还增强了自信心。阅读生活一旦被学生用文字、图画等形式加以记录留下痕迹，它将是孩子们今后生活的积累结晶。

1. 创办班级手抄报，精神家园伴我行

一直以来，图文并茂的读物深受学生的喜爱。我就抓住学生这一爱好，经常结合语文课文和节日进行教育，创办了班级手抄报，让学生通过图画、文字结合的形式表达自己的感受。如学过《永远的白衣战士》一课，结合护士节举办了以"白衣天使"为主题的手抄报；学过《特殊的葬礼》《沙漠中的绿洲》《云雀的心愿》等有关环境保护的课文，就举办了以"保护地球母亲"为主题的手抄报。学生的想象力和创造力真是丰富，他们呈现的作品不但让我耳目一新，更是让我为之震撼。

2. 开展好书推荐会，读书笔记伴我行

学生有浓厚的阅读兴趣，掌握了一定的阅读方法和技巧，我又开始培养学生自主阅读，即提倡学生根据自己的兴趣，选择自己喜欢的读物自主阅读。班级开展了好书推荐会，同学们分别把自己读的好书推荐给大家，并交流读书心得。好书推荐会为学生筑起了一道防火墙，培养了学生对读物的选择能力。通过推荐书的演讲，提高了同学们的表达能力。大家阅读自己感兴趣的书，可以用读书笔记的形式记录自己的阅读过程。读书笔记可以摘抄优美的词语句子和段落，也可以记录自己的感悟和提出自己的不同见解，还可以配以优美的图画以表达自己对文章的理解。每周都利用一节课交流读书笔记，同学们兴趣盎然且效果显著。

班级是学生成长的土壤，通过开展这些阅读活动，我欣喜地看到书香班级开始真正成为学生的精神乐园，我和学生们共同享受阅读的快乐，一起快乐地成长。

☞**案例分析：**班级文化建设是班主任工作的一个重要内容，它对学生的影响是潜在的、深远的。有人说企业文化是企业的核心竞争力，我们也可以说，班级文化是班级重要的生长力。一个优秀的班集体应该有自己独特的班级文化。那么，如何建设一个独具特色的班级文化呢？本案例给了我们有益的启示。学校是知识的乐园，班级也应该充满着浓郁的书香味，案例中的老师正是以此为出发点来加强班级文化建设的。通过"种植古诗树""建设图书角""创设诵读园"，为班级营造了一个充满魅力的书香世界，"创办班级手抄报""开展好书推荐会"让学生真正走进书香天地。其实，当班级漾起浓浓的书香味道的时候，一种文化的力量已悄然产生了。

《学习的革命》的作者戈登·德莱顿和珍妮特·沃斯在书中有这样一段话：如果一个孩子生活在批评之中，他就学会了谴责；如果一个孩子生活在鼓励之中，他就学会了自信；如果一个孩子生活在表扬之中，他就学会了感激；如果一个孩子生活在安全之中，他就学会了相信自己和周围的人；如果一个孩子生活在真诚之中，他就会头脑平静地生活。这段话告诉我们：孩子学会了什么，恐怕并非我们教育者有意识地给了他们什么东西，而是我们让孩子或我们的教育对象在怎样的条件中生活，当然包括学生在学校中过什么生活。"生活"不是别的，就是"文化"。既然有社会的生活、家庭的生活、学校的生活和学校中班级的生活，就有社会文化、家庭文化、学校文化和班级文化。

第一节　班级文化管理概述

文化是指凡是超越人类本能的、人类有意识地作用于自然界、人类社会及人自身的一切活动及其结果，它是人类社会在历史实践过程中所创造的物质财富和精神财富的总和。文化包括三个层面的内容，即器物层、制度层和精神层。其中，器物层与制度层的文化是文化的外显部分，它是可见之于形、闻之于声的文化现象，其主体是物，因此称之为"硬文化"；精神层的文化是文化的内隐部分，它是不可称量、无形的，主要包括人的价值观念、审美情趣、和谐氛围、精神风貌等心理层面的内容，它与人的精神相关，其主体是人，因此称之为"软文化"。

现代教育正在由单纯的学科教学向有形的学科教学与无形的人文熏陶相互渗透的综合化方向发展；现代管理正在由外显的行政管理向内隐的文化驱动方向转变。"软文化"影响力的大小已成为一所学校、一个班级是否具有现代性的重要标志。当前建设与管理好学校精神文化、班级精神文化已经成为现代学校与班级管理共同追求的首要任务和最高境界。

一、班级文化的内涵

什么是班级文化呢？从本质上看，班级文化是一种产生于班级之中的文化现象；从管理的角度看，班级文化是为达到管理目标而应用的管理手段。因此，班级文化不仅具有文化现象的内容，还具有作为管理手段的内涵。

作为文化现象的班级文化，有广义和狭义两种理解。

广义的班级文化是指班级成员在班主任引导下，朝着班级目标迈进过程中所创造的物质财富和精神财富的总和，它在一个班级中是客观存在的。广义的班级文化内容主要包括精神层(如班级道德、班级舆论、人际关系和班级风气等)、制度层(如每日常规、课堂常规以及各种奖惩制度等)、物质层(如张贴名人名言、悬挂国旗及班训、出板报等教室内部环境的布置)。

狭义的班级文化是指班级全体成员创造出来的独特的精神文化，它是班级文化建设的核心与灵魂。美国麻省理工学院教授埃德加·沙因通过研究认为：狭义的班级文化是指在班级同学相互作用的过程中形成的，为大多数同学所认同的，并用来教育同学的一套价值体系，也就是班级成员在学习、生活以及日常活动中，努力贯彻并实际体现出来的一种大家共有的行为，这包括价值观念、道德信仰、精神追求、生活习俗、思维方式等，即在一个班级的核心价值体系的基础上形成的，具有延续性的共同的认知系统和习惯性的行为方式。这种共同的认知系统和习惯性的行为方式使班级同学彼此之间能够达成共识，形成心理契约。因此，狭义的班级文化就是用来组织班级同学思想与行为的心理依据。

作为管理手段的班级文化，其本质内涵是指以一种价值、心理等精神文化为导向，对班级特定的教书育人目标产生匹配作用的柔性战略管理手段。此时作为一种价值的、心理的管理手段的班级文化，其对班级目标的匹配作用主要是通过班级精神的形成来实现的。班级精神是整个班级文化的基因，一切班级文化的要素都是由其衍生出来的。判断某种班级文化是否成熟的标志就是看它是否有一种比较明确的班级精神。因此，班级文化建设的操作模式要以班级精神的形成和发展为线索来考查问题。只有将班级精神落到实处，班级文化的目标匹配作用才能真正发生。那么，怎样才能使班级精神落到实处呢？通俗地讲就是要处理好"做"与"说"的关系。"做"和"说"在班级文化建设具体操作的战略战术上，是相辅相成的，不可偏废。但是，二者在班级精神的整体发展历程上有先后关系。由此，可以演变出班级文化建设的两种基本操作模式，即"先做后说"，先创造扎实的班级优势和特色，然后提炼班级精神，是归纳模式；也可"先说后做"，先提出班级精神，然后依此创造班级优势和特色，是演绎模式。

二、班级文化管理的内涵与特点

管理是对现有人、财、物、时间、空间和信息等组织资源进行有效整合，并不断促其更新以达成组织动态目标的人的创造性实践活动。管理的本质即为整合，既包括整合组织无形的资源，核心是组织成员的价值观念，又包括整合组织有形的资源，即组织成员的行为、财力、物力、时空、信息，进而能够更快、更好、更方便、更合适、更有效地实现组织动态目标，作为一种产生于班级之中的文化现象的班级文化，它不仅具有文化现象的内容，从管理的角度看，班级文化还是为了达到管理目标而应用的管理手段。

(一) 班级文化管理的内涵

班级文化管理是一种全新的教育与管理方式，是一个系统的工程，是指班级成员在班主任引导下，在实现班级目标的过程中，通过班级成员所创造的班级物质文化和精神文化的总和来代替班级教师空洞的说教，以集体的力量去克服困难、排除障碍，师生在人格上彼此尊重，思想上互相交流，以激励为主，通过给学生营造一个良好的学习与成长氛围，进而让每个学生内在的潜力都能得到自主、充分而又生动的发展，同时带动班级快速发展，实现班级的组织目标。

班级文化管理是真正"以人为本"的管理，其本质是以人的全面发展为目标，通过共同价值观的培育，在组织内部营造一种健康和谐的文化氛围，使全体成员的身心能够融入系统中来，变被动管理为自我约束，在实现社会价值最大化的同时，实现个人价值的最大化。文化管理是对经验管理及科学管理理论的批判继承，必将成为 21 世纪管理科学发展的主题。

(二) 班级文化管理的特点

班级文化管理具有以下特点。

第一，班级文化管理的价值理念在于实现人性与物性的辩证统一。文化管理的对象不仅包含财、物、信息、时间等各种物力资源，也包括无形的人的精神存在，它强调充分发挥个人主观能动性，保证人生命价值实现的同时，也要保证班级组织业绩的不断提高。

第二，班级文化管理的方式在于实现软管理与硬管理的辩证统一。班级文化管理不仅重视刚性的、制度化的规章制度管理，更加重视学习氛围、良好人际关系的创建等软因素的作用。班级文化管理最终目标在于调动班级成员的主体自觉性，实现其自我管理。

第三，班级文化管理的内在品质在于实现实践性与理论性的辩证统一。班级文化管理不仅重视反映管理客观规律的管理理论与管理方法，同时要求管理者在不断变化的管理实践中因人、因地、因时、因境制宜，充分发挥积极性、主动性和创造性，以动态的、发展变化的观点在实践中实现对管理理论继承基础上的不断创新。

第四，班级文化管理的核心在于实现人的理性与非理性的辩证统一。班级文化管理重视人的自由、情感、理解与信任等人的非理性因素在管理过程中的作用，它能够激发师生的主动精神、创造意识和工作责任感；同时它尊重事物发展的客观真实性，它要求务实，要求人对客观自我言行承担一定责任。

三、班级文化管理的功能

存在决定意识。人是环境的产物，而文化是人的生存环境和生活方式，人类生活的任何方面无不受着文化的影响，并随着文化的变化而变化。美国教育家杜威(1859—1952)认为：成年人有意识地控制未成熟者所受的教育，唯一的方法是控制他们的环境，让他们在这个环境中行动、思考和感受。苏霍姆林斯基在其名著《帕夫雷什中学》中也告诉人们："我们应努力做到，使学校的墙壁也说话。"

班级文化是班级中物质文化与精神文化的有机结合体，班级文化管理对于学生成长具有不可低估的教育功能，由此推动班级不断提高核心竞争力。班级文化管理的功能具体体现在以下几方面。

1. 育人功能

国家的教育方针要落实到学校，学校的教育目标要落实到班级，因此班级文化对学生成长、发展有着重要的作用。学生在班级中的学习分为显性学习和隐性学习。显性学习即学生在老师的引导下，以教育目的为指导，按照规定好的教学计划，有组织地开展学习活动，显性学习主要是在教师的指导下完成的。隐性学习也可以叫潜在学习，即学生在班级正式教育教学活动之外的学习，这种潜在的学习实际上就是通过班级文化来体现的。班级文化也就是学生健全人格形成的直接的文化环境。中学生正处在自我认识的重要转变时期，他们的自我发现不可能通过自身来完成，需要借助于他人的参照，只有在与他人的相处中才会最终完成这一过程。在一个班级文化浓郁的班级中，全体学生共同创造出来的班级文化能够给予学生最好的发展条件，使学生各方面的需求得到最大的满足，因而最有利于学生的全面发展，进而形成学生的健全人格。

2. 凝聚功能

班级是由不同文化的个体组成的集体，班级文化作为一种群体文化，能够把班级所有成员的个人利益与班级的命运和前途紧紧地联系在一起。它通过丰富多彩的活动为每一个学生的特长提供展示的舞台，学生也因此而寻找到自己为班级作贡献的途径，从而体验到为班级作出贡献后的喜悦和兴奋，这种喜悦和兴奋反过来又可以转化成激励学生进一步提高自己的动力，因此，班级文化使班级中每一个体与班级"同甘共苦"。班级文化寄托着班级成员共同的理想和追求，体现着他们共同的心理意识、价值观念和文化习性。这种共同的心理意识、价值观念和文化习性会激发成员对班级目标、准则的认同感和作为班级一员的使命感、自豪感和归属感，从而形成强烈的向心力、凝聚力和群体意识。这种向心力、凝聚力和群体意识又会促使学生在日常学习和生活中时刻清醒地意识到"这是我的班级，我是这个班级的学生"。实践表明，在班集体中，班级文化建设的水平越高，这种向心力、凝聚力和群体意识越容易得到体现。

3．制约功能

班级文化所形成的规范与价值体系，制约着学生的言行。这种规范价值体系一旦形成就会成为一种强大的力量，使班级成员都能自觉地约束自己，让自己的行为符合班级共同的规范与价值观念。班级文化对成员的这种制约功能主要通过以下三条途径得以实现：氛围制约(环境、关系、风气等)、制度制约(规章、纪律、守则等)和观念制约(理念、道德、舆论等)。

4．激励功能

激励理论认为，最出色的激励手段是让被激励者觉得自己确实做得不错，能发挥出自身的特长和能力。心理学也证明，人越认识自己行为的意义，行为的社会意义就越明显，也就更能产生行为的强大推动力。在一种"人人受重视，个个被尊敬"的班级文化气氛下，同学的贡献就会得到及时肯定、赞赏和奖励，学生时时受到鼓舞，处处感到满意，就会有极大的荣誉感和责任心，自觉地向更高目标努力。班级文化所倡导的观念和宗旨，正是为学生提供了良好的激励的标尺。班级文化着眼于整体的文化建设和人的不断完善，在建立一种人创造文化、文化塑造人的良性循环机制中发挥其巨大的激励作用。

总之，班级文化最终能够促使班级学生实现自我管理。叶圣陶先生曾提出，"教是为了不教"。众所周知，物质资源总有一天会枯竭，但是班级文化却是生生不息的，它会成为支撑班级发展进步的支柱。虽说没有好的班级文化的班级也可以成长，但却难以实现后期的自觉进步与发展。没有文化就好像没有灵魂，没有指引班级长期进步的明灯，因而无法获得牵引班级不断向前发展的动力。文化不直接解决班级成绩好坏的问题，但文化决定着班级学生最终的思想和行为。从这个意义上说，班级文化对学生思想的缔造与塑造起着极大的作用。当然，一个班级的文化有好文化，也有劣文化。如果一个班级没有好的班级文化，它就会失去持续发展的动力，最终走进失败的深渊。而引导、执掌这个班级文化使其走向正确和完善的缔造者——班主任，他的个人素质、修养与学养将起着举足轻重的作用。

第二节　班级文化管理的原则与方法

班级文化管理实际上是把具有不同家庭文化背景、不同社区文化背景、不同性格、不同气质的学生结合成一个集体，形成一个"文化生态圈"。因此，在实施班级文化管理时只有遵循一定的原则并且采用一定具体的管理方法，才能把具有不同文化背景的班级成员有机地协调起来，才能保障班级经营的顺利进行。

一、班级文化管理的原则

班级文化是由班级物质文化、制度文化与精神文化构成的相互联系的有机整体，马克思辩证唯物主义哲学认为：整体和部分是普遍联系的一种形式，二者既相互区别，又相互联系、不可分割。因此，我们既要着眼于整体，又要搞好局部。

(一) 班级文化管理总原则

班级文化管理应遵循以下几项总原则。

1. 方向性原则

班级文化管理必须坚持社会主义方向，以科学发展观为指导，努力营造积极向上、健康活泼的育人氛围。

2. 育人性原则

班级文化管理应充分利用班级现有的物质文化、制度文化、精神文化和行为文化等资源，有计划、有步骤地对学生施以教育与影响，培养学生高尚的思想品质和良好的道德情操，引导学生树立正确的世界观、人生观、价值观，形成文明和谐、奋发进取的班级氛围，进而达到"潜移默化、润物无声"的境界。

3. 学习性原则

班级文化管理要为学习型班级建设服务，班级环境建设、制度建设、精神建设都要做到为了学习、方便学习而建设。

4. 可操作性原则

班级文化管理必须依据教育方针的要求，结合班级与学校实际和学生生理、心理和认知特点，组织各种教育活动，使学生在学习中体验，在体验中提高。

5. 创新性原则

班级文化管理必须充分调动广大师生的工作主动性、积极性和创造性，贴近时代，主动变革，促使班级文化与学校、社会文化进行互动，不断发展班级文化，努力培养学生的创新精神和实践能力。

6. 整体性原则

班级文化建设要坚持整体规划，规划要体现精品意识，使班级文化中显性文化和隐性文化相辅相成，又各有特征，进而发挥综合功能和整体育人效应。

7. 个性化原则

班级文化建设既要体现时代精神和学校办学理念，又要针对班级学生的实际，在简洁、整齐、美观、实用的基础上形成特色。

(二) 班级物质文化管理原则

班级物质文化是指班级活动环境、设备设施、绿化美化等班级硬件以及表现班级精神文化的雕塑、标语、橱窗、板报、班徽与对联等。班级物质文化是班级中"人"的活动所创造的、体现着一种精神价值的物质结构，这些物质形式是班级价值的客观反映。静态的班级文化是一首无声的歌、无言的诗，无论是班级的橱窗，还是板报与标语，都应以反映现实为目的，同时绘上时代色彩。

班级物质文化管理必须通过载体实现，包括：① 环境载体：主要指班级物质环境设计；② 理念载体：体现班级的育人价值取向，是班主任教育哲学思想的结晶，它表现在班训、班歌、班徽、班级目标等层面；③ 活动载体：是动态的班级文化，包括班级纪念日、班(团、队)会、升旗仪式、艺术节、运动会、兴趣小组、科技活动等层面。

班级物质文化管理应遵循以下原则。

1. 隐性原则

班级物质文化属于班级文化的硬件，是看得见、摸得着的东西。班级物质文化包含教室内的环境布置及师生的仪表等，是班级文化的基础及其水平的外显标志，体现着班级的育人价值取向，具有"桃李不言"的隐性教育功能与教育效果。

2. 主体性原则

在班级物质文化建设中，要充分发挥学生的主体性。学生是班级的主人，班级是学生的班级，班主任应带领全班同学，用自己的智慧和双手来布置教室，身体力行地投入其中，使学生在班级文化建设中得到锻炼和提高。

(三) 班级制度文化管理原则

班级制度文化是指班级各种规章、条令、程序所组成的条文及其执行系统、行为模式，它为班级成员提供了行为框架，使所有人在这个架构内有序地工作与生活，与其他人和谐相处，从而保证班级工作卓有成效地运转。制度文化的实质是强调以人为本的思想与科学管理手段的结合，以发展人的主体性、促进人的全面和谐发展、提升人的生命价值为根本目的。制度文化是培育优良班风、学风的前提，是创建优秀班集体的重要举措，是促进学生身心健康发展和良好人格品质形成不可缺少的手段。不良的班级制度管理，会成为学生精神的枷锁，束缚学生个性的发展。

班级制度文化管理应遵循以下原则。

1. 全员参与原则

任何一项班级制度的制定，不能只由班主任说了算，也不能由几个班干部说了算，应由全体成员共同商量，这样出台的制度才更为全面、合理，才能有针对性，才能令人信服，才能对全体成员产生真正的约束力。

2. 引领性原则

制度本身可能是冰冷的，但却应该是有情的。这里所说的"有情"，一是制度的制定应充满人性化，使学生有宽松的心理空间，不能压抑学生的个性发展；二是指班主任及班干部在执行制度时应把握尺度，应按照制度的要求对他人进行善意的规劝与引导，用宽容的心对待学生，千万不能一棍子把人打死。

3. 循序渐进原则

接到一个新班时，班主任都要确立符合学生个性发展需要的、充满人性的班级制度。起初的制度应该是低起点、低要求的，多数学生容易达到的，这将有利于优秀班集体的形成。在经历半个学期或者更长时间的适应期后，要对原有班级制度作必要的修改，以保证制度的时效性、合理性。

(四) 班级精神文化管理原则

班级精神文化是指学校在教育教学过程中，受一定的社会文化背景、意识形态影响而长期形成的一种精神成果和文化观念，它是更深层次的文化，在班级文化中处于核心地位。班级精神文化由班级的历史、传统、文化和班级领导者的管理哲学共同孕育，集中体现着独特的、鲜明的班级经营思想和个性风格，反映着班级的信念和追求，是班级群体意识的集中体现。精神文化包括班级哲学、班级精神、班级道德、班级价值观念等。

班级精神文化管理应遵循以下原则。

1. 生活性原则

精神文化是意识形态的产物，它源于生活，但又高于生活，所以加强班级精神文化建设既要有高于生活观念的引领，又要有基于日常生活的实践指导。

2. 知、情、意、行相统一原则

精神文化的形成过程又是一个知、情、意、行的培养过程。提炼确立精神文化的内涵是前提；认识、理解、接纳、内化是关键；持之以恒是保证；导之以行是精神文化建设是否有成效的标志。

二、班级文化管理的方法

班级文化管理的根本目标在于通过有形的班级物质文化与制度文化建设以及无形的班级精神文化建设实现班级中的人自身全面、自由、和谐地发展，同时促进班级组织的不断发展。因此，在管理方法上，应尽量杜绝对学生使用命令性的工作方式，并且切忌空洞教条式的思想理论说教，真正做到管理与教育并重，感性与理性并存，指导和引导相结合，做到以理服人，以情动人，达到"润物细无声"的效果。具体来说，可以采取以下几种方法。

1．文化讲座法

文化讲座法即定期、限时、有的放矢地结合学生不同年龄阶段生理、心理成长的需要进行系列的文化讲座的方法。例如：高二年级第一学期开设"儒家文化"讲座，第二学期开设"日本企业文化"讲座。每门课都是由一系列相关的专题组成。文化讲座法是一种可以将支离破碎的文化信息重新整合构造、系统列出，用以说明一个整体概念的有效的班级文化管理策略。这种讲座可给学生提供各种在课本上看不到的最丰富的知识，并逐步地将知识内化为人格精神。

2．励志训练法

今天的中学生独生子女居多，他们大都在优裕的环境下成长，从小沉浸在电视、互联网、"追星"之中，他们大都缺乏远大的理想追求、强烈的事业欲望和应付逆境的能力。面对各种生活冲击时，其个人功能失调问题容易产生，如滥用药、自毁等；对社会亦造成负面影响及威胁，如家庭暴力及更甚的严重罪行(绑架及谋杀)。故协助成长中的中学生正确地面对社会、面对人生成为班级文化管理的中心内容。励志训练可以帮助学生树立远大理想，寻找人生追求，培养强烈的事业欲望，同时训练学生坚强的毅力、顽强的斗志和做事的持恒之心，使他们由温室里的花朵成为市场大潮中的搏浪儿。例如，用一些优秀企业对员工的训练法和市场经济最发达国家或地区的最成功人士的优秀励志训练法来有目的、有计划、有步骤地训练学生，对学生的成长才能收到奇效。多年的实践证明，这样训练的学生进入大学走上社会后的能力都超过一般人，在市场经济中，不论是在什么行列他们大都很快脱颖而出，并且逐步地事业有成。

3．精神激励法

精神激励法是从人的心灵深处激发、调动人的积极性的一种方法，是通过教师对某种思想和行为的肯定，利用激发鼓励的效应来达到教育学生的目的。通常包括成就激励、目标激励、荣誉激励、榜样激励和情感激励等。

【案例】

班主任班级文化管理中精神激励法的成功运用

日常班级管理中，精神激励主要包括成就激励、榜样激励和情感激励三种形式。学生的"勤奋"一方面来源于对学习的兴趣；另一方面，成就体验则是产生力量的源泉。正如一位教育家所说："如果让一个孩子生活在激励中，他就学会了自信；如果让一个孩子生活在认可之中，他就学会了自爱。"为此，班级管理应十分重视对学生的成就激励，成就激励应坚持适时性原则和针对性原则。适时性原则即发现学生有进步应及时表扬赞赏；针对性原则即因人而异，即使对"特殊"的学生也不放弃，教师应睁大眼睛寻找他们的"闪光点"并给予充分肯定。奖励时，坚持精神奖励为主、物质奖励为辅的方式，重在让学生体验成功，在成功中获得前进的动力。

榜样的力量是无穷的。在班级管理中，要充分抓先进典型，发挥其引路示范作用，影响全体学生。为此，我利用校史，给学生介绍毕业于我校的在社会上有成就的一些著名人士，并且不定期邀请校友亲临班级指导。另外，注意树立班内"榜样"，使每个同学都时时感到学有榜样、赶有目标。如马中华同学的《家乡的变迁》一文获"中华第六届圣陶杯大赛"优秀奖，班级及时将其作品油印，学生人手一份，并组织学生召开"中华同学作文专题研讨会"。让马中华同学介绍平时的学习经验及写作体会，组织学生交流探讨，极大地促进了班级写作活动的开展。

情感激励是通过情感交流，利用积极的情感体验引导学生积极的学习态度，从而激发学生的积极性和创造性的一种激励方式。古人云"一枝一叶总关情"，对学生生活上关心、学习上支持、思想上理解，都可以使学生产生积极的情感体验，使学生感到教师是代表并维护他们利益的。是和他们息息相通的。如我班有一位同学，生性好动，作业马虎。我运用情感激励法，当他上课搞小动作未认真听讲时，我便向他示以微笑；当他做作业认真时，我便给予口头夸奖。天长日久，这名学生的不良行为得以矫正，形成了良好的生活学习习惯。2019年，他以优异的成绩考取了省内一所重点高校。毕业时，这名学生曾感慨地说："忘不了老师那亲切的微笑，是老师的微笑给了我无言的教诲！"带着感情做好班级管理工作，是赢得师生相互信任的重要途径，运用情感激励是搞好班级管理的一项重要方法。

小李是一年级的小学生，她是个很腼腆的小女生，性格内向，平时不愿意跟同学们打交道，也不爱说话，在人面前不言笑，课外作业也不能及时、认真地完成，上课从不主动举手发言，老师提问时总是低头回答，声音小得几乎像蚊子声。

原先学校里的老师对小李了解不够，关注不多，造成她自我评价偏低。平时她总觉得自己这儿也不行，那儿也不行，缺乏竞争的勇气和承受能力，即使在成功面前也难以体验成功的喜悦。小李在家里是独生女，她的表姐妹学习特别优秀，家长也期待她跟她们一样优秀，总拿优秀的例子跟她说教。父母的言行影响着孩子，导致孩子肩负重担。父母文化水平较低，对孩子的学习没有能力指导，过重的压力致使孩子未能达到父母期望时，便会形成自卑心理，怀疑自己，否定自己，不安、孤独、离群等情感障碍随之而来。

为了去除小李的畏惧心理，担任小李的班主任以后，我在课余经常有意无意地找她闲谈，上课时从不公开点名批评她，发现她有所进步时及时表扬，经常对同学说："看，小李今天坐得真端正，听课非常认真！""小李回答问题声音大了，能让我们听得清楚。"渐渐地，小李开始喜欢和我接近了。有一次，我把音乐故事编成小品，同学们争先恐后地要表演，我为了让小李参加表演，对全班同学说："给她一个机会好吗？"大家同意了，开始她不好意思地说："我不行。"最后在我和同学的鼓励下，她走上讲台。她表现得还不错，同学给她鼓掌，我及时给予肯定和表扬，她第一次在同学们面前有了开心的笑容。以后，有机会我就让她在同学面前表现，她变了好多，不再孤独，课堂活动时主动参与，学习成绩有了飞跃。通过师生、家长的共同努力，她现在有了很大的变化。小李的学习成绩不断提高，上课专心听讲，举手发言且声音响亮，下课能主动与同学交往、做游戏，各种活动都愿意参加，与班级、同学融为一体。家长也反映她在家学习主动，乐于把班级的事讲给父母听，主动帮家长做些家务。同时她的一些不良的习惯也得到小同伴的制约，性格也变得开朗了许多。

☞**案例分析**：精神激励是启动班级活力的重要支点。班级文化管理可以通过各种激励法，引导学生树立正确的人生观和价值观，使班级师生心情愉快，人际关系融洽，师生富有工作学习激情，班级和谐管理得以保障。

4．团队管理法

团队是一种为了实现某一目标而由相互协作的个体组成的正式群体。在学校，班级本身是一个大的学习团队，班级内又分成若干的小团队，他们为了一个共同的目标而组合。团队成员互相协作，取长补短，成为正式群体的学习团队。事实表明，教育教学是一项需要众多具有不同专长的人共同协作才能完成的事业，学生的成长更需要一种和谐的集体心理气氛，那么由团队来做效果通常比个人好。团队是组织提高运行效率的可行方式，它有助于组织更好地开发和利用成员的才能，可以快速地组合、重组、解散，队员之间分工明确，相互之间的协作性极强。研究性学习的团队，就是为了一个共同感兴趣的课题将几个不同的个体组织起来，每一个个体在组织中分担不同的任务，在统一要求下完成各自的任务，从而达到组织任务的完成。班级中的团队可把班级中的多种优势、技能和知识综合在一起，以便更加有效地满足班级成员学习、交友、能力锻炼与自我实现的需求。同时，它还给我们一种重要启示：班级中的每个人都有一定的创造性，在合适的时候让他们的智慧共同发光，将迸发出无穷的力量。

5．自我教育法

自我教育法是指在教师和家长的启发引导下，青少年按一定的道德原则和规范自觉地进行自我教育、克服不良思想行为，以形成良好思想品德的方法。它包括建立在自我意识基础上的自我鼓励、自我指导、自我锻炼、自我评价等方法。自我教育的关键是激发、调动学生的主体意识，所谓主体意识是一种觉醒水平，是人的自主性的心理机制，当人们的主体意识得到调动以后，就能够自觉地唤起自我的情感、兴趣，从而激励自我自觉地进行创造性活动，推动自我积极地实践，进而发展自己，完善自己。在班级管理中，主体意识有着特殊的作用和功能，当主体意识得到激发和调动以后，它就能够自动地组织自我教育，实现自我教育的作用，而人只有在能够进行自我教育以后，才能够自觉地调节和控制自我，成为一个有所作为、有所成就的人。

自我教育法包括设问法、诊断法、自我纪实评价法等。在班级文化管理中进行教育的主旋律，就是让学生自我设计、自我管理、自我评价以至最终实现自我教育。

6．环境熏陶法

环境熏陶法是指创设一个有利于学生健康成长的显性和隐性环境，使学生在潜移默化中接受教育的方法。班级文化管理的实质是利用一切有利于学生健康成长的文化，创设一个好的环境，使学生在环境的熏陶下自觉与不自觉地接受教育，同时弘扬集体中好的典型的人和事，使其成为同学效法的旗帜。班级是一种无形的环境，对每一个人的道德观念和价值取向影响极大，在《爱国主义教育实施纲要》里所说的"必须创造一种浓郁的爱国主义氛围，使人们在社会日常生活的各个方面，都能随时随处受到爱国主义思想和精神的感染、熏陶"，其实也就是在启发我们要重视环境熏陶在教育中的作用。

7. 活动渗透法

活动渗透法即寓教于乐，把教育渗透在愉悦身心的丰富多彩的活动之中。在这里寓教于乐是整体，乐是形式，是载体，教是目的。活动的指导思想在于通过"乐"达到"教"的效果。

班主任应充分利用学生课外活动时间，组织开展各种生动有趣的文娱活动，如书画、摄影、集邮、演讲、音乐、影评、球迷等兴趣小组，这不仅可以丰富学生的文化精神生活，调节学习生活的节奏，使学生在紧张的学习之余享受到更多的生活乐趣，而且能使班级始终充满活力并对学生具有一种魅力，使学生潜移默化地受到集体主义精神的感染，取得单纯说教所得不到的教育效果。但是应该注意的是："乐"只是"教"的辅助手段，过分夸大"乐"的作用就会出现"娱乐至上"的错误倾向，这是必须注意防止的。

8. 典型示范法

典型人物的思想感染，容易使人引起强烈共鸣，他具有号召效应，能影响人们形成"看做"的局面。一方面应该充分挖掘班级和学校中典型人物的现实意义，形成正确的导向。发挥班级文化的作用，利用学校网络、班级报栏、多媒体报告厅等，收听收看典型人物的事迹或邀请典型人物作报告，领略典型人物的风采，了解典型人物的成长，在感性认识的基础上，引导师生进行讨论交流，达成共识，形成争先创优、弘扬正气的正确导向。另一方面，班主任应该注重树立身边的典型，使他们看得见、摸得着，让学生感觉到更亲切，由此发挥更大的激励效应。同时还可以制定相应的班规和创造相应的环境氛围，例如，凡被评为先进班组或优秀个人者均在班会上进行隆重表彰，使全体师生学有榜样，做有方向。

学 习 思 考

1. 班级文化管理有哪些功能？
2. 思考什么是班级制度文化，它的研究内容有哪些？
3. 思考如何优化班级文化管理。

第八章 班级突发事件管理

学习目标

1. 了解班级突发事件的概念、特点与类型。
2. 熟悉突发事件处理的原则与方法。
3. 理解突发事件的处理对班级管理的重要意义。

案例导入

课堂上的手机声

有一次上练习课，学生正在认真地做练习，我在班里来回巡视。正当我给某一学生讲题的时候，忽然教室里响起了手机铃声，这种声音很少见，通常学生是不允许带手机进班的。听到铃声，同学们都东瞅西看，寻找声音的来源，有的同学开始窃窃私语。我也很生气，环顾整个班级，同学们也是你瞅我，我瞅你，然后他们都瞅着我，看我怎样处理这件事。我发现小李同学埋着头，也不瞅别人，一只手伸入课桌里，另一只手紧握着笔，看来在奋笔疾书，其实脸涨得通红。看到这种情况，我完全明白了，刚才还很生气，但我心里在说"克制克制"，并迅速地在大脑里寻找解决的办法，"硬碰硬肯定不行，这是个聪明且自尊心特强的男孩，如果直接让他拿出手机，他绝对不肯，事件闹大不说，还影响彼此的情绪，我不想让彼此难堪，怎么办？"我的大脑在飞速运转，同学们也都在看着我。突然，我走上讲台，一拍脑门，说："看我这记性，上语文课怎么忘带语文书了(其实我根本不用书)，小李，快去办公室把我的语文书拿来，并顺便看看你们班主任在不在，告诉他我待会有点事找他。"小李闻言，赶紧将手快速从课桌里拿出来，并迅速把手插进上衣口袋里，快步走出教室。

一会儿，小李拿着我的语文书回来了，很高兴很轻松的样子(看来他已经将手机关机了)，说："老师，我把书给您拿来了。"我说："谢谢！"小李赶紧回到座位上又做起题来。我拿着课本，佯装找我的内容，然后继续讲题。同学们看我不理会这件事，也都继续认真地做起题来。

事后，小李主动找到我给我承认了错误，我也没有把这件事告诉班主任。小李很感激我，以后每周一都把手机放在班主任那儿，有事需要用的时候再找班主任要。

从此这样的事情再也没在课堂上发生过。

☞**案例分析**：在日常教学中，时不时就会出现一些突发发事件，突发事件是班主任最头痛的事，处理班级突发事件是对班主任工作艺术的考验。突发事件虽然是突发的，但往往影响很大，处理不好常常会造成十分严重的后果。因此，作为班主任，必须学会及时妥善地处理好班级偶发事件，才能为班集体消除隐患或不稳定因素，防止某些不良影响的蔓延。

作为教育工作者应时刻牢记，我们面对的对象是非常特殊的，是一群活生生的人，我们要时刻为学生着想，处处以学生的成长为最高目标，遇事冷静、机智，做好班主任应该做的一切。突发事件有其发生的偶然性，但更多地隐藏着一些必然因素。班主任要注意研究突发事件的特点、成因、处理方法，努力防患于未然；即使突发事件出现，班主任心中也会有备而无患。

第一节　班级突发事件概述

一、班级突发事件的概念与特点

(一) 班级突发事件的概念

所谓突发事件，是指班级学生中发生的事先没有估计到、出人意料的一些事件，主要是指违反学校教育教学管理制度且具有突发性、变化快、影响大等特点的比较严重的违纪事件。

突发事件大多发生在校内，有的在校外；有的在课上，有的在课余；有的是师生之间，有的是生生之间；有的是与本班同学的矛盾，有的是与外班、外校，甚至是与社会上的其他人冲突；有的属于一般问题，有的性质严重，甚至是恶性事件；有的是个人间的鸡毛蒜皮小事，有的则影响着全班、全校的大局；有的发生在一两个人之间，有的涉及面很广；有的是口水之战，有的则拳脚相加；有的事件好处理，有的则十分棘手。作为一个班集体，由于学生的多元化，班级突发事件难以避免。突发事件的发生往往对班级工作、教学、课堂秩序产生较大的影响，所以教师应防微杜渐，尽量使突发事件少发生或不发生；同时若突发事件发生了，应沉着冷静，妥善解决。

一般在比较正常的班集体中和比较生动的课堂上突发事件不易发生，为此，教师应该较为深入地了解学生，加强班级管理，使学生在良好的学习氛围中学习；另外，教师应该努力研究教学方法，把自己的课上得更精彩，让学生全身心投入到学习中。

(二) 突发事件的特点

1. 随机性

课堂突发事件的发生具有随机性，即这些事件发生在谁身上，什么时候发生，发生在什么场合，往往带有一定突发性特点，有时甚至完全是一种偶然，事先很难预料。对于这种事件，教师很难事先做好具体应变的准备，要求教师根据具体情况，具有随机应变的能力。

2. 突发性

突发事件是一种特殊的遭遇、特殊的矛盾，常常和社会上的重大事件、周围环境或者本人的意外境遇联系在一起。由于事出偶然没有预先的思想准备，也往往是一个发生、发展急剧变化的过程，使教师没有充裕的时间仔细思考处理的对策，因而突发事件给人出乎意料的感觉。

3. 破坏性

一般来说，班主任开展教育活动都是在计划的指导下，有条不紊、按部就班地循序进行的，而突发事件则会打乱原有的部署，使原本井井有条的教育活动无法按计划进行，活动的效果会大打折扣，甚至背道而驰。同时，由于突发事件的起因比较复杂和难以预料，处理起来有相当的难度，一旦处理不当，就会造成严重的后果，或师生关系紧张、对立，或同学矛盾越发加深，或学生心理受到挫伤，或班级集体受到破坏。因此，班主任面对突发事件时，一定要谨慎处理，不可贸然而为。

4. 紧迫性

突发事件发生后要求班主任必须马上作出判断，因势利导，随机应变，防止事态的进一步扩大，使事件的影响得到及时控制。

5. 多元性

课堂中发生的突发事件具有多元性。从其发生原因可分为主观和客观因素，从性质可分为良性和恶性事件，从处理的方式可分为冷处理和热处理。某一随机事件突然出现时，要求教师迅速敏锐地作出判断，不容迟疑也不容拖拉，教师要抓住时机，因势利导。如果处理不及时、不恰当，就可能导致课堂秩序的混乱。

6. 巧妙性

在教学过程中，尽管教师做了周密的安排计划，也常常会出现一些意想不到的突发事件。这就需要教师依靠高超的教育机智，果断迅速处理。突发事件处理得好，能保证课堂的顺利进行，甚至起到锦上添花的作用。突发事件处理得不好课堂就难以顺利进行。这就要求教师要有应变的策略，做到适时、适度、适情，巧中见奇，奇中生效。

二、班级突发事件的类型

班级管理中，由于学生的知识水平、兴趣爱好、性格特点各异，表现必然会千差万别，加之外界环境影响，班级管理中出现突发事件、意外情况是难免的。

1. 外部干扰型——来自大自然的干扰

外部干扰即"自然灾害"。班级管理不是封闭的，因此，不可能完全隔断外界的干扰，在"真空"中毫无干扰地学习和生活。比如，教室内正在上课，忽然室外一辆汽车呼啸奔驰而过；或天气骤变，影响了室内光线；或是蜜蜂小鸟作为"不速之客"飞进教室，叽叽喳喳地叫个不停。顿时，教室里可能就会乱作一团，尤其是低年级的课堂。

2. 内部困扰型——来自学生的各种因素

课堂上的突发事件在班级管理中经常出现。如在思想政治课涉及某些高度抽象的概念时，如矛盾、物质等，学生无法理解，就会互相观望，或小声议论。这对教师的课堂就会形成困扰。

【案例】

严老师的教育机智

一次音乐课，刚上课不久，严老师提出一个问题，话音刚落，突然听到一名学生大声喊道："老师，某某把我掉下来的橡皮拾了就不给我了！"只见这个学生一副气急败坏的样子，扭身对着全班同学喊叫着。课堂"轰"一下就乱了，学生们你一言我一语地议论着，然后又把目光齐刷刷地投向严老师，期待着老师的评判。严老师是我们学校有着十几年工作经验的音乐老师，学生对于音乐课可能不太像对待语文、数学那样专心，如果一味地发火只会破坏了音乐课的气氛。严老师想了想，突然笑了起来，走到那个同学面前说道："其实他是想先帮你拾起来，下课再还给你，因为现在是上课时间。"转过脸来，对那个拾到橡皮的同学说："是不是？"那个同学没说话，点了点头……课堂中的这个小事件就这样被严老师机智地解决了。这节课的教学任务顺利完成了，而且课堂气氛特别活跃，学生思考问题、回答问题也非常积极主动，达到了预期的教学效果。

3. 人为疏忽——由于教师本身的疏忽

老师们可能都有这样的体会，一节课无论课前做了多么充足的准备，在课堂中有时候就会出现一些意想不到的情况。比如，某个教学用具忘拿了；使用多媒体教学时，电脑突然失灵了，特别是上公开课前，老师们总是做了充足的准备，一遍又一遍地完善教案，精心挑选教学用具，计算好每个环节的时间……但有时候，往往越是到了这种大场合，关键时候，越是会出现意料不到的突发事件。

第二节　班级突发事件处理的原则与方法

突发事件因其突发性和难以预料性，常常令班主任措手不及。突发事件出现的机会较少，但随即作出的反应可以全面测试班主任的思想修养、情感意志、思维品质、组织能力等。在处理事件的过程中，班主任要沉着冷静，不乱阵脚。不能只停留于某件事情的表象，应全面地了解事态发生的情况，有的放矢地对学生加强教育，因势利导，抓住契机，提高学生的思想认识，引导他们从内心严格要求自己。

德国教育家第斯多惠曾说："教学的艺术不在于传授本领，而在于激励、唤醒、鼓舞。"突发事件往往是教育的契机。抓住这些最佳时机，常可收到意想不到的教育效果。因此每个班主任都必须学会正确地处理突发事件。

一、班级突发事件处理的原则

在一个班级中，突发事件都不同程度、不可避免地存在着，如何处理班级内的突发事件，关系到一个班级的稳定发展，也反映出班主任的管理能力和艺术。处理突发事件，一看能力，二凭经验，这是班主任教育机智的一个基本体现。处理突发事件应遵循一定的原则，所谓原则既是班级工作实践经验的总结，也反映处理突发事件时对各种基本矛盾关系的调整与把握的基本规律。班主任只有正确地理解并掌握整个原则体系，才能在处理突发事件中立于不败之地，进而卓有成效地做好班级工作。

1. 教育性原则

教育性原则是处理突发事件的首要原则。班主任必须抱着教育的目的和心态对待突发事件，本着教育从严、处理从宽、教育全班的精神，既不能一棒子打死，又不能草率行事。公平、公正地对待学生，用科学的态度深入了解调查，从动因分析到全面评估，这样才能达到惩前毖后的目的。

2. 目的性原则

处理突发事件，目的要明确，既不能仅仅就事论事，敷衍搪塞，也不可小题大做，无限上纲。班主任面对的是全体学生，应该让受教育的学生本人明白教育帮助的目的，什么是对，什么是错，要达到什么样的目的，从根本上医治学生心灵深处的创伤。

3. 客观性原则

一个班级中的学生之间有很大差异，同一个学生有优点，也有缺点，那么就要求班主任在处理问题时，要坚持客观性的原则，不能受班主任"定势思维"的影响，避免主观随意性导致处理问题不公，从而影响到学生成长和发展。

4. 针对性原则

班主任应该在弄清楚事情的性质后再着手解决。用不同的方法解决不同的问题，不能用一种模式。注意事情不同层面的差别和不同个体之间的差异。针对性要强，切不可"眉毛胡子一把抓""一刀切"，太宽泛和针对性不强的教育形同虚设。

5. 启发性原则

学生接受教育不是消极被动的，应该是主观能动的。处理突发事件尤为重要的一条原则就是要随时注意启发学生改正错误的自觉性。班主任在处理问题时不要一听到或一看到就下结论，一定要留有余地，调动学生接受教育的内驱力，让学生充分认识到自己所犯错误的性质和危害，诱导他们依靠自身的积极因素去克服消极因素。

【案例】

课堂上的小鸟

有一次，一年级的潘老师在上教研课时，教室里突然飞进一只小鸟，一下子吸引了所有学生的注意力。这时，只见潘老师十分镇定地停下课，打开门窗，把小鸟放了出去。然后还很幽默地说："连小鸟都想来参加我们的学习了，可见学习本身是很有趣、很有吸引力的。让我们珍惜时间，好好学习吧！"接着继续上课。像这样处理，可以培养学生排除干扰、专心学习的能力，以及爱护鸟类的环保意识。

6. 有效性原则

教育的关键在"育"，在处理问题时，要注意所采取的方法，既不能简单粗暴，也不能主观武断，更不能烦琐而无实际意义。处理或教育重要的是看效果，采取灵活有效的方式，往往事半功倍。

7. 一致性原则

一致性原则是要求班主任在处理突发事件时，一定要顾及学校、家庭、社会环境等各方面的因素。各种因素的力量步调要一致，相互配合，对学生形成连续不断、步调一致的教育，才能达到良好效果。

8. 可接受原则

处理突发事件不可忽视的一条就是看当事双方对处理意见或结果能否心悦诚服地接受，不能强加于人，处理流于形式。要让受教育的对象从内心深处接受，认识到错误，进而改正。

9. 冷处理原则

冷处理是对班主任自身而言，在处理突发事件时不能急于表态和下结论，要弄清楚事件的来龙去脉。太过于草率和盲目，往往会使自己陷于被动。保持冷静公平、宽容、服务的心态，那么班主任工作就顺利得多。

二、班级突发事件处理的方法

1. 降温处理法

降温处理法就是对班级中发生的突发事件采取淡化的方法，暂时"搁置"起来，或是稍作处理，留待以后再从容处理的方法。这种方法多用在学生与学生之间、学生与教师之间发生了争执对立，或课堂教学中个别学生发生了一些较严重的违纪事件时。

因为发生突发事件后，学生多半头脑发热，情绪不稳，很难心平气和地接受教育，有时甚至会产生严重的逆反情绪，使局面难以收拾；而教师也容易心理失衡，缺乏充分的心理准备和冷静的分析，如果贸然进行"热处理"，难免发生失误或难以取得最佳的教育效果。例如，一位老师上课时，刚走进教室就看见同座位的小王和小张在打架，你推我拉，互不相让。这位老师没有慌张，也没有大声训斥学生，而是微笑着说："怎么啦，你们俩，都已经是高中生了，有了小矛盾还不会处理？双方冷静一下，相信你们能够自己解决的。好，我们开始上课。"随着老师的话语，同学们松了一口气，小王和小张也松开了手，不好意思地低下了头。一场"龙虎斗"平息了下来。这种方法既避免了事态的激化，又没有浪费教学时间，更主要的是让学生自己解决纠纷，体现了这位老师的现代教育意识。因此，对待突发事件，常用的办法就是冷处理。冷处理是从班主任和学生的心理状态的角度提出的，也是从提高教育效果的角度提出的。实施冷处理，并不是对事件不作处理，也不是拖拖拉拉不及时处理，而是尽量减少突发事件的负面影响，争取调查了解的时间，等待最佳的教育时机，为全面、干净、彻底解决突发事件做好充分准备。

2. 幽默化解法

有些突发事件形成了一定的尴尬局面，但却不值得争个曲直长短，如果非追究下去不可的话，结果只能是越搞越糟。遇到这种情况，聪明的办法就是用幽默来进行化解。运用幽默不仅是为调节情绪，缓解冲突，更主要的是，它本身就是教育的武器。幽默是智慧的表现，也许能将一场冲突消于无形，"谈笑间，樯橹灰飞烟灭"。一次上课的时候，老师用多媒体给同学们放科普录像，孩子们都在认真地看着。老师突然发现一个同学趴在桌子上，双手在抽屉里不停地玩着什么。走近看，原来他在玩眼镜。老师有点恼了，可是反过来一想，老师这时批评，会伤害这位同学的自尊心。于是老师弯下腰，掏了一块手帕递给他，说："怎么了？看不清，把眼镜擦一擦，就好了。"孩子的脸红了，用手帕擦了眼镜，认真地看起录像来。

像这样的处理，寓教于笑，妙趣横生，学生感受到的只会是春风拂面，只会是诙谐和机智，从而发出会心的一笑，投入到正常的学习中。

3. 以变应变法

当课堂教学超出原来的设想，突然出现意料不到的情况且影响到正常的教学时，教师可以采取以变应变的方式。例如，著名特级教师于漪老师上课时，几只蝴蝶飞进了教室，吸引了同学们的注意力。于漪老师是这样处理的：她首先让学生把蝴蝶赶走，然后让学生以蝴蝶飞进教室为题打一词牌名，同学们苦思冥想不得其解时，于漪老师给出了答案："'蝶恋花'啊，因为你们都是祖国的花朵！"在同学们会意的笑声中，于漪老师又开始了她的讲课。

4. 借题发挥法

把课堂教学中的突发事件巧妙地融进自己的教学中，利用课堂教学中出现的意外情况，借题发挥大做"文章"。一位政治特级教师也碰到过麻雀飞进教室的情况，他借"不速之客"麻雀的出现，给大家讲了一个"麻雀的冤案"的故事："20 世纪五六十年代，我国曾经把麻雀与苍蝇、蚊子一起列入害虫名单，在全国开展消灭麻雀的运动，理由是麻雀偷吃掉大量的粮食。但事后的实践表明，麻雀蒙受了冤屈，因为麻雀对人类的益处远远大于它对人类的危害。"之后，他又以此为题，让学生运用所学的哲学道理加以分析。同学们反应热烈，兴趣十足。有的从矛盾主次方面的角度，说明麻雀对人类有利有弊，但利大于弊，看问题应抓住本质和主流；有的运用普遍联系的原理，分析消灭麻雀会破坏生态平衡；还有的从认识发展的角度，说明人类对麻雀的认识经历了一个不断深化的过程……这样，这位教师巧妙地借麻雀的出现，引导学生复习巩固了所学知识。

5. 因势利导法

所谓"势"，是指事情发展所表现出来的趋向。处理突发事件时，要注意发现和挖掘事件本身所表现出来的积极意义，然后或顺势把学生引向正路，或逆势把学生拉向正轨。曾有学生在粉笔盒里放了一条冬眠的蛇，希望给新接班的女教师一个下马威。但那位教师巧妙地运用了因势利导的方法，将消极因素转化成了积极因素。她在同学们安静下来后，带着余悸平缓地说："据说每位接我们班的新老师，都收到一份大家赠送的特殊礼物，王老师的灰老鼠、郑老师的大黄蜂……而我呢，你们送了条水蛇。"她微微笑了笑，指着那条蛇说："我是第一次这么近看到蛇，刚才还摸到它，着实吓了一跳。不过我觉得捕捉这条蛇的同学挺勇敢，至少有一定的捕蛇经验……我相信，凭他们的能力，不仅仅能做到勇敢，还应该做出点其他什么，老师相信你们。"那几个调皮的学生原本等着看"戏"挨训，却没料到老师还表扬了自己，那可是非常难得的，可不知为什么他们就是高兴不起来，只是呆呆地听老师讲有关蛇的知识……第二天早晨，这位教师又踩着铃声走进教室，一股清香扑鼻而来，她惊喜地看到，讲台上的粉笔盒里插着一束野菊花，教室里鸦雀无声……从此，这个班变了。

6. 爱心感化法

突发事件经常发生在一些"学困生"身上，他们自尊心强，同时自卑心理也较重，他们十分渴望得到老师的信任和尊重，即使有了差错，也希望得到谅解。作为老师，应坚信每个学生都是可以教育好的。在处理突发事件时，注意把严肃、善意的批评与信任、鼓励结合起来，把"尽量多的要求"与"尽可能多的尊重"结合起来，切不可感情用事，用训斥甚至体罚或变相体罚等方法简单粗暴地处理，以免激起师生之间的矛盾，造成师生之间对立情绪的扩大。这正如苏霍姆林斯基所说："教育，这首先是关怀备至地、深思熟虑地、小心翼翼地触及年轻的心灵。在这里，谁更有细致和耐心，谁就能获得成功。"

7. 巧妙暗示法

巧妙暗示法多用在那些上课注意力不集中、思想开小差的学生身上。当突发事件发生时，教师可视情况用语言、眼神、手势等作暗示。如果暗示不起作用，教师可换用个别提醒法，可以边讲课边走到该生身边，或亲切地摸摸他的头，或轻轻地敲敲他的书本和课桌。如果以上两种方法都不见效，还可以尝试重点提问法，通过个别提问，强迫学生把注意力转移过来。如发现有学生打瞌睡，教师随即说了句："春风吹得书生醉，莫把课堂当睡堂。"同学们一笑，那位同学睡意全无。再如对个别开小差的学生，可提醒道："唯物辩证法告诉我们，任何事物都是一分为二的，但唯有一心不可二用，上课时一定要集中精力。"

8. 停顿休整法

当学生精神疲劳，无法集中精力学习时，教师可暂时停下来，让学生闭目养神休息几分钟，或做做小游戏，或唱上一支歌，或讲个幽默风趣的小故事……待学生精力恢复，注意力集中时，再讲课，效率会大大提高。

在课堂上，只要教师能根据不同的情况，因势利导，采取相应的应变方法，就一定能够处理好各类突发事件，取得良好的教学效果。

三、班级突发事件处理的意义

突发事件往往都是些棘手的事件。如果班主任对突发事件处理得好，可以迅速有效地平息事端，化干戈为玉帛，变坏事为好事，能提高教师的威信，增进师生的了解和感情，又是对全班学生进行思想教育的一个契机。而一旦处理不当，则极易使事态激化，导致师生矛盾冲突，甚至发展成难以挽救的恶性事件，对学生的身心造成伤害。突发事件看似偶然，其实在偶然中也蕴藏着必然发生的原因。所以，班主任要有敏锐的洞察力，有处理突发事件的心理准备，多总结突发事件处理的经验，多探索处理突发事件的技能。

【案例】

乌鸦喝水的新难题

在组织引导学生学习《乌鸦喝水》的第三课时，我为了落实三维目标的情感目标，即让学生明白乌鸦会动脑筋解决困难，在生活中也应该向乌鸦学习。通过我的启发，大部分学生都形成了乌鸦真聪明，通过投石子终于喝到了水的共识。唯有一位学生提出了异议——乌鸦不一定能喝到水！那是一个虎头虎脑的小男生，稚气的脸上满是执著。平时总是乱说一气，令我反感。这会儿，他一语惊人，认真倾听的孩子们都低声交谈起来。我有些惊慌失措，但也感到意外的高兴："你为何这样说？"我追问。"因为石子会把水淹没！"孩子忽闪着大眼睛。教室内静得出奇，我也是满腹狐疑。"石子怎么会淹没水呢？你给我们说说好吗？"他眨着忽闪的眼睛，难以启齿的样子令我着急，因为快到下课时间了。果然，没等他开口，铃声即响，本想拖延两分钟，可又担心学校领导检查扣分，于是来不及小结就命令下课了，那孩子默默地坐了下去，沮丧的神色中透出一丝不服。

课后，我独自找到了他，向他请教："乌鸦为何不一定能喝到水？"开始他十分胆怯，不信任地看着我。经我再三鼓励，他终于道出了原委。"昨天我和康康玩过了，他的瓶里装的水多，投进石子后，水漫到了瓶口；我的瓶里装的水少，石子反而把水淹没了。只有瓶中盛着大半瓶水的时候，乌鸦才能喝到水。而书中只说瓶里有半瓶水，若是少半瓶的话，乌鸦就喝不到水了。""真聪明！"我摸着他圆圆的小脑袋，由衷地赞道："今天你使我学到了许多知识，谢谢你，小老师！"孩子终于自豪地笑了，神采中更多了一份自信。

不说"乌鸦不一定能喝到水"是否一定正确，但它却充分表现了学生大胆的怀疑精神，从实践中得出结论更是一种求实的科学品质。不正是由于这种精神、这种品质，才有伽利略的两个铁球同时着地的真理吗？一句富有新意的"石子把水淹没了"是一个极富创造力的见解，学生的创新精神和创新意识在此萌芽。我珍惜这样难能可贵的教学资源，可是时间的安排不妥限制了学生个性的张扬。事后的真心交流延续了课堂，我的做法是对的。教学本是一种对话，对话中既没有无所不知的圣人，也没有完全无知的愚人。师生双方相互平等，在对话中相互尊重、相互学习。在以上教学中，我能尊重学生的观点，愿意聆听学生的见解，并肯定"乌鸦不一定能喝到水"的正确性，只是遗憾对学生大胆的怀疑精神和求实的科学品质没有及时作出赞赏，没让这段精彩在课堂绽放。如果时间可以，也许学生的思维会超出乌鸦能否喝到水的问题……

第三节　班级突发事件的应对

班级出现种种突发事件有偶然性，也有一定的必然性。班主任只有站在学生心灵成长与心智发展的高度，来查验一个个突发事件背后的诱因与心理"构件"，在理解与尊重的前提下，运用艺术化的方式来合理解决，才能化"险"为"夷"，变"弊"为"利"，将突发的矛盾甚至是充满"火药味"的对峙衍化为促进心灵成长与进步的教育平台。

一、日常管理中突发事件的应对

教育活动是活生生的，有时常常会碰到一些"干扰"正常教育进程的突发事件，这需要教师具备优秀的教育机智和良好的应变能力，具备精湛的教学艺术和强烈的创新精神，变不利为有利，化被动为主动，将突发事件融入教学活动中，化解成为新的教育契机，让教育更生动、更精彩，虽"突发"而"自然"。即便是那些恶性的、消极的突发事件，只要教师冷静沉着、善于引导，同样可以成为教育的新亮点。巧妙、艺术地处理突发事件，反映了教师的教育创新，这也是新课改对教师提出的挑战与要求。

【案例】

讲台上的洞

一天上课，李老师刚进教室，就惊讶地发现刚换来两天的讲台被砸了个小窟窿。"弄坏新讲台居然没人吱声"，看在眼里，气在心上，他暗暗发誓一定要挖出这个"毒瘤"，但又觉得不能操之过急。短暂的犹豫之后，他开始若无其事地讲课……下课铃一响，他满脸微笑地转身离去，好像什么事也没有发生似的。常言道：欲速则不达。班集体犹如人的肌体，有些"小恙"，也经常不治自愈。事情虽然过去两天了，李老师仍然心平气和，可班里却有些异样，几个班干部也有些忙忙碌碌。直到第三天上午，当他走进教室的时候，随意地用眼睛瞥了一下那个小窟窿——啊，讲台已经完好如初了。这时的他，脸上虽然是严肃的，可心里却是微笑的。就在李老师上完课要离开教室的时候，班里平时很守纪的小聪跟了过来："老师，是我不小心把讲台打烂的。"他的声音小得几乎让老师听不见，"我……我本来不想让你知道，可是……"老师什么也没说，一边用宽容的态度倾听着他的自我悔悟，一边拍着他的肩膀往办公室走去……

孩子的心就像是玻璃做的，一旦不小心打碎了它，是很难修复的。处理这样的突发事件应十分小心，不要动不动就把孩子的某些过失暴露无遗，可采取欲擒故纵的方法，即将事情暂时放在一边不予理睬，让孩子自我反省，知错改错，这既是道德的规范，也是我们教育的目的。

二、师生冲突的应对

师生关系蕴涵着权力运作，现代权力具有的关系性、网络化、非中心等特征在师生权力互动中明显存在，既与传统权力形成矛盾，又因规训权力的泛滥成为师生冲突的诱因。虽然师生冲突行为属于师生内部矛盾，但如果得不到妥善处理，将会造成不必要的伤害，甚至影响社会稳定。

【案例】

咆哮的小成

学生小成平时经常迟到，并且不交作业，属于"虚心接受，坚决不改"型学生。上学期接近期末时，小成连续迟到数日，有一天甚至出现了不穿校服的现象。放学后，班主任王老师把他留了下来。他先是闪烁其词，而后突然两眼充满泪水，歇斯底里地大声咆哮："你们就问吧！问吧！我出车祸被人撞死了也不会有人管我的！"

被学生这一吼，老师忽然一愣，难道我错了吗？回想自己并没有任何不适当的言辞，老师马上又恢复了镇定，暂停了说话，让他坐下，冷静一会。

小成是特困生，父母离异，今天情绪这么反常，王老师决定联系一下他的母亲。他母亲告诉王老师，最近小成看到广告，可以免费培训日语，帮助获得去日本留学的机会。在没有和母亲商量的情况下，他独自去了舅舅家，声泪俱下地诉说自身家庭的不幸和自己立志好好学习的决心，竟然说服舅舅，如果通过考试就资助他去日本学习。所以，这段时间，小成可能一直沉浸在去日本留学的梦想中，放松了在校的行为常规。至于歇斯底里的吼叫，小成母亲说已经有过好几次了。

听了小成母亲的话，王老师首先和小成的母亲针对小成的情况进行了分析，希望家长在鼓励孩子的同时，不能违反现在在读学校的各项纪律。小成的母亲表示支持王老师的观点，并会对孩子进行教育。挂了电话，小成的情绪恢复得差不多了，王老师开始和他聊起来。虽然不太看好学生的出国梦，但是，王老师首先还是肯定了他的这种美好愿望和为之进行的付出。然后强调了他是在读学生，梦想实现前还是要严格遵守在读学校的规章制度……小成表示理解、同意老师的观点。聊完已经将近6点了，小成嘟囔着说："今天家里没有剩饭，身上又没钱，得饿肚子了"。于是王老师带着他一起吃了晚餐。这件事后，小成在校的表现进步了很多，特别是迟到和校服问题几乎没有再发生过。

☞**案例分析**：事件中，学生的情绪前后变化很快、很大。从最后的处理结果来看，这些情绪变化可能是学生掩饰错误、引起教师错觉的一种方法。这类学生的家庭教育通常有问题，学生可能习惯于用此类错误的方法蒙混已犯的错误。在处理此类事件的过程中，教师首先要调整好自己的心态，注意自己的言辞；然后通盘了解根本原因所在；最后，教师要秉着特有的耐心和爱心，让学生既了解到自己的症结所在，又感受到老师对他的关心。这样，教师才能慢慢将学生导入到正确面对错误、积极改正错误的正途上去。

三、学生自身突发事件的处理

对学生而言，班级即是一个儿童社会，"是社会影响学生个人和个人进入社会的重要通道之一"。在这样一个"微型社会"里，各"社会成员"身上所具有的个体差异性必然会产生这样那样的矛盾。和现实社会一样，班级也是各种矛盾的对立统一体。有时，个体与个体之间的矛盾会趋于缓和，有时，这种矛盾又会激化，以一些突发事件的形式出现。小学生心智尚未发育完全，自我意识尚未成熟，所以，在他们的成长过程中，经常会出现突发事件。

【案例】

小 龙 的 头 发

学生小龙平时在校表现不错，只是在头发问题上总是较难沟通。有一天学生的头发明显呈现出微微的波浪形，张老师让他回去整改。双休过去了，学生的头发没有改变。按照要求，张老师让其立刻回去整改，并通知了学生母亲。

没想到，下午快放学时，学生和他的姨妈来到了学校。学生的头发没有任何变化，他的姨妈怒气冲冲，指责老师不该让其回去整改，整改的时间按旷课处理对学生太过严厉，并说学生的头发是家长允许的，孩子长大了，稍微做个头，又不是很明显，这是定型不是烫发染发，有什么不可以。

老师首先肯定了家长对学校纪律处理的重视，有如此重视学校纪律的家长，孩子也会因此特别理解纪律的严肃性。然后解释了中学生日常行为规范对中学生仪表的要求，不论是定型还是烫发染发，性质都是一样的。这会在一定程度上干扰学生正常的学习生活。

最后，针对家长的情绪，张老师也做了让步，可以考虑是否取消旷课纪律处理，但前提是学生必须在家长陪同下在规定时间内整改好头发。

处理完毕后，学生家长和学生满意地离开了。学生也如期整改好了头发。

☞**案例分析**：心理学研究表明，外界的教育作用在人们情绪激动时，常表现为零效应，甚至产生负效应。发生了突发事件，学生犯了错误家长情绪激动时，班主任不可急于批评，而是有意"拖延"，耐心"等待"，以退为进，有时会收到意想不到的好效果。

事件中，如果教师和家长顶牛，各执一词，"战争"只会爆发得更猛烈。因此，要处理好双方的矛盾，必须首先平息对方的怒火，待对方平静下来后，抓紧了解事件发生的经过，抓住主要矛盾，寻求解决问题的突破口。最后，指出解决问题应当寻求的正确途径和方法。这样，便可使对方的认识得到提高，问题得到圆满解决。

四、学生意外伤害事故的应对

　　小学班级工作千头万绪，教育目标、内容的多样性，学生身心特征的复杂性，教育过程中的生成性，都决定了班级工作不可能都按照事先设定的程序运行，肯定会遇到许许多多的突发事件。在班级管理中，学生伤害事故的预防与处理问题总是处于最焦点的位置，它是学校得以和谐发展、学生得以健康成长的关键。在遇到班级意外伤害事件时，班主任应该冷静沉着，因势利导，重在教育学生而不是借机批评。

【案例】

学生的"战斗"

　　一天下午四年级一班体育课，上课不久，有学生到办公室向我汇报，说教室内有两名同学在打架，打得很凶，有一个甚至耳朵被打出了血。我闻讯赶到教室，只见郑 XX 与张 XX 正气势汹汹地对峙着，若不是周围几名同学拉着，"大战"仍不会停息。周围的"战场"一片狼藉：几张课桌歪歪斜斜，几个书包被丢在地上，里面的书撒满一地。见此情景，我不由火冒三丈，但还是决定"冷处理"。叫走其他几个同学，我吩咐两人并排坐在我面前，足足有五分钟，我看着他们，一句话也没说。郑 XX 先还显得激动未平，后来见我这番情景，马上平静下来，和张 XX 一起疑惑地看着我。见已经"冷"得差不多了，我就让两人说说情况，但不能说"他对我怎么怎么样了"，必须说"我对他怎么怎么样了"。于是两人便吞吞吐吐地说自己在"战斗"中的表现，说着说着，两个人便低下了头。紧接着，我从"一个巴掌拍不响"开始，联系刚学过的《跳水》一课，对他们进行了一番教育，说得他们心服口服。最后，他们握手言欢，并相互为对方收拾起书包和课桌。这件事我没有在班内当众批评，也没有向双方的家长通报，但从这几个月反馈的情况来看，两名同学再也没有相互或与他人发生过争执。

　　☞ **案例分析：**四年级的学生实际上已经有了一定的自我评价能力，能够用道德准则评价自我和他人的行为。因为自我监控能力不强，所以会产生过激行为。突发事件中，有不少正处于"鼎沸"的热点，班主任稍有不慎就会"火上浇油"。以这件事为例，在当时相互对峙的情况下，如果班主任直接介入，当众大声呵斥这两名同学，或不分青红皂白直接请学生家长到校配合教育，会极大伤害学生的自尊心。而自我意识的培养最重要的就是对学生自尊心的培养和呵护。假如在学生自我意识萌生之初被重伤了自尊心，可能导致的直接后果就是逐步产生逆反心理。所以，将"热点"事件冷一冷，人工降温，再顺势让学生进行自我评价与反思，晓之以理，动之以情，既能有效化解"危机"，又能增强学生的自我认识、自我监控能力。在一个星期后的家长会上，郑 XX 与张 XX 的家长分别找我谈了这件事，都说学生当天回家就主动向他们讲了事情的经过，并向家长承认了错误。

学 习 思 考

1. 班级常见的突发事件有哪些？
2. 班级突发事件常用的处理方法有哪些？

第九章　班级管理与校外合作

学习目标

1. 了解社区教育的概念。
2. 理解学校与家庭、社区合作的意义和原则。
3. 掌握学校与家庭、社区开展合作的方法。

案例导入

家访的语言艺术

某学生历史成绩非常差，班主任为此去家访。学生的父亲问："我儿子的历史学得怎么样？我做学生时最头疼的就是历史，经常考不及格。"教师笑了，随口便说道："我正想同您商量，怎样使历史不再重演。"话一说完，他们就相视而笑，这信手拈来的幽默，一语双关，轻松诙谐，既说出了不便直言的话，又润滑了教师与家长的关系，从而可以争取家长的积极配合。

☞**案例分析：**进行成功家访的前提就是得到家长的接待和信任，而要达到这点，家访时如何进行交流沟通，就显得格外重要了。班主任进行家访时讲求语言艺术，不仅能吸引听者的注意力，而且能与听者建立亲密的关系。班主任进行家访时首先要注意幽默，幽默可以使谈话的气氛变得轻松和谐；其次要注意委婉，说话委婉是指在不便于直接说出本意的时候，抱着尊重对方的态度，采用同义代替、侧面表达，模糊语言等方法，含蓄曲折地表达自己的本意；再次是讲究灵活。灵活指说话人根据不同的对象、不同的场合，确定自己的谈话内容和谈话方式，并且在情况突然变化时能迅速地调整其说话的内容与方式；最后是注意分寸，班主任家访时要注意斟酌语言，措辞要有分寸，千万不可因失言导致失礼。从教育者对成功家访的追求可以看出，学校与家庭的合作是教育成功的重要条件之一。

法国的孟德斯鸠曾说："我们接受三种教育：一种来自父母，一种来自教师，另一种来自社会。"当今世界各国已普遍认识到，青少年儿童的教育仅靠学校单方面的力量是难以完成的，尤其需要家庭的通力合作，二者合作的好坏直接影响着教育目的能否实现，同时还需要社会的鼎力协助。

第一节　学校与家庭的合作

一、学校与家庭合作的意义

1. 有利于协调家校双方教育力量，产生合力

家校合作可避免家庭教育与学校教育的相互削弱与抵消，这一点是显而易见的。家校一致可防止社会不良现象对学生的侵害，避免给不良影响以可乘之机，使学校教育发挥出最大效能。当学生感觉到教师和家长在为自己的进步而协同努力时，他们会因这种关注而受到极大鼓舞，产生向上的动力。一般而言，凡是在家庭中受到不良影响的孩子，往往就是学校中最难教育的学生；而在学校里表现欠佳的学生，一旦其家长参与转化工作，往往进步显著。

学校尽管是一种专门性的教育机构，它可以对影响学生成长的校内环境进行有效控制，但它很难对校外环境进行有效控制。由于中小学生有相当一部分时间是在家中度过的，这段时间若没有良好的家庭环境控制，学校教育的效果就得不到呼应或强化。

2. 有利于促进学生健康、和谐的发展

家校合作的初衷与最终目标便是学生，一切教育的策略研究都是为了学生成为最终受益人而服务。现代社会中，学生享有的权利不仅包括家庭教育的权利，也包括对公共教育中是否实现教育公平和对儿童最大利益保护的监督权。家校合作使家长可以通过家长委员会或其他相关组织机构行使对学校教育的监督权，最大限度地保障学生的权利，使学校可以通过家长共建机构等对学生的教育实现效能最大化。这样，家校合作将更有助于增进孩子的综合成长，使学生身心愉悦地投入到生活中来，心智得到长远发展。

3. 有利于实现学校对家庭教育的引导与提升

家庭教育更侧重于血缘关系的亲情教育，无可避免的是感性大于理性的。"慈爱冲动"出现时，教育的偏差便随之而来，甚至成为学生长远进步的阻力。而学校作为专门的教育机构，可以从学生的年龄、生理和心理特点，在学生的教育理念与方法上对家长进行专业、有效的信息共享和指引。因此，家校合作能够实现学校对家庭教育的引导与提升，从而提高家长的教育水平和素养，与学校教育达成共识，为学生的整体发展打下坚实的基础。

4. 有利于增强家庭对学校教育的管理与共建

首先，学生最初的启蒙教育来源于家庭，家人更能从亲情的角度了解学生的真实想法，

缺少家庭对学校教育的管理，不利于学校从综合的角度宏观衡量教育现状及隐性问题，从而滞缓对学生的教育教学的发展。第二，家长来自于社会的各个行业，更可以成为丰厚的教育资源。学校教育对家长资源的开发与利用尚未得到重视。家校合作可以使家庭作为独立的参与体走进学校的工作中来，从被动的参与者到行使权利的决策主体，意识与行动的质变转化会使家庭对学校教育的管理与共建得到增强。

5. 有利于迈向学习化社会

联合国教科文组织早在 20 世纪 70 年代发表的《学会生存》报告中，就提出了终身教育和学习社会的概念。家校合作正是促成学习社会化、教育社会化的一个重要方面。在现今这个时代，受教育不再是人生特定年龄阶段的事情，也不再仅限学校的事情。社会本身正逐渐演变成一个大学校，每个人都能在他需要的时候，随时随地得到合适的教育机会。学习成为每个人的生活需要，或成为每个人基本的生活方式。每个人既是教育者，同时又是受教育者。

家校合作是一个家庭与学校相互学习、相互教育的过程。家校合作对于家长是一个受教育的过程。在家校合作中，家长不仅可以向教师学习，也可向其他家长学习，并与他们交流、分享教育子女的经验。家校合作对于教师也是一个受教育的过程。由于家长们的职业、经历和社会背景各不相同，他们可向学校提供大量的信息，教师可以从中学到许多他们所不知道的东西，并分享家长的独特经验，甚至可以帮助教师反思自己的教育经验。

二、学校与家庭合作的原则

1. 尊重与平等的原则

尊重与平等是基于真正对人的尊严的认可和维护的信念，是家校合作沟通的重要前提和保障。对部分小学生家长而言，在参与学校管理时，受个人职业、家庭收入、文化程度、传统观念等背景条件的限制，缺乏相关经验，自信心不足。因此，这就需要学校的行政人员与教师群体用平等、尊重的眼光看待家长，真正把他们看作是推动学校发展、促进学生成长的一分子，尊重他们在参与过程中的意见和建议。具体而言，平等尊重首先是话语权平等，即家校双方在有关学校管理的各项事务上都有平等发言的权利；其次，以学生为本。当家校之间发生意见分歧时，在尊重双方意见的基础上，要着重以学生为本的原则，立足于最大限度地促进学生发展，实现最大限度上的公正和彼此尊重。家校合作只有通过尊重与平等的沟通交流，才能够使家庭教育与学校教育站在同一个平面上相互理解与配合，在深入的探索合作中达成共识并采取有效策略，以便实现共同的教育目标。

2. 责任与权利的原则

家长与学校在合作中，双方应当共同担当责任并享有应有的权利。在英国，父母把孩子送进学校，就会与校方签订一份具有法律效力的合同，包括学校对家长做出的承诺及家长和学生对学校做出的承诺两部分。在中国香港，1999年教育署就鼓励各校自行制定《家校合作宣言》，明确规定家长、教师、学生的责任及各自要承担的义务。共同担当责任，会使家长与学校共同面对学生的教育问题，担负起各自对于学生不可推卸的责任，使得家庭教育与学校教育的优势发挥出来，进行有效地协调配合。分享权利，会使合作中的家长与学校均体现出教育的主体性，共同享有教育权利，保障双方彼此的教育权益。这样保证了家庭与学校合作的积极主动性，避免产生合作的消极情绪，是防止教育合力削减的重要原则。

3. 沟通与互动的原则

沟通是人类社会交往的基本行为。家庭和学校为了实现共同的教育目标，必须通过沟通与互动，进行信息的传递与思想的交流。例如，通过定期填写家校沟通卡、开通手机"家校通"业务、建立家校网络平台等方式丰富家校沟通的途径。家校的积极互动使家校双方能够随时了解对方在学生的教育上存在的问题和困惑，并通过双方的合作提出解决的方法，这样更有助于教育效能的提升。遵循沟通与互动的原则，能够让家庭与学校得到彼此的真实想法与意愿，避免无谓的猜忌、误解，及时的沟通互动更能促进双方在教育过程中的参与热情，从而采取策略，提高两者教育力量的作用。

4. 互助与兼容的原则

不同的知识结构、社会层次等因素都会影响一个人对事物的理解与处理问题的方式，所以家庭与学校合作时应当采取互助兼容的原则。家长可以根据自身的资源优势，按照个体的特长及能力酌情参与到学校的共建活动中来。具有专业知识的家长可以对学生进行专业知识的日常简单培训；具有社会实践技能的家长可以参与对学生进行的教辅活动等。通过这样的方式，家长们不仅能发挥特长，而且能更有效地参与到学校的管理活动中来。这既是对学校资源的开发，更提高了学校的管理效能。同时，学校也可以根据教育的专业性，对家长进行资源的共享和供给(如家长成功教育培训、定期开展家校论坛等)。这些都能缩短家校距离，帮助家长走出教育的误区。家校合作的每一方，都本着站在对方的角度考虑事情，能够以兼容的态度面对双方事务，那么家校合作便会化解更多不必要的矛盾，沟通会更亲和、更顺畅，合作会更和谐、更有实效性，教育合力会更强。

三、学校与家庭合作的方式

1. 构建良好的家校合作氛围

营造家校合作的文化氛围，可以使学校、家长、学生在潜意识中产生积极的熏陶作用，让合作的意识、团队的精神渗透到彼此的教育关系中来，消除人际间的心理防备与抵触，让三方在家校合作的氛围中拥有参与的认同感和归属感。学校的态度，是欢迎家长积极主动参与到学校的活动中来，还是认为家长过于干涉了学校的教育管理，或者认为学校和家长应当各司其职，各尽其责呢？积极的做法应该是学校教职员工主动积极地接纳家长为合作伙伴，学校能够尽其所能让家长真正参与到学校的事务合作中，从而建立一种良好的家校合作氛围。

家长如果有空想来学校了解孩子一天的学习，可以随时提出要求，只要提前几天预约，可以根据自己的意愿决定听几节课或全程参与一天的活动。对于大多数家长来说，总是习惯于学校发出邀请才来听课，能主动预约听课需要建立在家长已非常主动参与学校工作的基础之上。许多家长也往往会有一些顾虑，想到这样做会不会留下一个不信任老师的坏印象。因此，可以把这项工作交给班级的家长委员会，由他们提出。同时做好教师的思想工作，消除他们的误解。这样做，可以弥补一些家长因不能参加一学期一次的家长开放日活动的遗憾，又让家长感受到自己的权利得到尊重。家长们通过一天的全程参与，对自己的孩子会有一个更全面的了解，从老师的教学中学习一些有效的教育方法，感受教师工作的辛苦，从而更体谅老师。

2. 成立家长组织

成立家长组织是非常有效的发挥家长作用的工作方式，其职责是协调班主任与家长的关系，沟通学校和家庭的联系，监督学校教育工作，为学校和班级的工作提出要求、提供帮助，协助班级做好有关工作。

首先，学校可以建立一个"家长资源中心"，欢迎家长参与学校活动。学校可提供房间，供家长们作为活动场所。屋内的设施如沙发、桌子、水瓶、公告牌等，可由家长集资购买。班主任可以在班级建立"家长角"，将当天作业情况、班级活动情况给家长的通知放置其中，让家长可以在适当的时间到该班级了解学生情况。家长还可在家长中心和教师进行短暂的会谈，与孩子交流情况等。

其次，推选"家长代言人"。可以年级为单位，由家长自愿报名，通过民主选举的方式，由学校和家长们共同在报名家长中选出一定数量的家长，来直接参与家校沟通与合作。家长代言人行使的权利和义务主要有以下几点。

(1) 让家长代言人代表广大家长，成为学校教育决策的参与者。家长参与学校决策的全过程，即决策形成、决策执行和决策监督。美国学者赫钦斯认为，家长有参与决策的理论基础。首先，人们对没有参与制定的决策，在执行过程中缺乏责任感；其次，整理信息、决策及推行的过程本身，就具有教育意义。家长、学校相互学习，有益于改进管理技能；最后，家长最了解孩子所处的家庭环境，也最了解孩子的个人情况。因此，参与到孩子的教育过程的规划是极其必要的。如此可把低层次的合作，逐步演变为高层次的合作形式。

(2) 学生或家长有意见和建议又不便直接与学校对话时，可向家长代言人反映，由家长代言人直接与学校对话。

(3) 家长代言人负责收集、提供家长们的教育资源信息，协助并督促学校办学的进一步规范化。

（4）家长代言人向学校反映情况的方式可以有多种，如可以打电话，可以填写手上持有的对学校意见表、建议卡，放入校长、教师信箱，也可以直接上门对话等。

（5）家长代言人可组织学校活动的自愿参与者，自愿为学校提供无偿服务。这类家校合作的方式主要有辅助班主任、家长报告会、课外辅导，以及参加不与学生直接打交道的工作，如在图书室、家长室的工作，设计或整理课堂资料和学习游戏等。显然，这种类型的参与已经渗透到学校日常的教育活动甚至课堂教学之中。自愿参与者也不仅仅限于学生的家长，还可以是其他一些与学校家庭没有联系，却具有教育意义的典型人物。以这种角色身份参与的家长，关注的不仅仅只是自己孩子的教育，而且学校的整体教育也成了他考虑的一部分。但是，以这种身份进行的参与活动，对学校和家庭都有较高的要求。家长须有较高的文化素质和修养，甚至在某方面具有一定专长，要有积极的参与欲望，教师或其他专职人员须有较强的组织才能和合作技能。

3. 家长会

家长会是传统的家校合作方式。传统的家长会，通常会在学期末进行，以班级为单位，由教师介绍班级学生一学期以来的表现、成绩等。一般单向交流多，双方共同交流少。理论上说，家长会不仅仅是向家长通报学习成绩这一项，还应当将学校、班级开展的一些活动，教师的教育情况都向家长说明，让家长对自己的孩子在学校表现有全方位的了解。具体可以从以下这些方面考虑。

（1）近期班级情况概述。一般家长来学校，比较关心学校的事情，每次开家长会都会看到家长在走廊里看学生展板或翻看自己孩子的书桌等，在寻找一些信息。所以，班主任应该把学校和班级近期的基本情况作一个概略的介绍，以便使学生家长了解学生情况，了解孩子所在学校和班级的基本安排，为开好家长会做一个铺垫。

（2）家长之间的交流与学习。一个优秀学生的背后，常常有着优秀的家长。在家长会上，可让优秀学生的家长谈一下自己的教育方法等，可以起到良好的带动作用，也可以专门抽出时间，让家长们互相交流思想与体会，或者针对某个热点，如就学生在什么时候可以玩电脑、青春期异性交往等问题展开讨论。

（3）通过家长会向家长了解孩子在校外的信息。家长会一般都是家长向老师了解孩子的表现。其实，家长会也是班主任通过家长进一步了解学生情况的一个重要途径。例如发放家长问卷调查表，是教师向学生家长了解孩子情况的常见方法。发放家长问卷调查表，主要目的是更好地增强家校之间的了解，内容涉及学生在家的表现以及与家庭其他成员间的交流等。还可以让家长对孩子留言，对班主任提出一些建议和要求，等等。通过这样的调查，不仅可以从中了解到一些未能了解的情况，还能体现出教师对学生家长的尊重与理解，增强师生和家长之间的沟通。

（4）家长会的形式可以更灵活多样。家长会可以大胆尝试让学生主持，可以开成圆桌会议，也可以开成由家长、教师、学生一起参加的联欢会等形式。

4. 家庭访问

班主任的家庭访问是学校工作的一个重要方面。通过与家长的联系，教师可以了解学生家庭的情况及其在家庭中的表现，有利于教师针对学生家庭环境的异同，因材施教地开展教育工作，不使学校教育与家庭教育脱轨。目前，在学校教育中，定期家访的教师已经很少，大部分教师都是打电话把家长请到学校来。教师家访其实是很受家长欢迎的，表明教师对该学生的重视与关怀，从情感上较电话联系更胜一筹。但是也有教师家访不受欢迎的现象。例如有的教师进行的是"告状式"家访，到了学生家里后，不分青红皂白地数落学生家长没有把学生工作做好，或是学生考试成绩太差，影响了班级的及格率，等等，最后双方也没有找出症结，达成共识。结果教师走后，家长一生气，学生遭打。从此，家长对于教师的家访便心存戒惧，学生也产生抵触情绪。显然这种家访是达不到效果的。

所以，教师在家访时应该注意如下问题。

(1) 班主任在家访前要认真准备。根据学生的特点和家长的情况，想好家访内容，确定家访目的。对家访学生的在校表现、各科学习、兴趣爱好、习惯、优缺点等，都要全面了解，以便家访时能信手拈来，提高家访的实效。对学习有困难、经济有困难的学生、单亲家庭或者是生病较严重的学生，家访前要准备得更加充分，可以买些食品、文具或是书籍，表示教师的爱心和关怀。

(2) 班主任家访切忌形式化。首先，教师家访前一定要先与家长预约，不做"不速之客"，以免使家长因教师的突然来访而不自在。其次，教师不要凳子还没有坐热就起身告辞。这样的家访不但达不到家访的目的，甚至还会造成不良的影响，使家长感到教师是应付差事、完成任务的。这不仅有损于教师的形象，更重要的是不利于今后工作的开展。

(3) 分片访问。教师可在风和日丽、阳光灿烂的季节，对学生家长分片访问。首先，教师先做好分片访问计划，根据学生的家庭住址，按远近分片划分。再将约定的时间与地点告知家长。见面的地点可以选择在学生家附近的街心公园或是其他安静的地方。在约定的时间里教师陪伴该学生一起回家，在约定的地点与家长一起交谈。这种谈话的气氛通常是非常轻松自然的，就像几个老友在聊天，谈论自己的家庭和子女，如此可以增强教师和家长之间的友好之情。

另外，校方可用物质奖励鼓励教师家访。现在很多教师不常去学生家家访，主要是因为日常工作繁忙，家访通常会占用教师的额外时间。教师也是正常人，也有自己的家庭生活，对于在休假时间还去学生家庭家访的教师，校方应当表扬，或为教师补偿休假日期，或补发加班工资以促进教师更好地开展家校合作工作。例如，美国新泽西矿山学区委员会规定每周向教师提供两个课时的时间与家长联系。学校要允许教师在工作时间家访，业余时间电话访谈要给予教师一定的补贴。对于家长，社会也要给家长提供参与学校教育的时间，如北京市就曾规定"各单位要支持职工参加家庭教育的有关活动，并将所占工时计入公假"。这些均有待于在实践中日臻完善。

5. 网络是家校沟通的另一重要渠道

近年来，随着信息产业的不断发展、网络的普及，计算机已经成为人们生活中不可缺少的一项工具。人们可以在网上浏览信息，依托网络开展交流，使网络变成联结家庭与学校的桥梁，可从根本上改变传统家校联系中普遍存在的学校向家庭单方面传递信息的状况；而且在交流时间上也比较灵活，可以在双休日、晚上随时保持联系。学校可以建立校园网站，班级可以建立班级网站，或是在 QQ 里面建立群聊等方式，教师向家长通报学校近期开展的各项活动，家长也可以向教师反馈学生校外的情况，互相交流，互相补充，并可以根据自己的需要有针对性地搜集信息；还可以以班级为单位建立聊天角、讨论区，采用网上发帖子等方式，作为班级的交流平台，让学生也可以参与到教师与家长的交流当中。作为受教育者，学生也可以不受限制地参与讨论，促进师生、家长间换位思考。由于网络的虚拟性，学生往往也更乐于真实地表达，从而使教育者更容易了解真实的信息。这种民主的交流氛围，更容易使学生体会到被尊重，更能取得最佳教育效果。这种互动化的交流，既克服了传统单向交流的弊端，也因为符合家长的实际需求，所以必将受到家长的欢迎。

【案例】

旧金山学区的家校合作

旧金山学区的负责人格温·陈(Gwen Chan)认为，家长、监护人与学校的合作不仅仅是支持学生的学习，还要参与到学校发展目标和使命的制定中来。而家长平时的一些支持，例如监督学生完成家庭作业以及保证他们能准时到达学校等，对于他们在学习上取得进步是至关重要的。她还建议家长们可以采用其他方式参与教育，例如会见学生的指导教师，成为学校的志愿者，或者参与学校的理事会等。旧金山学区家长关系办公室出版了2006—2007年度的学区日历。该日历为家长提供了便捷的参考信息，它囊括了旧金山学区所有重要事情的日期，例如旧金山学区的测试日期、学区活动日期(包括返校之夜和家长教师会议)等。家长可以在日历空白的位置填写学生在学校的特殊事件。此外，该日历还为家长提供特定的信息，确保学生能从学校教育中得到最大的收获。例如，日历上的每个月份(不包含假期)都有相应的健康教育主题：

九月——健康的习惯；

十月——警惕毒品；

十一月——预防癌症；

十二月——性传播疾病和青少年早孕预防知识；

一月——关注心理健康；

二月——保护牙齿；

三月——糖尿病知识和阻止虐待儿童；

四月——推进安全和有礼貌的交流；

五月——哮喘病知识；

六月——防晒知识。

这份日历对于家长参与学校教育提出了八个方面的问题，并就每个问题给出了相应的建议。

1. 家长如何帮助学生更好地完成家庭作业

(1) 规定完成家庭作业的时间。父母要尽量为自己的孩子考虑，在家庭日常的作息中空出一段时间，减少娱乐时间，用于完成家庭作业。

(2) 选择一个固定的地点。如果你的孩子有学习的专用桌那是最好不过了，否则可以在特定的时间将餐桌作为学习桌。

(3) 制作一个家庭作业工具箱。里面要有诸如铅笔、钢笔、纸、字典、铅笔刀、橡皮、蜡笔、胶水、尺子和剪刀之类的东西。

(4) 作业时间分配。帮助孩子合理分配作业任务，形成时间表。

(5) 了解你的孩子怎样学习会更有效，例如通过视觉、听觉还是触觉。

(6) 给予鼓励。孩子需要从家长那里得到鼓励和表扬，要知道孩子最重视他们自己父母的观点和意见。

(7) 家长要做一个好榜样。如果孩子看到家长在阅读、写作或者做一些需要自己努力才能完成的事情，他们也会去效仿。

(8) 尽最大努力和孩子的指导教师保持联系。

2. 如何使家长－教师会议更有效率

家长－教师会议是了解孩子在校取得进步的最好机会。家长为这个会议准备得越充分，那么和教师的合作就会越好，越有助于学生在学年的学习中取得更大的进步。一般情况下，家长－教师会议会在春季和秋季召开，家长也可以在其他时间请求召开会议。在会议前，家长要预约一个时间(确保可以参加会议)；了解孩子最喜欢学校的哪些活动以及他是否在学校遇到了一些麻烦；将一些重要的事情详细列表，方便与教师进行探讨。

在会议中，家长要仔细听，对感到惊奇的事情做好笔记；然后提问关于家庭作业的标准、特殊的计划以及孩子在学术和社会领域内取得的成功之类的问题，了解孩子是否前进或者退步，并找出支撑孩子在学校努力学习的动机以及家长可以帮助他的策略和方式。在会议后，家长和孩子讨论会议的内容，解释家长即将要做的一些事情；尝试将提出的策略付诸实践；继续与教师保持联系，确保孩子在学校获得了所需要的支持。

3. 培养孩子积极的人生观、价值观和健康的心理素质

家长在孩子的生活中起着至关重要的作用。不管是在校内、校外还是在家，家长都要培养孩子与人团结、严格要求自己等积极的人生观和价值观。家长要建立明确的制度监督孩子的行为；教授他们化解冲突的方法；帮助孩子建立积极的价值观，做到诚实守信、勇于承担个人责任；帮助孩子学会提前计划并作出决定；与孩子谈论目标设定、决策制定以及抵制消极行为和危险状况的方法；为孩子提供参与家庭活动和决策的机会；让孩子学会

遵守承诺；鼓励他们在学校里做得更好。

4. 学校的学术计划

每年的一月到四月，每所学校都会制订学术计划和发展预算。学术计划包含了学术成绩的目标以及学校的安全、家长的参与(其中包括家长为支持学校发展所参加的活动)。学校的教职工和家长都会聚集起来商讨如何制定有意义的、全面的学术计划和发展预算。计划完成之后，由学校理事会监督贯彻并予以执行。

5. 家长的参与是学校成功的关键

从图书馆到运动场再到放学后的活动，家长和社区志愿者在学校各个领域中起着积极的作用。事实上，家长在学校积极参与的一切都对孩子的成功起着至关重要的作用。家长积极参与活动的方式有辅助教师工作、在学校图书馆工作、在休息和午餐时间协助教师、为其他家长提供咨询、筹款，以及参与学校理事会和咨询委员会等。当然，其中最重要的方法之一就是家长要在家里教育孩子。通过在家里的教育和学习，要让孩子懂得教育的价值，为他们能在未来学校中取得成果作准备。此外，家长应该与教师保持积极的联系，坚持进行积极的对话，参加家长教师会议和学校的重大活动。

6. 测试的重要性

参加标准化测验是进入学校的必要环节。从二年级开始一直到高中、大学，学生每年都要参加考试。学区为家长提供了一些建议可以帮助孩子将考试当做测量学习进步的有效工具，减轻孩子在考试上面对的压力。考试前，家长要确保孩子能有充足的睡眠，保证他们在考试当天吃过早餐并按时到校，以及让学生知道家长希望他能在考试中取得成功。考试后，家长要奖励孩子，并与他们讨论从考试中学到的东西，讨论如果考试再进行一次，他应该怎么做以及下一次考试之前他可以做什么，比如能更努力地学习功课或者在上课时能更认真地听讲。当知道考试成绩时，家长要将孩子看做是一个独立的个体，不要将他的表现与兄弟姐妹、朋友或者邻居进行比较，并且要和教师进行及时的沟通。

7. 家长要认识到教师工作的重要性，学会感激教师

教师会改变学生的一生。有研究发现，在影响学生学习成绩的所有因素中，教学质量是最重要的。然而，教师为了学生所付出的努力却常常被忽视或不被认同。感恩教师周定于五月的第一周。在这一周中(也可以是在全年)，家长要让孩子的教师知道，你很感激他们所付出的一切，并提交一份教师报告。教师报告是一份来自家长或者学生的个人笔记。在报告中，家长要感激教师为孩子所做的一些具体的事情，例如他们花在教育孩子上的时间，对孩子进行的有条理的引导，以及为了他们的进步经常与家长保持联系等。

8. 如何给孩子创造一个良好的学习环境

家长有责任帮助孩子在学校做好学习的准备，但这并不意味着仅仅是让他们正常或按时到校，还包括帮助他们在体力和精神上都做好学习的准备。因此，家长要确保孩子有正常的作息时间，确保他们有充足的睡眠；为孩子选择饮食比较好的学校，确保他有健康的、均衡的饮食；为孩子选择一个安静而充满快乐的学校，要知道暴力和物质欲望对孩子健康

道德观念的养成有着强烈的刺激，家长有责任让这些压力远离孩子的生活；家长要对孩子的功课表现出极大的兴趣，与孩子交流你对他成绩所持的较高期望；培养孩子无论在学校还是家里都要遵守规则的重要意识。

第二节　学校与社区的合作

一、社区教育的内涵

(一) 社区

"社区"是一个社会学名词。基于多学科、多角度聚焦社区，据有关统计，目前对社区的定义有一百多种，但在社区基本构成要素方面形成了大体一致的观点。根据《辞海》的定义，社区指居住在一个地区里进行共同生活的人群，他们进行互相联系的经济和政治活动，形成一个共同生活的集体，具有一定程度上相同的价值观念和相同的认同意识。社会学大百科全书指出："社区是指以一定地理区域为基础的社会群体。"国外诸多学者对"社区"的概念作了阐释。如美国学者 F·M 罗吉斯表明，"社区是一种简单群体，其成员之间的关系是建立在地域的基础之上，他们所强调的是共同利益、共同地域和简单群体"。在我国，费孝通指出："社区是若干个社会群体或社会组织聚集在某一地域里形成的一个在生活上相互关联的大集体。"

从以上观点来看，社区实质上是一个区域性社会，是一定地域范围内(在我国主要以街道、社区居委会、村委会为基本地域单元)，以特定社会活动和社会关系为纽带，并具有地缘上的归属感和心理、文化上的认同感的人群所组成的社会生活共同体。

(二) 社区教育

社区教育是在社区中开发、利用各种教育资源，以社区全体成员为对象，开展旨在提高成员的素质和生活质量，促进成员的全面发展和社区可持续发展的教育活动。

我国社区教育从 20 世纪 80 年代中期兴起以来，已从提高青少年素质的学校社区教育拓展为提高社区全体成员(包括青少年)的素质、生活质量和发展社区的社区教育，以适应教育与社会的相互需要。社区教育要走向未来，实现学习化社会，其途径是教育要走向社会，社会要教育化，这也是社区教育的必由之路。而社区教育的共同参与，社区与学校的双向服务便是社区教育今后的发展趋势。学校要敞开大门，吸引社会力量参与办学，参与学校的监督、评价和管理，参与学校重大决策，参与学校发展规划，以及参与培养与教育学生；另一方面，学校向全体社区成员开放，服务于社区成员，回报社会。

目前，随着社会经济、教育、体制改革的不断深化，学校与社区的合作不断推进。1993

年颁布并实施的《中国教育改革和发展纲要》明确指出："支持和鼓励中小学校同附近的企事业单位、街道或村民委员会建立社区教育组织，吸收社会各界支持学校建设，参与学校管理，优化育人环境，探索出符合中小学特点的教育与社会结合的形式。"而经过这一时期的发展，学校与社区的合作已经从最初社区支援学校的阶段转向学校回报社区的阶段，进而发展到学校与社区互动的阶段。这种趋势体现在学校与社区合作的具体内容上，就是由最初将社区作为学校的德育基地而帮助青少年学生形成良好的道德品质，拓展到学校利用自身教育、文化等优势参与社区建设，帮助社区发展，再到目前学校与社区双向服务，互相促进，其中典型的就是学校体育与社区体育的一体化发展。

二、社区教育在班级管理中的作用

以前，我们往往忽视社区在班级管理中的作用，甚至根本就不涉及这方面的内容，但随着时代的发展，全方位的立体式教育越来越凸显其优势，社区教育的力量也开始逐渐被关注。

(一) 社区教育为学生提供社会实践的场所

1. 社区可提供的资源

社区拥有众多的机关、企业事业单位等组织，相对于学校，社区也具有明显的教育资源优势，包括社区环境资源(包括自然资源、人文环境资源)、社区文化教育设施设备的物质资源(包括学校、图书馆、文化馆、革命遗址、博物馆、体育馆、影剧院等)和社区人力资源(包括教师、社区教育工作者、各行各业专业技术人员、先进劳模、老一辈革命家、离退休干部等)。

2. 利用社区资源可开展的活动

社区资源包括社区内的教育活动场所、教育设施设备以及文化特质资源。我们应该扬长避短，充分协调，对社区内各种资源加以有效整合，以发挥最大效能。街道、社区可以为中小学德育工作提供新资源，为进行有丰富内容的思想教育创造条件。比如，定期邀请社区工作者、社区警务室干警到校举办讲座，对在校学生开展法制教育、理想教育、思想教育，还可以组织学生到社区开展志愿者服务活动，让青少年感知社区的变化、社区的发展。在这些活动中，社区青少年不仅增长了知识，而且在自然美、科学美、社会美的氛围中，潜移默化地受到熏陶影响。

【案例】

打开孩子观察世界的"窗"

某小学近年来开展"打开孩子观察世界的窗"系列活动，充分挖掘周边教育资源，努力扩展学校的教育，给学生提供一个个鲜活的教育场景，让学生通过自主体验，获得自我教育和自我激励的机会。此举收到了良好的效果，颇受家长们的欢迎。

11月12日，大连市的第一场雪悄然而至，气温骤降，但是甘井子区盐岛小学的音乐教室内却热情如火，不时传来孩子们清脆的歌声和阵阵欢笑。原来东北大学大连艺术学院的大学生们正在给不同年级的孩子们上音乐课。这是盐岛小学近年来开展"打开孩子观察世界的窗"系列活动中的一个环节：理想之窗——走进大学，与大学生哥哥、姐姐手拉手。

德育之窗：在"雷锋纪念日""八一建军节""红军长征胜利纪念日""抗日战争胜利纪念日""奥运来了""改革开放40年"等重大纪念日里，盐岛小学都与前盐图书馆联手开展丰富多彩的活动，共同制作"人民军队忠于党""红军长征的故事""八荣八耻""百年梦想，奥运来了""我看改革开放40年"展板。孩子们听过讲座，看过展板，读过书后，受到了鼓舞与启迪。

环保之窗：盐岛小学的孩子们居住在前盐和后盐，前盐地处大连湾海港，面朝大海；后盐有一条地下清泉，缓缓地流过后盐社区。学生们非常热爱自己美丽的家园。他们常和学校的教师一起上网搜索环保知识，制成环保宣传单、宣传画等，定期在社区宣传，增强社区居民环保自觉性和社会责任感。盐岛小学的每个班级都有环保护卫队，每当节假日他们总会自发地组织各种环保活动，如在社区内捡拾垃圾、清扫居民楼、清理广告、帮清洁工人清理小河等，做到"洁我社区，从我做起"。

(二) 社会教育有利于家庭教育指导工作的开展

小学生都生活在街道、小区居委会、村民委员会的组织内，社区干部串百家门、知百家情、办百家事，他们对各家各户的情况比学校更加清楚。众所周知，不同的家庭有着不同的结构和不同的生活习性，而教师在对学生的教育过程中难以做到全面了解。在开展对青少年的教育时需要有一个沟通社会、家庭、学校的关系的协调机构，这个机构可以在配合学校抓后进生转化、抓特殊家庭子女的教育等方面的工作中发挥巨大作用。例如，社区可配合学校开设假期功课学习班，举办家长学校，组织各种主题的文体活动等。

(三) 社会教育使班级管理得以延伸

1. 班主任对学生社会实践的指导

社会实践和社会服务的场所有别于学生熟悉的校园，活动目的和可能遇到的困难也会异于平常，所以班主任要注重对学生的指导。具体如下。

(1) 安全教育：去社区开展活动经常会出现分组活动的情况，学生会远离教师的视线，所以安全意识一定要强，教师要对可能遇到的情况有所预测，并有针对性地提醒学生，同时一定要避免学生单独行动，活动范围也要有所规定。

(2) 礼仪教育：进入社区后，学生面对的主要是成年人，需要懂得一定的礼仪，因此，对各种礼仪，在学校内最好能有所操练。

（3）亲和教育：学生到社区活动时，往往会产生羞涩、局促、回避等心理特征，班主任一方面要帮助学生做好充分的物质准备，另一方面要鼓励学生勇敢、大方地与人接触，要学会随机应变，在人员安排时，注意不同性格的孩子互补搭配。

2．班级在社区开展活动时的策略

（1）选择时机：班级在社区内开展活动可以选择有纪念性的日子，这样把活动和节日、纪念日等结合起来，不但使活动的主题更鲜明，更具有教育意义，也可以使社区的居民对于活动的开展更理解、更支持，如"学雷锋日"到社区做好事，"三八"妇女节慰问女民警、女护士，重阳节为敬老院的爷爷、奶奶表演节目，"六一"儿童节为幼儿园的弟弟、妹妹讲故事。

（2）做足准备：到社区开展活动，班主任首先要和社区的相关部门取得联系共同制订活动计划，明确活动主题。进入社区前，要组织好学生进行充分的准备，要让学生掌握必要的礼仪知识。

（3）以学生为主体：进入社区后，班主任要鼓励学生独立开展活动，并且活动以小组为单位，遇到困难要培养学生解决问题的能力。

（4）注意积累资料：班主任要有积累资料的意识，摄影、录像、随笔、学生作品……这些不仅便于学生总结学习，还对今后开展活动有帮助，同时，这些资料还可以提供给社区，为其宣传提供资料。

三、学校与社区合作的原则

1．育人为本的原则

育人为本的原则主要体现在以下三个方面。

（1）有利于少年儿童的社会化。其主要内容为基本生活技能的教导、社会规范的训练、生活目标的指点、社会角色的培养等。

（2）有利于德育工作的一体化。青少年的思想政治工作从整体上说是一项全社会性的系统工程，应由学校、家庭、社会三方面来共同构建，只有统筹三者的教育优势，形成德育的合力，才能充分发挥德育的整体效益。

（3）有利于人的个性化。在我国推进社区教育的发展中，首先应积极构建学习型社会的理念，只有这样，才能以尊重人性为出发点，使人人均具有可贵而独立的个性，在平等的基础上，鼓励人人朝向有意义的学习，进而发展人的个性。

2．互动性原则

学校与社区的互动，是指学校与社区和社区成员、机构、组织之间的双向交流与合作关系。一方面，要使社区，包括成员、机构与组织理解、支持和帮助学校，以便有效地实施教育目标；另一方面，学校应该支持社区、面向社区，向社区开放、服务社区，形成学校与社区的互动，双方建立良好关系，把学校带向生活，把生活引入学校，形成一股合力，共同培育学生和社区居民。

四、学校与社区合作的形式

（一）学校与社区教育的几种主要形式

1. 学校教育资源面向社区开放

学校教育资源面向社区开放，是学校参与社区教育最主要的体现。为适应社区居民终身学习、下岗职工再就业技能培训以及提高居民休闲生活质量等需要，学校的图书室、实验室、礼堂、运动场地以及其他教学设施，均可以在不影响正常教学秩序的前提下，有条件地向社区居民开放。有的社区组织提出让学校"清晨闹起来，晚上亮起来"的口号，即早上学校打开大门，让社区老年人进去打拳做操，锻炼身体，晚上把教室变成各种社区学校，开展文化补习、技能培训以及各种文化娱乐活动等，这样做不仅可以充分发挥学校教育投资的效益，而且能使居民感到学校是自己的学校，从而更自觉地关心支持学校的各项工作和建设事业。学校应成为推行社区教育的中心基地，并在创建学习化社区过程中发挥示范及引导作用。

2. 发挥学校的优势，承担一定的社区教育责任

以学校为依托，从本社区的实际需要出发，依靠社区内各类学校本身的师资力量和教育优势，面向社区开展各类专门培训，如开设适应社区发展需要的课程或讲座，举办各种技能培训班，为社区内的企事业单位培养专业人才，提高劳动者素质，帮助下岗待业人员重新上岗就业；举办各类家长学校、女子家政学校、老年学校、外来民工学校、文明市民学校等，对社区居民进行合格家长教育、文明市民教育等，使得社区居民在生活方式、社会交往、文化娱乐、自身素养、自我管理等各个方面都得到提高。此外，学校还可以在力所能及的范围内，倡导、牵头组织开展某些社区活动，如利用学校的体育设施场地和师资力量，开展社区卫生保健活动、社区体育运动会、社区文化休闲娱乐活动等，增进社区居民的相互理解与相互交往，培养社区认同感与归属感，增强居民的社区意识。

3. 学校可组织学生开展社区服务活动

利用寒暑假、节假日等组织学生定期或不定期地开展社区公益服务活动，如帮助当地社区居民美化社区生活环境，给社区有特殊困难的居民提供小学生力所能及的特殊服务等，所有这些均可以培养小学生的社区认同意识和增强社会责任感。

4. 开设内容密切联系社区生活实际的课程，体现社区特色

可选择社区所熟悉的社区生活题材或社区生活中所面临的重大问题作为课程学习的内容，这是加强学校与社区联系的最好办法之一。

(二) 社区参与学校教育的几种途径及形式

1. 将一切可能的社区教育资源对学校开放

在社区教育组织的帮助下，学校可充分利用社区内现成的或潜在的教育资源广泛地开展校外课外活动或社会实践活动，为实现学校育人目标服务。这些教育资源归纳起来，可以分为人和物两大类。

就物的资源而言，社区内的一切文化设施，包括公园、电影院、文化馆、体育馆、博物馆、图书馆、历史文化遗址、革命历史纪念地、科研机构、敬老院以及工厂、农村、部队等，都是教育资源，学校都可以依靠社区教育组织加以开发利用，作为社会考察调查基地、社会服务基地、军训基地和革命传统教育基地等。让学生走出校门广泛参与各种社会实践活动，进行社会调查、社会考察，参加社会公益劳动和工农业生产劳动，和有关社区单位共建社会主义精神文明，建设文明小区等，这些措施对于学生接触社会、了解社会，加深对书本知识的理解，培养运用书本知识解决实际问题的能力，等等，都是大有好处的。

就人的资源而言，每个社区都会拥有一些热心于青少年教育事业，愿意无偿为学校提供教育服务的人士、各条战线的英雄模范人物、先进分子、知名人士、社会贤达、能工巧匠等，这些均是学校可以利用的宝贵教育资源。学校可根据自己的需要，适时地把他们请进来，给学生作报告、开讲座，任兼职教师。这样不仅充分利用了社会教育资源，还极大地丰富了学校教育的内容，开拓了学校教育的视野。另外，社区还可以帮助学校筹措资金，改善办学条件。

假期里，社区可以以菜单的形式列出青少年活动的主题及内容，提供给学生，使学生根据自己的兴趣爱好选择参加自己喜欢的活动。

2. 建立社区人士定期访问学校的制度

社区各界人士可选择在学校专门开设的"接待日"访问学校。访问的形式与内容可以多种多样，如参观学校举办的展览，随堂听课，出席学校举办的座谈会或专题会议，出席学校举行的特殊纪念活动等。在这些活动中，社区应选派代表积极参与其中，倾听学校的呼声，与学校一起分担责任，为学校排忧解难。

3. 建立社区-学校合作性组织

建立社区-学校合作性组织可以使社区参与学校教育事务。社区组织、团体或个人都可以某种方式介入学校决策或运作过程，做到"帮忙不添乱，到位不越位"。此外，还可以以社区为纽带，打破学校、班级界限，以街道、居委会、乡镇、自然村为单位，建立社区性的少先队组织，如社区少先队大队、中队、小队，将同一社区内各学校的少先队组织联合起来，共同完成某些大型的、跨学校的合作性活动。

【案例】

南京建邺区学校与社区"双向服务"
居民健身到学校　学生实践进社区

"我每天晚上都要到南湖一中的操场上跑两圈，离家近，场地条件又好，真不错！"近来，南京市建邺区文体西路的张大爷习惯了到离家不远的学校里去锻炼身体。

今年开学不久，南京市建邺区推出学校与社区"双向服务"活动，区内 28 所中小学与 41 个社区签署协议，社区充分挖掘各种资源配合学校开展第二课堂活动，而学校也发挥自身优势，向社区开放活动场地、会议场所及设施设备。目前，该区的"双向服务"已全面启动。像南湖一中建有标准健身场地，定时开放后深受周边居民的欢迎；致远外国语学校的办学条件也很不错，有 250 米的跑道和室内体育馆，该校副校长季锋说，社区内单位、居民如果想开运动会，只要不和教学冲突，学校都可以安排；莫愁中专学校向居民开放了图书馆；奥体小学邀请社区居民来校观看防震录像；南湖三小为社区居民开设"帮助家长培养学生良好学习习惯和行为习惯"专题讲座。据悉，在"双向服务"活动中，该区学校充分发挥几名特优教师的示范作用，通过社区大讲堂把知识、技能和智慧直接服务于社区百姓；中小学生也在教师带领下走进社区，广泛开展志愿服务。

作为"双向服务"的一项具体内容，建邺区还将设立一批少年宫分宫，组织在职教师、退休教师等，为周边社区少年儿童提供公益性素质培训。学生凭学校发放的免费活动券，可在区域内自由选择参加不同的兴趣活动。

学 习 思 考

1. 通过本章内容的学习，结合我国家校合作的实际情况，思考家校合作中家长权利的履行情况。

2. 家庭与学校、社区与学校的合作方式有哪些？

3. 调研某所小学与校外教育力量合作的情况，写一份调研报告。

4. 分析今年校外教育力量对学校教育的影响。

第十章 班级管理评价

学习目标

1. 了解班级管理评价的主要内容、原则及意义。
2. 熟悉班级管理评价的方法。
3. 掌握班级管理评价实施的步骤。

案例导入

美 丽 的 圈 套

　　新学期开始，学校安排我任五年级一个班的班主任。这个班几乎不到一个学期就要更换一次班主任，有少数学生的逆反心理特别强，他们专门和老师对着干，甚至有个别学生曾经制造过事端，而学校因连带责任而被告上法庭。学校老师、学生家长过于严厉的训诫使部分学生自暴自弃，造成学生"破坏性行为"越来越严重。我接班后最初不动声色，先观察并分析了班里几个影响最大的"调皮捣蛋学生"的多方面因素，掌握了治理班级的第一手材料。在观察和分析中，我发现有个叫王成的学生，不仅经常搞恶作剧，还三天两头地与男生打架，与女生逗贫嘴，对老师不讲礼貌，是扰乱班级秩序的"头号人物"。不过我也发现他身上的优点是"仗义"。为了降住这匹"烈马"，我特意给他设了一个"美丽的圈套"。

　　一天放学时，我在二指宽的纸条上写了一句话："家长同志，您的孩子助人为乐，见义勇为。"然后，我把王成叫到办公室，把折叠好的纸条交到他手上，对他说："把这个纸条交给你的家长，让家长签字后明天早上再送给我，但送去和送回都不准拆开看。"想想看，小孩子能不看老师和家长写的是什么吗？

　　第二天，他第一个到校，喜滋滋地把家长写有"孩子有进步，我非常高兴，谢谢老师"的纸条交给我。那一天，我注意观察了他，一天中他特别规矩，也特别精神。我暗想：我的"美丽的圈套"奏效了！

　　从此，我和每个学生保持"单线联系"，时不时地给他们一个纸条，上面根据学生的特点分别写有"您的孩子热爱劳动""您的孩子书读得很好""您的孩子作文写得很棒""您的孩子团结同学，讲文明、有礼貌"，等等，并暗中与家长联系好，一定要写上鼓励性的回言，每次仍然要求学生不看纸条。

半个学期过去了，我从未惩罚过任何一个学生，我们班不仅班级秩序井然，而且好人好事层出不穷，纪律、卫生、文体活动样样争先。见此情景，老师们纷纷向我询问用了什么法术？我对他们说："我设了一个'美丽的圈套'，那就是……"

☞**案例分析**：我们很不愿意针对正在发展、成长着的小学生提及"差生""后进生"这样的字眼，但我们确实也回避不了这类学生的存在。虽然这类学生在广大学生群体中是很少的一部分，但他们经常表现出的对教育教学秩序的干扰作用是不可低估的。既然我们不能回避他们的存在，就更不能排斥他们，必须寻找出有效转化他们的教育对策。

案例中的老师是睿智的，他能不动声色地分析班里几个影响最大的"调皮捣蛋学生"的多方面因素，掌握治理班级的一手材料，从而设计了一个"美丽的圈套"。正是这个美丽的圈套，使得这些调皮学生发掘出自身的潜力，并在宽容、鼓励的氛围中得到发扬光大。

第一节 班级管理评价概述

班级作为教育和培养学生的主要阵地，在整个教育工作中越来越受到教育工作者的重视和关注。关于班级管理工作的研究与探索已成为当今教育领域的一个热点，许多教育工作者也已加入到关于班级管理工作质量问题的探讨之中。作为未来的教育工作者，应该对班级管理评价的相关知识有一个深入的把握。

一、班级管理评价的含义

所谓评价是指评价者依据一定的评价标准，通过对评价对象进行量化和非量化的测量，从而对评价对象做出可靠而合理的价值判断。由定义可知，评价的内涵中至少包含两个本质属性：一是依据或标准，二是判断或测评。首先，评价必须依据一定的标准，标准科学评价的结果有价值，标准不当，评价的结果毫无意义；其次，评价必须通过测量得出一个结论，或者说做出一个判断。这个通过测量得出的结论可以是量化的，也可以是非量化的。因为有些评价对象是可以量化的，如学生的学习成绩、学生的智商水平等，而有些评价对象是无法量化的，如学生的思想品德、学生的个性特征等。根据评价对象的不同，评价的标准和测量的方法也随之不同。

班级管理的评价是评价的一种，它以班级管理为评价对象，以班级管理目标作为班级管理评价的标准，采用一定的测量技术和方法，以对班级管理目标的实现程度作为班级管理评价的结论。简言之，所谓班级管理的评价是以班级管理为对象，根据班级管理目标采取一定的测量技术和方法，对班级管理工作过程及效果进行测定，并对班级管理目标的实现程度做出价值判断的过程。

班级管理评价活动分为测量和做出价值判断两个部分。测量即测定效果，包括运用各种方法收集与班级管理目标实现程度相关的事实材料和数据，用以测定班级管理的效果；做出价值判断则是将测量中取得的事实和数据，进行分析比较，判定实现班级管理目标的程度，做出对班级管理的价值判断。测量和价值判断关系密切，不可分割，测量是价值判断的基础，价值判断是测量的目的，两者共同构成班级管理评价的基本内涵。可见，班级管理评价的实质就是根据目标测定效果、判断价值。

二、班级管理评价的功能

班级管理的评价是对班级管理目标达成程度的判断，评价的目的绝不仅仅是为了得到一个价值判断的结果，而在于对前期工作的反思，以及对后续工作的指导和启示。这样才能使班级管理的评价产生价值的增值，这种增值的作用主要表现在以下几个方面。

1．导向功能

任何工作的开展和进行都需要有一个明确而科学的方向，方向性将会直接决定着人力、物力、财力等的导向以及这些付出的有效性。如果方向正确，当然付出就能收到应有的效益，但一旦方向错误，轻则造成资源的浪费，重则背道而驰，引起更大的破坏性。在班级管理工作中方向性同样重要。班级管理的评价是依据一定的标准和所要完成的目标所进行的价值判断，班级组织要获得理想的发展，就必然要求班主任和班级同学了解和认同班级组织的发展目标，将发展目标反映在班级的管理中，并不断根据目标要求调整班级的发展状态，为达到目标而努力。这样势必对班级的管理及其组织发展发挥导向作用。

2．诊断功能

班级管理工作并不是一件轻而易举的工作，班级工作纷繁复杂、问题众多，在班级管理工作中难免会出现一些问题，从而影响到班级工作有条不紊地进行，阻碍班级的发展。因此，我们必须采取有效的措施，找出失误和问题所在，及时给予更正和调整，从而保障班级管理工作的顺利进行。对班级管理工作进行评价可以起到这样的作用：通过评价能够有效判断班级组织的发展状态，更重要的是诊断班级管理中存在的问题。如同医生看病一样，班级工作评价能够帮助班级管理者发现班级组织运行中的困难点、焦点，寻找存在问题的原因，为班级管理者管理好班级、促进班级组织的良性运行，提供有针对性的咨询信息。

3．激励功能

激励就是利用某种外部诱因调动人的积极性和创造性，使人有一股内在的动力，向所期望的目标前进。在班级管理工作中，管理者们，无论是在班级管理中起主导作用的班主任，还是作为班级主人的学生，他们在班级管理中都付出了艰辛的努力和辛勤的汗水，所做的工作业绩和表现应该给予充分的肯定和认可，所有的付出应该得到回报，只有这样才能进一步强化班级管理者在班级管理工作中的积极行为和满腔热情，这无疑有利于促进班级工作更上一层楼。班级管理的评价就是要对以往的班级管理工作给予一定的价值判断，表彰优秀的，激励落后的，促进班级管理工作朝着正确的方向顺利进行。

4．发展功能

班级的管理不同于一般的管理工作，其目标是育人，根本追求是实现学生身心和谐健康地成长。就班级管理的本质而言，班级的管理过程就是教育的实施过程，是班级管理者帮助班级中的每个成员依托班级这一组织寻求发展的过程，因此，班级管理的评价应是以促进学生的发展为根本目的，要重视发挥班级管理评价的形成性作用，实施评价的过程就是帮助学生不断认识自我、发展自我和完善自我的过程。

三、班级管理评价的类型

根据评价的目的、任务不同，班级管理的评价可分为诊断性评价、形成性评价和终结性评价三种。

1．诊断性评价

诊断性评价是指在班级管理活动开始之前，为了解班级管理工作存在的周期性和规律性情况，以便找到解决班级管理问题的办法而进行的一种评价。这种评价的主要目的是确定产生结果的原因，并提出补救措施。班级活动的诊断性评价，目的在于了解班级活动的开展情况，以便为开展新的班级活动做准备。

2．形成性评价

形成性评价是指在班级管理活动过程中，为了了解班级管理工作的进展或进步情况用以调节班级管理活动进程，通过反馈信息保证班级管理目标顺利实现的一种评价。这种评价侧重于班级管理工作的改进与不断完善，是"前瞻式"的，可以及时探寻影响班级管理质量和目标实现的原因，以便立刻采取措施加以补正，以免造成难以挽回的后果。

3．终结性评价

终结性评价是指在班级管理活动告一段落时，对班级管理工作的最终结果进行价值判断的一种评价。这种评价是以预先设想的班级管理目标为标准，对班级管理工作达到目标的程度进行的评价。它的优点在于客观具体，易于服人；缺点在于只看最终结果，容易出现虚假现象，影响评价的可靠性。与形成性评价相比，终结性评价侧重于确定已完成的班级管理效果。

四、班级管理评价的意义

班级管理评价的意义在于以下几点：

(1) 班级管理评价有利于教育和促进学生的全面发展，也是学生成长的动力和源泉。班主任对学生综合素质评价应不仅关注学生的"认知""结果"以及在校内表现的评价，同时重视学生的"行为""过程"的评价，改变单一评价主体现状，加强自评、他评，使评价成为教师、学生共同积极参与的交互活动。由于评价日常化，它可以清晰、全面地记录个体的成长；同时配合恰当、积极的反馈方式，让评价主体对自身建立更为客观、全面的认识，促进其进一步发展。个性化地关注学生的成长过程，让学生体验成功，并在这一过程中不断发现自己的长处和不足，取长补短，及时改正，完善自己。同时这种评价方式，还培养和锻炼了学生与人交往能力、自我管理能力、评价能力、合作意识、主体意识、创新意识，建立良好的反思与总结习惯，等等，有利于学生的可持续发展。

(2) 班级管理评价为学校提供了一个学生管理的新的手段。过去的班级管理主要是依靠各项规章制度进行刚性的约束，学生只是被动地执行，而新的评价制度通过目标的设立，引导学生主动地追求目标的实现，使得追求目标的过程成为自我约束的过程，实现了从被动约束到自觉遵守的转变，使得管理变得更容易。目前，班级开展形式多样的教育模式，有利于培养"品德高尚、学业优秀、身心健康、富有情感"的人，完全可与六个维度(道德品质、公民素养、学习能力、交流与合作、运动与健康、审美与表现)全面接轨，这也为推行综合素质多元化评价提供了非常有利的平台。

(3) 班级管理评价为学生的自我完善和发展提供了制度保障。对于学生而言，综合素质评价是一种全面的自我认识和自我展示，学生大多在这种认识和展示中受到一次教育；对于教师而言，它是全面认识学生的一次难得的机会。综合素质评价不仅提出了学生发展的方向，它也成为学生升学评价的重要参考依据，这正是目前学生成长过程中欠缺的东西。

总之，对小学生实施科学的有效评价，能保护学生的自尊心、自信心，能发挥其主观能动性，还能创新许多符合学生年龄特点和学情的评价方法，可以改变课程评价过分强调甄别与选拔的功能，发挥评价促进学生发展、激励学生上进、完善班级管理的功能。

第二节 班级管理评价的内容、原则与方法

一、班级管理评价的内容

可以将班级管理评价的内容概括为以下几个方面。

(一) 奋斗目标

"凡事预则立，不预则废"，一个班级如果没有一个明确的、合理的、可接纳的奋斗目标，班级将会迷失前进的方向。因此，在班级管理评价中，首先应该将班级的奋斗目标作为评价的重要内容，并应从该奋斗目标的明确性、合理性和学生的可接纳性等维度对其

进行价值判断。

首先，班级的奋斗目标是班级所有成员的理想和前进的方向，一个积极向上、团结上进的班级，应该是一个目标明确的班级。只有目标明确、方向一致，班级的所有成员才能心往一处想，劲往一处使，力量集中，共同进步。

其次，班级的奋斗目标必须是合理的。作为班主任应结合本班学生的思想、学习、生活实际制定出本班的奋斗目标。对一个班级来说，既要有远期目标，又要有近期目标。特别是近期目标要切合实际，学生易于接近，易于实现。只有实现了一个又一个近期目标，才能引导学生实现其理想的远大目标，并为实现这些目标而努力。所以我们需要发挥整个班级中每个学生的积极性，促使其形成集体荣誉感和责任感。

最后，应从学生的思想和实际行动中考查该班级的奋斗目标是否在学生中产生了影响力，也就是说，它是否已经融化为学生的思想，并影响到了学生的实际行动。因为奋斗目标不应该是一个口号，或者是一个标语，要想使它实实在在地发挥作用，不仅要使奋斗目标本身务实，深入人心，还要与班级管理的其他工作相互配合，才能将其落实。总之，在班级管理的评价中，首先应从一个班级的奋斗目标入手，不但要评估目标本身的科学性和吸引力，同时，还应考查其在班级组织中的实际影响力。

(二) 班级管理者

班级管理者是班级管理工作的策划者、实施者、评价者，其既包括教师，又包括学生。在传统的班级管理理念中，把教师作为班级的管理者，把学生作为班级的被管理者，这种观念显然是有失偏颇的。在班级管理的评价中，学生是否真正参与到班级管理中来，这本身就是评价一个班集体管理工作优劣的重要的方面。在班级管理评价中，班级管理者自身的素质以及他们之间的相互作用和关系，都能体现出该班级的管理状况。因此，可以从教师特别是班主任的素质、学生的发展、班级中的人际关系三个方面评价班级管理者在班级工作中作用的实现程度。

1. 班主任的素质

在班级管理工作中，班主任的素质和个人魅力时刻教育和影响着学生，班主任在学生心目中的形象，不仅是无字之书，也是无言之教。他的思德素质、智能素质和身心素质是影响班级管理工作的重要因素。

(1) 思德素质：主要包括思想政治素质和道德素质，可以从管理者的思想政治理论水平、事业心与责任感、教育管理理念、师德修养等方面进行评价。

(2) 智能素质：主要从文化知识、专业知识、教育管理知识、观察和表达能力、教学能力、分析解决问题和实际动手操作能力、教育科研能力等方面进行评价。

(3) 身心素质：主要从运用身体语言的能力，身心自我调控的能力，身心健康、卫生保健与心理关怀的知识和能力，个性倾向性(审美情操)、意志品质与性格特征等方面进行评价。

2．学生的发展

促进学生的全面发展是班级管理工作的起点和归宿，所以，学生的发展状况也是评价班级管理工作的一个重要方面。主要是通过评价学生在德、智、体、美、劳、心等方面的表现及发展水平，以及学生在这几个方面的发展是否达到应有的水平，是否平衡，从而判断学生各方面的发展。

(1) 德育效果：主要考查思想品德及格率、遵守学生守则及行为规范情况、先进表彰情况等。

(2) 智育效果：主要考查学习成绩巩固率、人均成绩提高率、学习成绩差生转化率、突出成果率等。

(3) 体育效果：主要考查体育课及格率、体育达标率、早操、课间操、课外体育锻炼情况、卫生习惯、身体健康情况等。

(4) 美育效果：主要考查音乐课、美术课及格率，审美观、情操、审美习惯情况，文艺活动情况及表演成绩等。

(5) 劳动技术教育效果：主要考查劳动技术课及格率、劳动观点与劳动习惯、劳动形式多样性情况、劳动总结鉴定情况等。

(6) 心理健康教育效果：主要考查班级学生的心理健康状况。

3．班级中的人际关系

班级成员是否具有良好的精神面貌；班级是否形成了互助友爱的风气；班主任与学生、学生与学生之间是否建立了良好的人际关系；班主任与班级科任教师之间是否建立了良好的人际关系；班级的建设是否得到了班级科任教师、学生家长的理解和支持等，这些都是衡量一个班级的管理和发展状况的重要方面。

二、班级管理评价的原则

1．发展性原则

班级管理评价的目的就是为了改革传统评价中的弊端——过多地强调甄别与选拔功能，而忽略改进与激励功能，从而更好地促进小学生的成长。因此，突出评价的发展性功能是班级管理评价改革的核心。

班主任对学生评价的根本目的不是为了甄别，更不是为了选拔，而是为了激励学生。在评价过程中，我们追求的不是下一个精确的结论，更不是与他人比较，而是强调诊断与调节功能，让学生通过评价了解自己在发展过程中的进步和不足，从而及时调整自己的发展计划，以便更好地实现自己的发展目标。同时，发展性评价有利于学生发挥自己的优势，更好地认识自我，建立自信，在原有水平上不断提高，从而达到促进发展的目的。

2．全面性原则

班主任对学生的日常评价要坚持全面评价的原则。《教育部关于积极推进中小学评价与考试制度改革的通知》中指出："要全面贯彻党的教育方针，从德、智体、美等方面综合评价学生的发展，培养学生热爱党、热爱社会主义、热爱祖国、诚实守信、助人为乐的高尚道德品质，培养学生终身学习的愿望和能力，形成健壮的体魄和良好的心理素质以及健康的审美情趣。"对学生的评价内容要强调多元化，既要重视学业成绩，也要重视学生的思想品德以及多方面的潜能发展，特别要落实"你在这点行，我在那点行"的"我能行"的教育理念。在学业评价中，不仅包括基础知识和基本技能，还应力求包括情感态度与价值观、学习过程与学习方法，注重学生的创新能力和实践能力以及个性的需求与发展，只有这样才能够体现评价的全面性。

3. 过程性原则

班级管理评价的重点是对学生发展过程的评价。在评价中，突出了学生在发展过程中付出的努力、获取的体验与取得的进步，而不是仅仅盯着最终的结果。在评价过程中，强调了学生对自己发展轨迹的记录，并及时帮助其认识优势和不足，使学生在调节和改进中获得发展。

评价的过程性还体现在对学生的评价不仅仅是学期末的终结性评价，而是从学期初确立发展目标开始，贯穿于日常的整个发展过程中，即时进行各种形式的评价。在评价过程中渗透"今天若不行，明天争取行""能正视不行，也是我能行"等发展性理念，突出发展中的体验与反思，从而真正使评价在学生的发展过程中发挥出应有的功能。

4. 主体性原则

班主任和学生都是评价的主体，必须改变以往校长评价教师、教师评价学生的传统模式，要体现学生也是学生评价的主体。

在实施评价的过程中，要引导学生自己设置发展目标，自己记录发展过程，自己对照相关标准监控自己的行为，自己通过反思矫正自己的行为或调整发展目标，最终使学生在评价过程中感受到发展的愉悦，激起继续确定新目标、继续发展的愿望。

除了进行自我评价外，学生也应积极地参与对他人的评价，从而更好地进行学习和交流，有利于其更好地分析自我的优势与不足。在实施发展性评价的过程中，要调动起学生的积极性，在一些具体的实施措施上也要尽量做到是在学生的主动参与中进行的，要始终力求体现是学生在进行自我评价、自我教育、自我发展，外在力量只起到引导、帮助、督促的作用。只有这样，评价才能体现其"一切为了学生的发展"的理念。

5. 实用性原则

对学生的评价工作常常由于过于烦琐、在实践层面不好操作而流于形式。因此，对学生的评价必须与班级日常管理工作相结合。

班主任在制订评价方案、采取评价措施时，要将班级平时的许多常规性工作列入其中，尽量不要"另起炉灶"，避免重复；对学生的评价，要坚持把学校的传统教育要求、其他传统的评价以及对学生常规的学习评价和体能评价综合在一起。这样既体现了教育的一贯性，也增强了评价工作的实效性，还减轻了师生不必要的"评价负担"。

在评价过程中，尽量少一些表格，次数尽量控制，如果天天评价，甚至节节课都评价，只能使本来有利于师生发展的评价变成师生望而生畏的"长卷经文"，最后变成毫无意义的走过场。

总之，评价方案应该把学校日常管理和教学工作中能整合在一起的内容全部加以梳理，使评价尽量简化，便于使用，真正具有实效性。

三、班级管理评价的方法

班级管理评价实施的方法具体是指在评价过程中设计评价指标体系的方法、收集评价资料的方法、分析评价资料的方法和进行价值判断的方法。设计评价指标体系的方法在前面介绍过，这里只介绍后三类方法。

1. 收集评价资料的方法

评价资料的收集是评价开展的前提和基础。收集班级管理评价资料的方法很多，常用的有观察法、调查法、测验法、个案研究法、文献研究法等。其中调查法又包括问卷调查、调查表调查、访谈调查、座谈会调查等。在这些常用的方法中，既有定量的方法，又有定性的方法，如观察法和访谈调查就是比较典型的定性方法，而测验法和问卷调查就是典型的定量方法。这里需要明确和澄清的一点是定性和定量的方法都是科学的方法，都必须以客观事实为依据，绝不能认为定性的方法等于主观思辨。

2. 分析评价资料的方法

收集来的资料必须经过整理分析后才能成为对班级管理进行价值判断的依据。分析班级管理评价资料的方法通常有定性分析法和定量分析法。定性分析法是对收集来的并经过整理的反映班级管理工作状况的文字资料进行性质特点或变化原因、变化过程分析评估的方法。其基本方法是哲学上的思辨方法，具体包括比较分析法、系统分析法、因果分析法、归纳与演绎法、分析与综合法等。定量分析法是对收集来的并经过整理的反映班级管理工作状况的数据资料进行量的特征和变化态势分析评估的方法。主要包括指数法、累积分数法、统计分析法、综合评判法等，其中最常用的是统计分析法。

3. 进行价值判断的方法

评价的关键在于价值判断。在进行价值判断时，根据所选取的用于对照的价值标准的不同，价值判断的方法可分为相对评价法、绝对评价法和个体内差异评价法。

(1) 相对评价法是指在某一学校内部将学校中所有班级管理工作的平均状况作为基准(常模)，评价每个班级的管理工作状况在学校所有班级管理工作中的相对位置，也称常模参照评价。其特点是根据评价对象的整体状态确定，只适用于所选定的评价对象的学校内部，对其他学校未必适用。如某校某班主任的主题班会搞得好，学校组织评优活动，便可以此作为参照，让该校每位班主任选一个主题班会或分别做内容相同的班会，请有关人员来评价，经过比较，凡是接近或超过作为参照的那个主题班会的都作为优秀的主题班会。这种评价就是相对评价。

（2）绝对评价法是指以预先制定好的教育目标为评价标准，评价每个对象的到达程度，也称目标参照评价。其特点是在评价对象的学校之外，确定一个标准，这个标准被称为客观标准。在评价时，要把评价对象与客观标准进行比较，不需要考虑评价对象学校的整体状况，如评选区、县、市、全国优秀班主任，依据教育方针和德育大纲，参照班主任应具备的基本素质和完成职责的情况进行评定时所采用的就是这种评价方法。

（3）个体内差异评价法是把被评价集体中的个体的过去与现在相比较，或者个体本身的若干侧面进行比较。如一个班主任的基本素质可以从政治思想表现、业务理论文化水平和工作能力等方面进行考查，考查之后可以清楚地知道该班主任的素质在哪一方面较好，哪一方面不足。

四、班级管理评价实施的程序

班级管理评价是一项系统工程，是一项技术性很强的工作，有其自身的活动程序，因此，班级管理评价只有按照一定的操作程序进行，才能保证班级管理评价的质量。班级管理评价大体上可分为准备、实施、总结三个阶段。

（一）准备阶段

做好评价准备是进行班级管理评价的前提和基础。班级管理评价的准备阶段也称预备阶段，是指在评价实施前进行的组织准备、方案准备和舆论准备。

1. 组织准备

班级管理评价的组织准备是指成立专门的评价领导机构和评价工作组，制订和审核评价工作的计划，建立评价工作的规章制度和对评价人员的考核奖惩条例等，并对评价人员进行业务和规则培训。

2. 方案准备

班级管理评价的方案准备是指在评价前，评价者对整个评价过程进行全面规划和对主要工作进行合理安排，主要解决为什么评，由谁来评，评什么，怎样评的问题。评价方案的核心是解决评什么和怎样评的问题。评什么依据的是学校教育目标及其分解的评价指标，怎样评是在评什么的基础上，设计评价的标准及其量化统计方法。

评价方案准备要完成的任务和经过的程序如下：

（1）确定评价对象和评价目标；

（2）设计班级管理评价的指标体系；

（3）根据指标内涵选定信息资料收集和结果评价的方法；

(4) 制定好评价所需的各种文件材料。

3. 舆论准备

班级管理评价的舆论准备是指在评价实施前，对被评价者进行广泛、深入的宣传动员，调动被评价者的参评积极性，赢得被评价者对评价工作的支持和配合。

(二) 实施阶段

班级管理评价的实施阶段，主要是评价人员根据评价的指标和标准，去收集、整理和分析反映被评价者达标状况的信息资料，进而做出定性或定量的评价结论。它是整个评价过程的中心环节，包括以下几个阶段。

1. 收集评价信息资料

收集评价信息资料是一项基础工作，班级管理评价者要根据评价指标体系，确定信息资料收集的范围，选择信息资料收集的途径，运用多种手段和方法，全面、客观、真实地采集评价信息资料，为科学评价做好铺垫。

2. 整理评价信息资料

整理评价信息资料也就是对收集的信息资料进行检查、分类、汇编或统计。

(1) 检查，就是对所收集的评价信息资料的真实性、准确性、完整性进行考查和研究，以确保资料的可靠性和有效性。

(2) 分类，就是根据评价信息资料的性质、内容或特征，将相同的或相近的资料归类，将相异的资料区分开来的过程。

(3) 汇编是对分类后的定性资料进行汇总和编辑；统计是对量化的原始数据资料，按评价标准的要求进行统计或标准化处理。

3. 计量评价结果

计量评价结果是指根据评价的信息资料，比照评价指标的标准，判定被评价者在每项指标上的达标等级，并根据一定的数学法则或数学模型，计算被评价者单项指标的评价值和所有指标的综合评价值。

4. 撰写评价报告

撰写评价报告就是以书面的形式对整个评价工作进行概括和总结。撰写评价报告一般分为两个层次：一是各专题评价小组编写的专题评价报告；二是评价领导小组撰写的综合评价报告。

(三) 总结阶段

班级管理评价的总结阶段也就是对评价结果进行纵横比较，反馈评价信息，总结经验，表彰先进，诊断问题，使其充分发挥班级管理评价的功能。班级管理评价总结阶段的主要工作有：第一，对班级管理评价本身进行质量分析，包括评价方案的检验，修改和评价实施过程，及时修正发现的问题和出现的误差。第二，总结经验，表彰和奖励先进评价工作者，分析和诊断存在问题的成因，提出解决问题的办法和改进工作的途径。第三，对评价的方案计划、总结报告以及各种数据资料及时分类、编号、建档、储存，以便为教育工作查证参考，为教育政策的制定、教育科研的开展提供依据和材料。

拓展阅读

班级管理评比细则

一、指导思想

为了进一步提高我镇各校常规管理水平，倡导良好的校风、班风、学风，美化校园环境，强化学校常规管理，规范学生行为，不断提高我市学生的整体素质，根据《小学生日常行为规范》《小学生守则》和我镇的实际情况，现制订武阳镇中心小学班级管理评比细则，作为考核的主要依据。

二、评分细则

评比采用百分制，分别从出勤(10分)、纪律安全(30分)、出操(10分)、卫生(20分)、爱护公物(15分)、班队活动(5分)、加分(10分)七个方面进行综合评比。按上级规定的学生在校学习时间内，按日进行评比，评比采取扣分制，当日公布该班扣分情况，以周、月、学期为时间段，按中心学校规定的年级段，以积分多少评出相应的优胜班级。

(一) 学生出勤(10分)

(1) 迟到、早退一人次扣0.5分。

(2) 无故缺勤的算旷课，一人次扣2分，并通知家长。

(3) 有事、有病请假的不扣分，以班主任出具的请假条为准。

(4) 值周检查人员无故缺岗、迟到、早退者，一人次扣1分。

(二) 纪律、安全(30分)

(1) 早自习无教师跟班扣2分。

(2) 学生按规定时间到校，不按时到校，有违反要求的，每人次扣1分。

(3) 不得将零食(方便面等)带入校园或教学楼，违者每人次扣1分；在校内喝饮料，吃口香糖、瓜子等零食者，每人次扣1分。

(4) 在校内随地乱扔瓜皮、果壳、纸屑、包装袋等，每人次扣1分；经指出后不及时改正且态度恶劣扣2分。

(5) 课间有说脏话、打架斗殴、骂人，追打，大声吵，玩不当游戏的，分别视情况扣2~3分。

(6) 在楼梯上故意推搡他人、敲扶手或趴扶手下滑者扣3分。

(7) 上学期间(课间)不得随意出校门，有事必须向班主任请假，违者一人次扣1分。

(8) 经查实，在校内外有偷窃行为的，进出网吧、游戏机等场所，及参与其他校外不良活动，给学校造成不良影响的，每人次扣 5 分。

(9) 严禁攀爬护栏、围墙、大门，违者每人次扣 3 分。

(10) 校会、会演、比赛等集体活动，不能遵守活动纪律，影响秩序的，扣该班 3 分。

(11) 不得携带铁棍、刀具、火种、玩具枪或其他危险品进入校园，违者每人次扣 2 分。

(12) 不经老师同意擅自到别的班级拿东西、打架，扰乱其他班级学生正常学习或活动的，每人次扣 2 分。

(三) 出操(10 分)

(1) 课间操有学生无故不出操者，每人次扣 1 分。全班不请假未能出操的，扣 10 分。

(2) 出操不能做到快、静、齐，做操时态度不认真、动作不规范、不整齐的，视情况扣该班 1～3 分。

(四) 卫生(20 分)

(1) 凡学校布置的劳动任务，不能按时完成的，扣该班 3～5 分。

(2) 卫生责任区，应坚持每天两小扫一大扫，扫除不彻底的，视情况扣该班 1～5 分。

(3) 教室卫生包括地面(室内和走廊)、门窗、室内外墙壁(顶面)、黑板槽、桌椅、饮水机以及笤帚、洒水桶和土簸箕等，物品摆放、打扫不干净，有纸屑、杂物、灰尘蛛网等，桌椅等物品摆放不整齐的，视情况扣该班 1～5 分。

(4) 未能及时清除垃圾或未按指定地点倾倒垃圾的，扣 1～2 分。

(五) 爱护公物(15 分)

(1) 在桌椅、门窗、墙壁、立柱上乱刻乱画或粘贴纸，发现一人次扣 2 分，并追究责任人负责清理。

(2) 放学后，教室门窗有一个锁未关的，扣该班 2 分，如损坏则负责赔偿。

(3) 爱护学校的花草树木，不踏进花坛半步，不乱折损花草，不乱摇摆树枝，违者每人次扣 2 分。

(4) 爱护校园内宣传标语、板报，不能擅自抹擦损坏，违者每人次扣 2 分，损坏者负责赔偿。

(5) 节约水电，放学回家将教室的电源关掉，违者每班每次扣 2 分。

(六) 班队活动(5 分)

(1) 学生要仪表端庄，穿戴整齐、大方。少先队员未按规定佩戴红领巾的，每人次扣 0.5 分。

(2) 素质教育园地要求三至六年级每三周更换一次，一至二年级每五周更换一次，少一次扣 2 分；每次检查评定，对于版式混乱、内容简单的，视情况扣 0.5～3 分。

(3) 无故不参加学校组织的大型活动或兴趣小组，缺席一人次扣该班 1 分，班集体无故缺席扣该班 5 分。

(4) 在升旗仪式中，不能保持肃立，敬礼动作不规范、仪表不整洁，唱国歌不响亮的，视情况扣该班 1～3 分。

(5) 未按少先大队部要求举行班队活动，或敷衍了事，效果不明显的，视情况扣该班 3 分；未按时完成少先大队部布置的其他任务的，每次扣 1～2 分。

(七) 加分(10 分)

(1) 对表现突出的(如助人为乐、拾金不昧，见义勇为等)，在校园或社会上造成较大影响的，经讨论协商，视情况当周给该班加 3～5 分。

(2) 参加中心校组织的活动获得前 3 名的，当周奖励该班 3 分；参加市级各类比赛和大型活动获得优异成绩的，当周给每人加 4 分。

学 习 思 考

1. 班级管理评价的内容有哪些？
2. 班级管理评价实施的步骤有哪些？
3. 通过学习分析班级管理评价对班级管理的影响。

参 考 文 献

[1] 张作岭. 班级管理[M]. 3 版. 北京：清华大学出版社，2019.

[2] 胡明根. 影响教师的 100 个经典教育案例[M]. 北京：中国传媒大学出版社，2004.

[3] 屠荣生，唐思群. 师生沟通的艺术[M]. 北京：教育科学出版社，2007.

[4] 孟繁华. 赏识你的学生[M]. 海口：海南出版社，2016.

[5] 李学农. 班级管理[M]. 北京：高等教育出版社，2004.

[6] 古人伏. 小学班队工作：原理与实践[M]. 2 版. 上海：华东师范大学出版社，2010.

[7] 邓艳红. 小学班级管理[M]. 上海：华东师范大学出版社，2010.

[8] 董奇. 小学生日常评价与期末考试改革的探索[M]. 西安：陕西师范大学出版社，2003.

[9] 张永明. 小学班级管理[M]. 北京：北京大学出版社，2014.